图苑足音

——海南省高校图工委十年探索之路

詹长智　李春　主编

国家图书馆出版社

图书在版编目（CIP）数据

图苑足音：海南省高校图工委十年探索之路 / 詹长智，李春主编 . —北京：国家图书馆出版社，2020.12

ISBN 978 - 7 - 5013 - 6841 - 9

Ⅰ.①图… Ⅱ.①詹… ②李… Ⅲ.①院校图书馆—图书馆工作—海南—文集 Ⅳ.①G258.6 - 53

中国版本图书馆 CIP 数据核字（2020）第 123712 号

书　　名	图苑足音：海南省高校图工委十年探索之路	
著　　者	詹长智　李　春　主编	
责任编辑	王炳乾	
封面设计	耕者设计工作室	

出版发行	国家图书馆出版社（北京市西城区文津街 7 号 100034）
	（原书目文献出版社 北京图书馆出版社）
	010 - 66114536　63802249　nlcpress@ nlc. cn（邮购）
网　　址	http：//www. nlcpress. com
排　　版	金书堂
印　　装	北京金康利印刷有限公司
版次印次	2020 年 12 月第 1 版　2020 年 12 月第 1 次印刷

开　　本	710×1000　1/16
印　　张	26
字　　数	370 千字
书　　号	ISBN 978 - 7 - 5013 - 6841 - 9
定　　价	128.00 元

《图苑足音——海南省高校图工委十年探索之路》编委会

编撰委员会

（原任和现任图工委主任、副主任、秘书长，以姓氏笔画为序）

于挽平　王永喜　王小会　王　琦　王　海
石焕玉　丘秀文　安邦建　李文化　李　春
李哲汇　李振钱　胡素萍　张信文　赵会平
温小明　詹长智

主　编

詹长智　李　春

副主编

（以姓氏笔画为序）

于挽平　王永喜　王小会　安邦建　李哲汇
张信文　赵会平　温小明

顾　问

韩　练　朱双平　杨宗英

资料汇编

李　春　林　密　林　苗

1992 年 5 月，海南高教学会图书情报工作委员会成立大会代表合影

1992 年首届海南省高校图工委创办内刊《特区图书馆研究》，2002 年第四届图工委
改刊名为《海南图讯》，2005 年第五届图工委对刊封面及内容作新设计

1996 年，海南省高校图工委组织本省馆长参加在北京举办的第 62 届图际图联（IFLA）大会
（左一：海南省高校图工委主任徐国定，左三：国家图书馆副馆长孙蓓欣）

1996 年，在海南大学图书馆举办李华伟学术演讲会（右二：李华伟）

1998 年 4 月，海南省高校图书馆自动化建设评估总结大会在琼州大学举行（左八：省教育厅领导黄国泰）

2006 年，海南省高校图书馆评估总结表彰大会，省高校图工委主任
詹长智作工作报告

2008 年海南省高校图书馆举办学术会议（主席台左三：教育厅高校处张超处长主持会议）

2009 年 8 月 19 日—23 日，海南省高校图工委组织参加在意大利米兰举办的第 75 届 IFLA 大会

2009 年 CASHL 走进海南（主席台从右至左：中大馆长程焕文、北大馆长朱强、
教育部社科司处长何建、北大副馆长肖珑、中大副馆长周纯）

2009年海南省教育科研数字图书馆揭牌（从左至右：图工委主任詹长智、教育厅厅长胡光辉、副省长王璐、海南大学党委书记黄国泰、海口市科工信局局长朱东海）

2010年12月海南省高校图书馆开展评估工作，专家组全体成员合影（一排从左至右：三亚学院图书馆馆长李振钱、海南医学院图书馆馆长于挽平、教育厅高教处处长朱双平、海南师范大学校长韩长日、海南政法职业学院图书馆馆长安邦建、海南经济学院图书馆馆长温小明、海南师范大学图书馆馆长张信文）

2010 年海南省高校图书馆评估总结大会暨省教育科研数字图书馆管理委员会工作会议在琼海博鳌举行（左一至左六：省图工委主任詹长智、海南工商职业学院院长张伯敏、教育厅高教处处长张超、教育厅副厅长谭基虎、海南师范大学校长韩长日、海南大学副校长傅国华）

2015 年海南省高校图书馆举行审核评估，海南医学院图书馆汇报会

2015 年第五届海南省高校图工委举行第一次工作会议，詹长智主任委员主持会议

2006 年，中南六省区高校图书馆学术年会在博鳌举行，
海南省高校图工委副主任委员安邦建主持会议

2006 年，海南省高校图工委在海口协办中国图书馆学会新年峰会

2010 年，海南省高校图工委在海口举办第七届全国高等学校文献资源建设工作研讨会
（从左至右：夏大馆长萧德洪、武大馆长燕今伟、海大副校长傅国华、海南图工委副主任安邦建）

2010年，海南省高校图工委在海口举办全国高等学校文献资源发展政策研修班
（从左至右专家：复旦大学图书馆龙向阳、南京大学图书馆陈远焕、武汉大学
图书馆张洪元、北京大学图书馆陈体仁、浙江大学图书馆张军）

2012年，海南省高校图工委在海口举办中南六省区学术年会，各省秘书长为征文获奖者颁奖

2013 年，海南省高校图工委在海口举办书香社会与图书馆文化建设论坛

2012 年海南省高校图书馆馆员技能竞赛启动仪式

2012 年，海南省图书情报专业基础知识培训结业合影

2012.6.30 於海南大学

2012 年海南省高校图书馆首届馆员技能竞赛现场

2013 年，海南省高校图书馆首届信息素质教育教学讲课比赛

2013 年，海南省高校图书馆英文文献编目培训

2013 年，海南省高校图书馆英文文献编目培训班学员合影

2013 年，海南省高校图书馆图情专业知识培训班举办，图工委领导、任课教师与获得"优秀"等级的学员合影

2013 年，海南省高校图书馆首届信息素质教育教学比赛举行，海南医学院图书馆荣获本科组一等奖

2015 年，海南省高校图书馆阅读推广优秀案例评选活动举行，
省高校图工委主任委员詹长智作动员报告

2007 年 7 月，海口市本科院校图书馆羽毛球联谊赛

2008 年海南省高校图书馆学术年会举行文艺晚会，海南医学院图书馆表演节目

2009 年学术年会体育比赛

2009 年学术年会文艺晚会（海南师范大学图书馆）

2011 年学术年会文艺晚会（海南大学图书馆）

2012 年中南六省区高校图书馆学术年会文艺晚会（海口经济学院图书馆）

2011 年，第六届海南省高校图工委领导成员合影（左六为省教育厅高教处处长朱双平）

2015 年，第六届海南省高校图工委领导成员合影（左五为省教育厅高教处副处长邓昌清）

2016 年，海南省高校图工委换届大会在琼海博鳌举行，第六届、第七届海南省高校图工委领导成员与省教育厅高教处领导合影

不辱使命　探索前行（代序）

◇ 詹长智

　　自 2005 年 7 月至 2015 年 12 月，我在海南省高校图工委这个学术社团的岗位上服务了整整十年。十年中，与同事们一起共同见证了海南省高等学校图书馆事业的蓬勃发展，也经历了全体同仁协力同心、不断克服困难、努力开拓创新的无数精彩片断。为了留下这一页海南省高校图工委事业的发展史，也为了记录同事们这一段不同寻常的心路历程，我们集体编撰了《图苑足音——海南省高校图工委十年探索之路》一书。我们希望以这本书为媒介，把这一段经历以及自己的体验与感悟呈现出来，与大家分享。

　　过去的十余年，是我国高等教育事业快速发展的时期。高校图书馆事业也不例外。高校图工委作为指导图书馆业务发展的学术社团，作为教育主管部门联系和指导高校图书馆工作的桥梁和纽带，作为高校图书馆馆员开展学术和业务交流活动的平台，随着时代的脉搏跳动，追随事业的脚步成长。

　　海南是一个人口小省，陆地面积仅 3.4 万平方公里，人口不到 1000 万。在"十二五"规划时期，全省本科高校 7 所，高职高专 11 所，另有两所成人高校。正因为"小"，才显得更加紧密，更加"抱团"。海南省高校图工委正是在这样的背景下，形成了独具特色的文化传统和工作模式。

　　海南省教育厅和高教处的领导经常表扬和称赞省高校图工委是开展活动最正常、最具活力的社团。也正因为如此，省教育厅和高教处给予图工委极大的支持和最主动的关心。凡是图工委提出的要求都能得到满足，有更多的支持、关心和帮助甚至超出了我们的预期。

　　海南省高校图工委的工作一直得到教育部高校图书情报工作指导委员会领导和教育部高教司教学条件处领导的大力支持和悉心指导，他们对海南的信任和支持，同样总是超出我们的预期！

立足服务,搭建平台。用心做事,不断创新。这是海南省高校图工委成立 25 年来形成的优良传统。我们也因此形成了许多"规定动作"和品牌项目。

海南省高校图工委每年都会在年底举办一次学术年会兼馆员联欢晚会和运动会,这可是海南省高校图书馆馆员的另一场"春晚"。图工委秘书处和承办年会的图书馆总要为这个年会费尽心机,其紧张和认真程度不亚于CCTV 春晚总导演。学术年会的内容十分丰富,包含了省图工委的全体会议,除了报告年度工作和财务报告等"规定动作"外,还有各专业委员会的年度工作报告和相关专题报告。学术年会一般都有重量级学者的学术报告,著名外籍华裔图书馆学者李华伟、陈钦智、左四臧、徐鸿、韩丹棠等,国内著名图书馆专家朱强、程焕文、燕今伟、谭祥金、赵燕群、吴晞、陈凌、薛芳渝、代根兴等,都曾成为海南省高校图书馆学术年会的演讲嘉宾。联欢晚会和运动会则是名副其实的馆员才艺大比拼。海南省图工委的学术年会已经成为一项功能性的品牌文化活动,它不仅提升了全省高校图书馆馆员的业务素质,还提升了整个团队的凝聚力和协作精神。

从上海退休之后受聘来到三亚学院工作的杨宗英馆长说,海南省高校图工委的工作很有章法。

海南省高校图工委的"章法"来源于重视制定规则、制订发展规划和工作方案,并且严肃认真地遵守这些规则,执行这些规划,落实这些方案。过去二十余年,海南省高校图工委出台了几十项规章制度和标准规范,包括新出台的图书馆质量管理标准文件、馆员工作业绩评审规则、特色资源库文献著录标准、高校图书馆评估指标体系、馆员技能大赛组织方案,等等,这些由省高校图工委组织编写和制定的规范文件,在推进全省高校图书馆事业发展过程中发挥了重要作用。

海南省高校图工委的"章法"还来源于对工作的认真态度。图工委秘书处在秘书长的直接领导下,面对每次会议、每次活动都是精心组织,认真执行。每年的学术年会、每个学期开学之后的图工委工作会议、每个专业委员会的专题活动,都是事前有方案,会后有总结,网上(微信公众号)有报道。每次活动都有很好的效果、很高的质量。没有这点点滴滴、注重细节的工作,就无法形成好的传统,积累较丰富的业绩。

海南省高校图工委每年的工作报告都会列举一年来的主要活动，一般是 20 余项，最多时达 32 项。社团的生命在于活动，我们对此做了最好的诠释。

开放，是海南作为沿海开放试验区和经济特区的职责与宗旨。海南省高校图工委引导高校图书馆事业走开放之路，没有犹豫，没有徘徊。我们在地方高校图书馆中较早加入国际图联（IFLA），每年都组织馆员参加国际图联组织的世界图书馆和信息大会（WLIC）。我们向全国开放，与 CALIS、CASHL、NSTL 等国内重要文献平台保持良好的合作关系。我们向社会开放，建立了海南省教育科研数字图书馆，主动为省内外中小学、科研机构和企业提供文献和知识服务。

一位参观过海南省高校图书馆的同行说，感觉你们的馆舍实在一般，但是，你们在国际化方面所做的努力的确让我们刮目相看！

开放，还体现在海南图书馆人的心态。图书馆学者李超平曾经在自己博文中谈到她对海南省高校图工委负责同志的印象：他在介绍自己担任馆长的图书馆时并不特别卖力，但在介绍别的图书馆时却如数家珍。这正是海南人的特点：在这个小小的地面上，没有彼此之分！

创新，永不停歇的创新，是我们前进的动力，也是我们取得进步的关键。尽管限于条件和眼界，我们无法开展更多原创性的创新，但是我们热衷于学习型的创新。海南省高校图工委每年组织馆长，尤其是新任馆长外出学习。特别是在制订三个五年规划的过程中，我们外出学习考察的深度和广度更有提升。因此，海南高校图书馆的点滴进步都可能汲取自全国各地、各兄弟院校，甚至国外的某个图书馆。

创新，还体现我们的"不唯上，不唯书，只唯实"。凡是我们感觉高校图书馆需要做和应该做的，就主动去做，而且一定可以得到省教育厅和各高校领导的支持。我们与上级主管部门的领导建立起良好的沟通和高度的信任。

"执着坚持，久久为功"，是海南省高校图工委和图书馆界同仁的共同信念和优良传统。海南省高校图书馆与其他事业一样，起步晚，起点低，基础差，困难多。如果没有执着坚持，靠"一阵风"式的花架子是不可能有任何实际成效的。海南省高校图工委自 1992 年 5 月正式成立以来，至今已经到了第七届。分别有 8 位同志先后担任省高校图工委的主任委员，25 位同志担任领导机构成员，8 位同志担任秘书长（或执行秘书），一代接一代的领导班子，不敢懈怠，奋力前行，一些行之有效的创新做法则不断被"固化"下来，图工委的"规定性动作"越来越丰富，品牌项目越来越多。比如，图书馆馆员系统进修计划、馆舍特色文化建设、五年一次的周期性规划与评估、以国际化带动学习创新，等等，成为影响广泛的海南高校图书馆品牌项目，甚至被称作"海南模式"。

"位卑未敢忘忧国"，不避简陋，不畏艰难，追求卓越。坚信"有志者事竟成"，这是海南省高校图书馆界一贯秉持的理念。时间如白驹过隙，十年如一瞬间。在此时此刻，我们内心充满感激。感谢多年来关心和支持我们的上级领导，感谢关心和支持我们的社会各界，感谢和我们一起辛苦并快乐的各位同仁！

习近平同志和党的十九大已经带领我们进入新时代，新时代有新的期待、新的气象和新的作为！相信海南省高校图书馆事业会开启新的征程，有一个更加美好的明天！此时此刻，我们献上最美好的祝福！

詹长智，中国人民大学法学（人口学）博士。曾任海南大学图书馆馆长，教授。海南省高校图书情报工作委员会第四届副主任委员，第五届、第六届主任委员，教育部高校图书情报工作指导委员会第三届委员，第四届副主任委员兼战略规划组组长。国际图联（IFLA）大学和研究型图书馆专业组常务委员会委员（任期 2005 年 8 月—2008 年 8 月）。

目录

第三部分　海南省高校图工委大事记

第一部分
海南省高校图工委工作探索

第一章

协同创新　共襄盛举

◇ 李哲汇　王永喜

第一节　海南高校图书馆的整体发展

从 20 世纪 90 年代开始到"十二五"收官之年——2015 年，海南省高校图书馆走过了 25 年的历程。其间，海南省高校图书馆经历若干个不同的发展阶段，并取得了显著的整体建设成效。总体上讲，海南高校图书馆之所以能够取得如此建设成效得益于"政府主导、图工委协调、专家保障、上下联动"的发展机制，整体推进图书馆发展。而这一机制主要源于三大要素：其一，省教育厅高屋建瓴的决策、引导和支持；其二，海南省高校图书情报工作委员会（以下简称"省高校图工委"）宏观层面的指导和协调作用，业内资深专家敢为人先的创新意识以及科学合理的制度设计；其三，全省高校图书馆的发展共识与团结协作。其中，省高校图工委在这一进程中的宏观指导和制度设计等中枢作用至关重要。

一、海南省高校图工委的职能、作用及历史沿革

1. 省高校图工委的职能

海南省高校图工委是省教育厅领导下的全省高校图书馆协作组织，同时也是海南省教育学会下属的学术社团，业务上接受教育部高等学校图书情报指导委员会的指导。其主要职能是指导和协调全省高校图书馆的建设发展。主要任务为：拟定全省高校图书馆发展规划并组织实施；组织各高校图书馆业务交流与学术交流；受教育厅委托组织实施高校图书馆各项评估及检查；

协调 CALIS 省中心及各馆共同推进全省资源共建共享，促进图书馆的整体化发展。

2. 组织架构

按照历届图工委章程，省高校图工委设有常务委员会；常务委员会设主任委员一人，副主任委员若干人，常设机构为秘书处；与此同时，设有学术委员会以及若干个专业委员会：资源建设专业委员会、服务创新（阅读推广）专业委员会、信息技术专业委员会、人力资源专业委员会、高职高专专业委员会等。

3. 省高校图工委领导机构的历史沿革

在省教育厅的推动下，省高校图工委于 1992 年 5 月成立。主任委员由海南大学图书馆馆长徐国定担任，副主任委员由阎宗林、朱海村、杨振堂、黄守超担任。任期为 5 年。1996 年 7 月图工委换届。第二届图工委主任由海南医学院图书馆馆长王永喜担任，副主任由安邦建、许山河、杨振堂、林江云等担任（详见琼教高〔1996〕27 文《海南省高校图书情报工作委员组成人员》），于 1999 年 5 月换届。第三届省高校图工委主任委员为许山河、喻立森，副主任委员为王永喜、安邦建、苏文。早期（前三届）省高校图工委主任单位采取轮换制。从第四届开始，为了充分发挥海南大学作为省内龙头高校图书馆的引领与辐射作用，经省教育厅与各高校馆充分协商后确定海南大学图书馆为省高校图工委常设主任单位。故第四届以及后续各届（第五、六、七届）图工委主任分别由海南大学图书馆馆长符华儿、詹长智、王琦担任。

二、在省高校图工委指导与推动下，全省高校馆事业取得长足发展

从 1992 年 5 月第一届图工委成立开始至 2015 年底的换届，先后产生了七届省高校图工委。海南省高校图书馆从基础相对薄弱逐步成为在全国高校图书馆界中具有一定的区域特色与亮点的集体，其中蕴含了每一届省高校图工委的集体智慧与力量。在省教育厅的领导下，每一届图工委弘扬和传承"务实、创新、民主、和谐"的优良传统，充分发挥指导、咨询、协调作用；

大胆创新，敢为人先，创立了若干在国内业界有一定影响的品牌项目，在组织多层次业务交流与学术交流、提升馆员科研水准、组织评估与检查、推进以 CALIS 省中心为枢纽的区域图书馆联盟建设等方面推动了海南省高校图书馆的整体发展，取得了显著成效。

总而言之，在省教育厅的领导以及省高校图工委的推动与指导下，经过20 多年的建设与发展，全省高校图书馆获得了长足的发展。截至 2015 年底，全省 17 所高校馆舍建筑总面积已达 37 万余平方米（其中本科馆 23 万平方米，高职馆 13.8 万平方米）。馆藏纸质文献总量达到 1436 万余册（件）。其中，本科馆 990.3 万册，高职馆 444.9 万册。高校馆员总人数达 600 人。其中，本科馆 395 人，高职馆 205 人。与此同时，各校经费投入水平大大提高。仅"十二五"期间，各高校馆文献资源购置费达到 2.43 亿元。其中，本科馆 15962 万余元，高职馆 8370.3 万元。全省高校馆坚持以读者需求为导向，主动适应新技术环境下图书馆业态的深刻变化，积极创新服务内容与服务方式，大大提升基础性信息服务与知识化学科服务的效能及水平；与此同时，在经费投入很少的前提下各馆大力推进区域性图书馆联盟建设，推进了自我保障与联合保障的有机融合，使各馆文献保障率达到了 90% 以上。海南省高校图书馆在投入相对较少的前提下取得上述建设成效，得到省教育厅、CALIS 管理中心以及省内各高校师生的充分肯定。

三、全省高校图书馆建设与发展的突出成果

1. 以规划为先导、以评估为保障

20 世纪 90 年代以来，省教育厅先后发布 7 个规划（含 3 个专项规划）及 7 个评估指标，下拨专项经费以推动和落实建设任务，并组织专家组到校检查；这一"以规划为先导、以评估为保障，推动整体发展"的机制在国内业界实属首创。为此，教育部高校图工委 2014—2015 年连续两年在海口举办"全国高校图书馆'十三五'规划研讨会"，海南高校图书馆资深专家两次在全国高校大会做主题发言，介绍经验，得到与会者的充分肯定。

2. 区域图书馆联盟建设成效显著

多年以来，全省高校图书馆在区域性资源共享体系建设取得令人瞩目的

成就：

（1）先后实现同一管理系统和异构管理系统环境下全省高校馆通借通还，在国内业界属首创。

（2）省教育科研数字图书馆利用教育厅每年投入的 80 万元经费构建区域数字图书馆平台，为全省高校师生提供一站式共享服务。其服务成效达到天津、浙江、江苏等地动辄千万级投入的同类项目的同等水平。由于投入产出比甚高，被业界称为"海南模式"。2012 年底，CALIS 海南省中心被 CALIS 管理中心授予"CALIS 三期工程省级文献中心建设一等奖"，该年获奖者仅 CALIS 海南省中心与吉林省中心。

3. 科研立项、获奖及业界影响力

全省高校图书馆在省教育厅的支持以及省图工委的大力推动下，在学术研究以及国内业界同行交流活动中取得突破性进展，成绩斐然，有力地提升了在业界的影响力：

（1）海南大学、海南师范大学图书馆先后获得国家社科基金资助项目，这是海南省高校图书馆同仁在学术研究领域取得的突破性进展。

（2）海南大学、海南医学院、琼台师范学院等高校图书馆馆员分别获得海南省科技进步二等奖 1 项、三等奖 3 项。

（3）海南大学图书馆获得教育部举办的阅读推广案例大赛决赛二等奖，其馆员荣获教育部高校图工委全国高校信息素质教育讲课比赛一等奖。

（4）由于海南省高校馆在国内业界影响力日益增长，2014 年海南大学图书馆詹长智馆长被选为教育部高校图工委副主任委员。按照惯例，该委员会副主任委员皆为国内知名高校馆馆长。詹长智馆长被选为副主任委员充分说明国内高校图书馆界对海南高校馆的认可。

综上所述，"以规划为先导、以评估为保障，推动整体发展"的评估制度体系，以科研为先导、以成果应用推进完成阶段性、整体性建设任务，以及"低投入、高产出"的区域高校图书馆联盟已成为海南省高校图书馆发展的特色。其品牌效应大大提升了海南省高校图书馆在国内业界的影响力。

第二节 以周期性"规划—评估"为引擎 推动高校图书馆事业持续发展

一、以规划为先导推进全省高校图书馆整体发展

自20世纪90年代以来，为了提升全省高校图书馆建设与服务的整体水准，海南省教育厅根据不同时期图书馆建设与发展水平发布了一系列的规划。其中，"九五"期间发布了自动化建设专项规划，"十五"期间发布了网络化、数字化建设专项规划，同时还发布了相关检查评估方案。在此期间，省教育厅统一部署自动化、网络化、数字化建设，全省高校图书馆依照相关专项规划统一行动，整体推进，取得显著成效。此后，在省教育厅支持下，省高校图工委组织课题组先后组织编制了全省高校图书馆"十一五"、"十二五"规划。规划由省教育厅下发后成为五年一个阶段全省高校图书馆整体建设与发展的纲领性文件，引导和规范全省高校图书馆未来五年建设与服务。纵观20多年来的规划与实施，海南省高校图书馆在每一个建设阶段都取得了令人瞩目的建设成效，真正实现了"一个阶段，一大目标"，整体推进全省高校馆的建设与发展。

1. "九五"规划时期（1996—2000）

全省高校馆根据规划全面展开自动化、网络化两个阶段的建设。2001年，全省高校完成网络化阶段建设后，实现了资源共建、联机检索、联机借阅，并在国内业界率先实现网络环境下全省高校馆的"通借通还"，创建了省域高校图书馆网络化建设"海南模式"。网络化建设取得的突出成绩使海南省高校图书馆开始引起国内同行的关注。《大学图书馆学报》（2003年第4期）刊登了《海南省高校图书馆网络环境下的馆际互借服务模式》。

2. "十五"规划期间（2001—2005）

2002年，省教育厅下发《海南高校图书馆数字化建设规划（2001—2005）》（琼教高〔2002〕47号）。根据该规划要求，为了全面推动全省高校

馆资源共享建设，省教育厅依托海南大学图书馆组建了以资源共享为宗旨的海南省高校文献信息中心，为后续区域图书馆联盟建设奠定基础；与此同时，省教育厅以重点科研项目委托省高校图工委组织"海南地方特色文献数字资源库"建设。该项目由"海南旅游（农业/医学）数字资源库"等五个子项目组成。后者以"统一规划、统一软件平台、统一技术规范"的整体建设方式建成了海南地方特色文献资源库群，填补了自建数字文献资源领域的空白。

3. "十一五"规划期间（2006—2010）

"十一五"规划总体目标是"文献资源共建、共知、共享体系趋于完备，文献保障能力大幅度提升，初步建立起以海南省区域性联盟为主导的数字图书馆，提高文献的满足率与利用率，以最终实现较大程度地提升全省高校图书馆的整体服务能力和服务水平"。显而易见，其标志性建设目标就是建设海南省高教区域数字图书馆。2009年11月，以CALIS海南省中心为总馆、各高校馆为分馆的"海南省教育科研数字图书馆"正式上线运行。这是海南省高校数字化建设里程碑式的重大成就，标志着"十一五"规划的重大目标任务圆满完成。至此，海南省高校数字图书馆建设全面迈进新的历史时期。

4. "十二五"规划期间（2011—2015）

"十二五"规划主要建设目标是基本建成文献信息集成中心、知识服务中心、自主学习中心、校园文化中心和全省科研创新服务重要平台，也就是说将图书馆打造成"三个中心、一个平台"。"十二五"期间，各高校图书馆将线上和线下服务融为一体形成全时空服务平台；形式多样、内容丰富的阅读推广活动成为校园文化建设重要组成部分，且在国内业界同行交流中赢得赞誉；主要本科高校馆开展的深层次、学科化知识服务将图书馆服务功能引向新的层面；各种知识交流与文化体验活动彰显图书馆作为第三空间的功能与作用；实现了将图书馆基本建成知识服务中心、自主学习中心、校园文化中心及科研创新服务平台的主要建设目标。

二、周期性"评估"是推动高校图书馆整体发展的重要保障

自 20 世纪 90 年代以来，为了提升全省高校图书馆建设与服务的整体水准，海南省教育厅基于所发布的相关规划实施成效开展了一系列省内高校图书馆评估活动。截至 2015 年底，全省高校图书馆共开展 8 次评估活动（全面评估 4 次，单项评估 4 次）。上述 8 次评估可以划分为全国统一评估、省内相继开展的单项评估、全面评估以及审核性评估。上述评估活动促进了各类规划的实施，从而推动了全省高校馆的整体发展。

1. 全国高校馆统一评估

1992 年初，省教育厅根据国家教委"评估工作意见"和"评估指标体系大纲"先后制定了《海南省普通高等学校评估指标体系　办馆条件部分》和《海南省普通高等学校评估指标体系　办馆水平部分》两个指标体系和评估实施办法，并分别于 1992 年和 1993 年展开对省内本科高校图书馆办馆条件和办馆水平的评估。此次评估使省教育厅和学校领导、各高校图书馆对全省高校馆的办馆条件、办馆水平有了全面、清晰的认识，特别是明确了当时省内高校图书馆建设与发展的瓶颈与短板，进而为下一阶段图书馆建设与发展提供了基本思路。

2. "自动化、网络化、数字化"建设评估

经过首次评估，省教育厅意识到技术基础薄弱、软硬件设施落后已成为海南省高校图书馆实现转型的瓶颈和短板。有鉴于此，省教育厅分别于 1995 年、1998 年和 2002 年下发了海南省高校图书馆自动化、网络化、数字化建设规划，开启了长达 11 年的以规划为先导、评估验收为保障的全省高校图书馆"三化"建设的历程。1997 年 10 月，省教育厅组织自动化建设评估验收。其结果表明：海南省本科高校图书馆实现三个统一（统一购置集成管理软件系统、统一书目数据著录标准、统一配置主要硬件设施）为后续即将展开的网络化建设奠定良好基础。2001 年 11 月，省教育厅组织网络化建设验收/评估。其结果表明：各高校馆实现联机编目、联机检索、联机借阅，使其文献信息服务先行跨入了"联合保障"的新阶段。其中标志性建设成果是在国内业界首次实现了全省高校之间的网络互查互借的"一卡通"借阅的共享服

务。根据省教育厅发布的全省高校馆数字化建设规划，省高校图工委组织实施"海南地方特色文献数字资源库"建设。后者以"统一规划、统一软件平台、统一技术规范"的整体建设方式建成了海南地方特色文献资源库群。2004 年底，海南省教育厅组织验收结果表明：该资源库地域特点突出，技术规范紧跟业界前沿，整体性特点突出，填补了自建数字文献资源领域的空白。

长达十余年的"三化建设"的规划与评估保障了各高校图书馆文献资源结构、技术支撑环境的改善，使其文献信息服务先行跨入了"联合保障"的新阶段，遂使各馆信息服务能力得到明显改善。

3. 基于 ISO9000 理念的全面水平评估

为了科学、客观、全面地评价海南省高校图书馆 10 年来的建设成果，省教育厅决定在"十五"末期（2005 年）开展本科高校图书馆全面水平评估。为此，省教育厅组织专家组在广泛学习、吸收和借鉴国内外的评估理论和实践经验的基础上，以 ISO 9000 全面质量管理（Total Quality Management，以下简称 TQM）理念为指导制定了《海南省高等学校图书馆评估方案（试行）》。这一方案的诞生也是海南省高校图书馆评估制度体系建设不断创新的标志性成果之一。该方案主要特点如下：

（1）总体结构

①该评估方案改变了以往评估注重办馆条件的传统思维定式，注重从办馆条件、办馆水平、办馆效益等多个维度考察、评估各馆建设发展水平，将服务体系的诸要素的考察、评价放到首要位置，强调过程控制及持续改进，通过外部评估与内部评估相结合的方式建立起自我监督的长效机制。

②评估指标体系在总体结构分为"办馆条件"和"办馆水平"两个部分。办馆条件部分主要是测定和评价学校能否提供必要的投入，包括经费、人力、物力和馆舍建设；而办馆水平部分指标旨在反映图书馆自身运行状况，主要是衡量和评价图书馆的服务功能与水平，它是对图书馆系统自身运转能力的评价。

③评估指标体系增加了"办馆效益"指标，这是从整体上评价图书馆的绩效指标。办馆效益 = 办馆水平/办馆条件，即办馆效益 = （B + C + D + E）/A。评估方案设立"办馆条件"、"办馆水平"和"办馆效益"三个总体指标。

（2）突现"以用户需求为导向"的管理理念

评估指标体系在制定过程中突显"以用户需求为导向"的管理理念，也就是说"用户第一，服务至上"的思想贯穿始终，这是对图书馆"以人为本"服务理念的诠释，这也是图书馆建设与发展的重心从资源建设向服务转移的标志。具体体现在以下两个方面：

①办馆水平评估中的一级指标共有四个，总分为 100 分。其中，文献资源建设 30 分，自动化、网络化、数字化建设 25 分，读者服务 35 分，科学管理 10 分。显然，读者服务权重最大，这种划分从总体上突显了"服务至上"的理念。

②"以用户需求为导向"即"用户第一，服务至上"的思想不仅仅集中体现在"读者服务"一级指标中，而且渗透于所有的指标和评分项目中，如办馆条件中的文献拥有量、馆舍面积和阅览座位数。在办馆水平中的馆藏数、电子文献数、文献利用、馆际互借、检索微机数、电子阅览室电脑数、开放时间、网络服务时间以及文献加工周期、数据库质量等 91 项，都蕴含着用户第一的思想和理念，占全部评分项目的 44%。

（3）坚持 PDCA 循环的持续改进原则

在评估方案及实施过程中，依照 TQM 体系中的 PDCA 循环模式增加了持续改进阶段。对于办馆条件和办馆水平不合格或有单项不合格（单项分低于 60 分）的单位，省教育厅下发"不合格通知书"限期整改。整改期结束后，省教育厅专家组对整改单位进行验证和复查，从而结束 PDCA 循环模式的闭合循环。

2005 年与 2010 年两次评估均依据此方案开展。评估结果表明：全省本科高校图书馆的办馆条件和办馆水平取得了长足的发展，对学校的升格转型、实现跨越式发展起到了重要的支撑作用。

4. 引入 ISO11620 理念的全省高校图书馆审核性评估

随着我国"五位一体"高等教学评估制度的出台，2013 年审核评估以全新的高等教育评价模式正式发布实施，海南省高校图书馆评估进入审核评估的新阶段。为此，省教育厅于 2015 年组织专家组制定了突出内涵建设、服务效益、特色发展，着力打造以自我评估为基础、事实数据为依据的新常态，注重绩效评价的新一轮评估方案——《海南省高等学校图书馆"十二五"建设审核评估方案（试行)》（以下简称"图书馆审核评估方案"），海南高校图书馆评估工作也由此步入了审核评估的新轨道。

1. 评估指标体系的创新

（1）简化了指标体系

与 2005 年的评估方案相比，"图书馆审核评估方案"的体系结构简明易行。该方案取消了"内容详尽、等级分明的评价标准"，只设立 3 个"项目"、12 个"要素"和 38 条"要点与说明"。项目和要素的选取与教育部"事实数据库"填报数据相匹配。

（2）改变了评估结论形式

审核评估最终的评估结果"形成写实性报告，不分等级"。专家组在审核学校《自评报告》和《事实数据分析报告》基础上，对学校办馆条件、服务效益和管理水平做出公正客观评价，最终形成写实性《审核评估报告》。

2. 评估体系核心要素——服务质量保障体系的确立

自 2005 年全省高校图书馆开展"十五"建设全面评估以来，省教育厅始终坚持和倡导"建立高校图书馆自我约束、自我诊断、自我完善的服务质量保障体系，形成以自我评估为主的新常态"的评估指导思想，这也是建立高校图书馆评估制度的最佳状态和最终目标。

基于 TQM 的 PDCA 模式以及前述"图书馆审核评估方案"的要求，高校图书馆服务质量保障体系一般包括管理规范系统、数据监测系统和持续改进系统三个子系统。

（1）自我约束——管理规范系统。其目的是实现管理文件化、工作程序化和检查日常化。

（2）自我诊断——数据监测系统。监测系统不仅要对运行与服务结果进行监测，而且要对业务工作和用户服务过程进行监测（主要包括用户满意、数据统计、数据填报和数据分析等）；同时要制定系统的监视和测量的技术规范。

（3）自我完善——持续改进系统。持续改进系统就是不断进行 PDCA 循环的过程。为此，要建立健全与阶段性总结相结合的《事实数据分析报告》

编制制度。后者是开展数据分析，持续改进图书馆服务水平和服务效益的重要举措。

以上三个系统构成层次分明、完整的图书馆服务质量保障体系：管理规范是基础，数据监测是关键，持续改进是目标，形成服务质量保障体系的完整的闭合循环。

依据上述评估方案，省教育厅专家组于2015年底完成了全省高校图书馆首次审核评估。其评估过程和结果真实地反映出各高校图书馆"十二五"期间建设与发展的整体状态、特色与亮点以及主要问题。以此为起点，全省高校图书馆评估工作进入了以规划为先导、以图书馆自我评估为基础、以全省周期性评估为引领、以事实数据常态监测为依据的新阶段。

三、海南高校图书馆周期性"规划—评估"制度体系的主要特点

海南高校图书馆在历时25年的周期性"规划—评估"实践中呈现主要特点如下：

1. "规划与评估"双轮驱动

相关建设规划阐释和界定了图书馆在一定时期内新的愿景、目标、任务及实施要则；评估过程客观、全面地呈现了图书馆实施规划的情况，进而推动图书馆持续改进。因此，可以说评估对本期规划实施和下一轮规划制订起到双重保障作用。这也正是海南省高校图书馆"以规划为先导、以评估为保障，强化服务、注重效益，推动全省高校图书馆整体发展的海南模式"的双轮（规划与评估）驱动机制。

2. 以政府部门为主导

25年的实践逐步形成"政府主导、图工委协调，科研先行、专家保障，上下联动、层层把关"的"规划—评估"机制。每一轮"规划"和"评估"方案都是在教育厅年度科研项目中立项，项目完成后组织专家评审；评审通过后教育厅正式下文颁布实施，后续评估及整改也均如此。正是这一系列的"规划—评估"使全省高校图书馆服务与管理整体水准取得跨越式发展，突显了海南省教育厅在高校图书馆建设与发展进程中的主导作用。

3. 整体规划与分步实施

在长达20多年的规划建设中，海南省高校图书馆的基本策略是"统一规

划、整体布局、分步实施，整体发展，注重效益"。例如，"九五""十五"期间的海南省高校图书馆自动化、网络化、数字化建设阶段中，省教育厅、省高校图工委意识到在当时的基础条件下一步到位地建立一个支持开展网络环境下各项服务的技术支撑体系是难以实现的。于是确定在全省高校统一规划和布局的前提下，分层次、分阶段地开展"三化"建设的基本策略。在选点上，先本科，后高职，从自动化到网络化再到数字化，逐项推进。正是通过若干阶段的建设，全省高校馆最终形成了网络环境下的服务体系。

4. 由图工委各专业委员会推动规划目标、任务的落实

"规划—实施—评估/检查"是完成重大建设任务的三大要素。其中，实施环节举足轻重。在规划的实施过程中，省高校图工委通过广泛深入的讨论，将具体建设任务按年度分解到各个业务工作对口的图工委各专业委员会。各专业委员会各司其职，推动各高校馆落实规划规定的各项建设任务。实践证明各专业委员会有效地履行了职能，保障了各项建设任务的如期完成。

5. 不断创新图书馆评估理念

海南省高校图书评估制度体系建设是一个不断创新的进程，进而形成了具有海南特色的全省高校图书馆评估体系：

（1）在 2005 年及 2010 年两次全面水平评估的方案中引入 ISO9000 全面质量管理理念，注重从办馆条件、办馆水平、办馆效益等多个维度考察、评估各馆建设发展水平，将服务体系的诸要素的考察、评价放到首要位置，突出过程控制及持续改进，建立自我监督长效机制。

（2）2015 年实施的高校图书馆评估引入 ISO11620 理念开展注重绩效评价的审核评估。其核心理念是：突出内涵建设、服务效益以及特色发展，力求建立以自我评估为基础、事实数据为依据的新常态。这一评估体系的建立为国内图书馆评估提供了一个新的范例。

第三节　网络化建设成为海南省高校图书馆
服务转型的重要节点

世纪之交，省教育厅、省高校图工委全面分析了国内外图书馆发展的总体走向与趋势以后，敏锐地发现计算机、网络技术的飞速发展必然对图书馆业态产生重大影响，其服务功能将从传统图书馆单一的纸质文献借阅服务扩展到网络环境下线上线下一体化服务。因此，建立一个支持开展网络环境下各项服务的技术支撑体系势在必行。有鉴于此，在省教育厅的直接领导以及省高校图工委的大力推动下，海南省高校图书馆开展了历时4年的网络化建设，实现了图书馆由计算机集成管理阶段向网络化阶段的跨越，形成了网络环境下开展各项服务的基础平台，使全省高校图书馆服务模式从单一纸质文献借阅开始转向线上线下多元化服务。其标志性建设项目——网络环境下全省高校馆"一卡通"借阅在国内实属首创。正是这个项目在业内的示范效应使海南高校图书馆进入国内业界同行们的视野。

一、制定网络化建设系列规划及方案

1. 高校图书馆网络化建设规划

1998年，安邦建研究馆员主持的省教育厅科研项目——《海南省高校图书馆网络化建设方案》（以下简称《建设规划》）结题；省教育厅以琼教高〔1998〕50号文下发实施。《建设规划》主要建设目标是在全省高校间实现联机协作采访、联机检索、联机借阅和联机合作编目。

2. 文献资源共享体系建设规划

1998年，黄玉华研究馆员主持的省教育厅科研项目——《海南省高教文献信息资源保障体系（HALIS）共建协作方案》（简称《共建方案》）结题。1999年1月份，省教育厅以琼教高〔1999〕01号文件正式印发实施。《共建方案》明确了共建原则、共建目标、共建内容和共建措施，尤其是省教育厅每年将各校教育事业费的4%—5%作为专项图书购置费，保证了各高校馆每年纸质文献和电子文献共建计划的落实，从而使海南省高教文献信息资源保障体系的建设纳入了"整体规划、协作共建"的发展轨道。

3.《评估方案》《共享方案》《馆际互借规则》相继出台

2000年，姚二团副研究馆员主持的省教育厅科研项目《海南省普通高校图书馆网络化建设评估方案》课题（下面简称《评估方案》）结题；黄玉华领导的课题组相继完成了省教育厅科研项目——《CALIS海南省文献资源共享实施方案》（下简称《共享方案》）和"海南省高校图书馆馆际互借（含文献传递）规则"（下面简称《互借规则》）的研究工作。2001年2月6日，省教育厅以琼教高〔2001〕12号文件印发了《评估方案》、《共享方案》和《互借规则》三个文件。文件通知要求各校务必确保文献资源共建、共知、共享这一网络化建设目标的实现，并按《评估方案》的要求认真做好各项迎评工作。

二、网络化建设的主要成效

经过几年的建设，各高校馆网络化建设与服务水平有了显著的提升。2001年底，省教育厅组织专家组，依据《评估方案》对全省高校图书馆的网络化建设逐项进行了验收评估。结果显示：各校图书馆网络化建设达到了合格标准，实现了预期目标。其主要建设成效如下：

1. 网络环境基本建成

1998年至2001年，省拨专项网络化建设经费255万元，加上学校配套经费368.71万元，共计623.71万元。全省高校图书馆购进了500G以上的磁盘阵列和高端服务器4台，工作微机154台，多媒体微机224台及其相关配套设备；同时，统一更新了ILAS网络版管理软件（ILASⅡ2.0），各类应用软件相继到位；各校校园网环境基本满足图书馆网络服务功能的需要。

2. 网络资源初具规模

（1）全省高校馆馆藏书刊按MARC格式录入数据已达47.44万条，占馆藏总数的93%，均提供了多种网上检索途径。

（2）各馆建设好一批具有地方特色的专题数据库，如海南大学的"海南文献专题数据库"，海南师范学院的"海南地方文献数据库"，琼州大学的

"海南少数民族资料索引"，华南热带农业大学的"热带农林数据库"，海南医学院的"海南高校期刊联合目录数据库"等都达到了一定的规模。

（3）各馆逐渐加大了购置光盘数据库及其他电子出版物的力度，1999 年至 2001 年用于购买电子文献的经费达 116 万元，占购书总经费的 10% 以上。引进中外文光盘数据库 20 种并购进国内外品种繁多的多媒体教学课件或 VCD，丰富了海南省高教网络资源保障体系。

3. 启动网络服务

（1）各校图书馆网站提供比较丰富的服务内容，除有馆藏书目检索、馆际互借、专题数据库文献检索等基本服务外，还分别推出多媒体点播、读者意见箱、重点学科网络资源导航、学科网站链接、免费 IP 地址查询等项目的服务。

（2）全省高校之间初步实现了网络资源的联机检索和馆际互借服务。海南省高校图书馆均自 2001 年 4 月起先陆续安装了馆际互借服务软件，成立了馆际互借管理小组；通过 CERNET 开始启动联机检索、网络互借、文献传递等资源共知共享服务。从此，实现了真正意义上的资源共享，使海南省高校图书馆文献信息资源服务先行跨入了"联合保障"的新阶段。此项全省高校馆通借通还服务在国内业界得到同行们的充分肯定。

4. 联合协调采访

各馆认真贯彻落实《共建方案》，以千元以上的文献和外文期刊为重点，主动开展联合协调采购工作，如协调订购 2002 年度外刊时停订了 6 种，节省经费计 93240 元。各馆落实专人参加共建"海南省高校中外文期刊联合目录数据库"，并成为各馆常规性的工作。这表明海南省高校图书馆文献信息资源建设开始纳入"协作共建"的整体化发展轨道。

三、网络化建设的主要经验

历时 4 年的海南省高校图书馆网络化建设主要经验可以概括为：两个投入，四个统一，五个结合。具体如下：

1. 领导重视是海南省高校图书馆自动化建设成功的关键

省教育厅清醒地认识到：全省高校图书馆的办馆条件、服务水平与海南省高校教学科研对文献的需求，与特区经济发展的要求均存在较大差距。根据世纪之交图书馆业界的发展态势，若想短期内跟上国内图书馆界发展的主流水准，唯有以自动化、网络化建设为抓手，努力实现从传统图书馆到提供线上线下一体化服务的复合图书馆的转型，才能实现图书馆的快速发展。为此，省教育厅领导亲自主持制订规划、审议方案、筹措经费，各校领导积极组织具体实施，才使海南省高校图书馆自动化网络化建设在短时间的情况下取得了较好的效益。

2. "两个投入"是海南省高校图书馆网络化建设成功的前提

"两个投入"就是省教育厅争取省财政每年拨出专项经费和学校每年投入配套经费用于图书馆的自动化建设。1998年至2001年，省财政为各高校累计拨出专项自动化建设经费255万元，学校相应配套经费达617万元，保证了必需硬件设施和应用软件按计划到位，基本满足了网络化建设的刚性需要。

3. "四个统一"是海南省高校图书馆网络化建设的核心

全省高校图书馆的网络化建设的核心是实现统一规划、统一软件、统一硬件设施、统一数据库格式，并将此项作为海南省高校图书馆自动化、网络化建设达到合格标准的核心指标，从而保证了海南省高校图书馆网络化建设目标的如期实现和整体效益的发挥。

4. "五个结合"是海南省高校图书馆自动化建设成功的有力保证

海南省高校图书馆的网络化建设能在"投资少、时间短、技术缺"的情况下按总体规划达到较好的效果的另一个重要原因是始至终坚持了"五个结合"，即坚持领导指导与专家意见相结合、科研与建设相结合、硬件建设与软件建设相结合、建设与培训相结合、年度检查与阶段性评估相结合。

以"四个统一"为导向，以实现"联机协作采访、联机编目、联机检索、联机借阅"为目标开展网络化建设是海南省高校图书馆界的一大创新。在世纪之交的国内图书馆界的众多各种类型的区域合作项目中，海南省高校图书馆敢为人先，提出了这样一种网络化建设思路。其前瞻性得到业界同仁的广泛认同。与此同时，正是基于"一个重视、两个投入，四个统一，五个结合"的建设策略，海南省高校图书馆网络化建设在经费极其困难、基础条件相当薄弱的前提下，能够在规定的时限内实现相关规划预期的建设目标。而且，其标志性建设项目——网络环境下各高校馆纸质图书通借通还属于国内首创，得到业界同仁的广泛关注和赞誉。

第四节　海南模式的区域图书馆联盟建设提升了海南省高校馆在业界的影响力

一、图书馆联盟是现代图书馆发展的必然趋势

20 世纪末以来，信息的社会化和社会的信息化程度大大加快，文献信息资源的内涵和需求形式也在发生着深刻变化，高校图书馆文献资源自我保障的传统模式早已无法适应高校学科建设的基本要求。20 世纪 90 年代以来，通过网络共享环境获取更多资源成为各级政府以及国内图书情报界的一种共识。因此，各高校图书馆把建立信息资源共享体系——图书馆联盟当作一项极其重要的发展任务。

首先，国家高度重视数字图书馆工程建设，中国高等教育文献保障系统（CALIS）、国家科技图书文献中心（NSTL）、大学数字图书馆国际合作计划（CADAL）、中国高校人文社会科学文献中心（CASHL）等在建项目，共同构筑了我国高等教育"211 工程"、"九五"、"十五"总体规划中以中国高等教育数字图书馆为核心的教育文献联合保障体系。在此背景下，各类型高校数字图书馆联盟相继崛起。以北京、上海、天津、广东、浙江、江苏等发达地区为代表的高校数字图书馆联盟借助区域经济优势，利用先进的技术手段和强烈的创新意识将文献信息资源转换为经济效益和社会效益，形成了一种发达地区数字图书馆联盟建设模式。而地处欠发达地区的海南省高校图书馆不得不根据自身资源条件另辟蹊径，选择一条与上述地区不同的网络化、数字化建设模式。

二、网络化、数字化视角下的海南省高校图书馆联盟

与国内发达地区相比，由于经济基础薄弱，海南省文化教育事业乃至图

书馆建设明显滞后。早在世纪之交，省教育厅领导以及高校馆同仁清醒地认识到：如果想在有限的投入和资源条件下实现跨越式发展以保持与国内图书馆建设主流趋势基本同步，唯一途径就是大力推进资源共享体系——图书馆联盟建设。而海南省高校数量较少，易于统一规划，协作共建。为此，省教育厅及省高校图工委就提出了当时在国内业界颇具前瞻性的以四个联机（联合采访、联合编目、联机检索、联机借阅）为目标建设"海南省高校文献保障体系"的构想。在此前提下，在海南省教育厅的领导与推动下，海南省高校图书馆基于上述构想统一购置了图书馆集成管理系统 ILAS，为实现"四个联机"提供统一的技术环境，各馆统一部署 ILAS 环境下的馆际互借模块，开展了纸质图书的通借通还的"一卡通"服务。此服务模式在国内高校图书馆界得到很高的评价。迄今这一模式在国内业界依然堪称典范。此外，为了开展自建数据库项目建设，主要高校馆统一购置了德赛—方正系统，一体化地推进此项目建设，并取得了预期成效。为了整体推进海南省高校文献保障体系建设，省教育厅于 2002 年依托海南大学组建了海南省高校文献信息中心。该中心在教育厅高教处直接领导以及省高校图工委指导下负责协调实施电子资源集团采购、馆际互借、特色库协作共建、宣传培训的方面工作。至此，全省高校图书馆联合保障体系的基本框架初步形成。

2005 年，根据 CALIS 二期工程建设统一部署，在省教育厅大力推动下，省高校文献信息中心被纳入 CALIS 系统的省域中心建设系列，由此成为 CALIS 海南省信息服务中心。CALIS 二期工程省级中心建设过程中，其建设重心实现重大转型。加入 CALIS 系统以后，可利用的文献资源系统与过去完全不可同日而语，因而省文献中心大幅度减少资源建设的投入，而将有限的经费主要投入提升省中心服务效能方面。这样不仅充分发挥了"CALIS 管理中心—CALIS 省中心—各高校馆"三级文献保障体系中各层级的功能与作用，也提高了有限的资金投入的使用效益。其建设成效得到 CALIS 管理中心的肯定。

三、省教育厅战略决策与省教育科研数字图书馆的建设构想

进入 21 世纪以来，由于云计算、大数据时代到来，国内外图书馆界业态发生了深刻的变化。建设基于多层级资源共享理念的区域性数字图书馆联盟

成为一种主流趋势。经济发达省份动辄投入数千万启动区域性数字图书馆联盟。而海南省长期以来对公共服务和教育领域的投入甚少，可投入数字图书馆建设的资金与发达地区有天壤之别。但是，省教育厅基于确保海南省高校图书馆与国内图书馆发展整体水平基本同步的战略定位，在"海南省高校图书馆'十一五'建设规划"中提出 2010 年前将依托 CALIS 省中心建成海南教育科研数字图书馆（海南高校数字图书馆联盟）的建设任务。

尽管资源条件匮乏，但对于长期以来对图书馆联盟事业孜孜不倦且敢为人先的海南高校图书馆界来说，省教育厅提出的建设数字图书馆联盟的任务是缩小与发达地区图书馆建设整体水准差距的历史契机。同时，海南高校图书馆界也清醒地认识到：鉴于地方政府投入甚为有限，海南教育科研数字图书馆的建设模式不宜沿袭发达地区的既定模式，应该形成适合欠发达地区的区域数字图书馆建设发展模式：

（1）应采用多元合作共赢的开放型办馆模式来推进此项建设。在省教育厅领导与支持下，在充分利用 CALIS 系统资源，同时充分发挥海南教育科研数字图书馆承办单位——海南大学作为"211 工程"学校的各种资源优势以及省内其他高校图书馆协作共建作用，注重吸纳软件商和数据商积极参与，最大限度地发挥上述各方积极作用，形成公益与商业运作融合发展的模式。

（2）省教育厅的省数图建设专项资金每年仅几十万，如何合理使用至关重要。首先，如将有限的资金用于自购全省高校共享的数字资源，只能是杯水车薪。资源建设方面要使共享资源（CALIS 系统）使用效益最大化。其次，少量资金用于组织集团采购的补贴，以体现省数图在资源建设方面的引领作用。硬件系统建设可主要依托与承建馆——海南大学图书馆共享的方式解决。常规性的专项资金的投入重心是服务体系建设，主要用于搭建服务平台，如宣传培训、业务交流等。

（3）与数据商合作，以国内业界最低价格引进区域数字图书馆系统搭建省数图服务平台。以此为前提，突破与数据商固有的合作模式，争取合作数据商提供多方面的增值服务。

（4）海南省教育科研数字图书馆作为海南高校数字图书馆联盟，建设过程中，借助海南省高校馆共建、共知、共享体系，优化协作共建的顶层设计，形成充分发挥总馆和分馆的优势的运行机制，卓有成效地推进省教科数图的建设进程。

四、政府主导下多元合作推进省教育科研数字图书馆建设

依据上述建设思路，在省教育厅的领导下，在省高校图工委的大力推动以及各高校图书馆鼎力支持下，省教育科研数字图书于 2009 年 11 月 23 日正式启动运行。多年来，海南省教育科研数字图书馆的成长一直得到了省教育厅、省科技厅、海南大学及全省高校各方面领导的关心和指导。省教育厅主管领导多次出席省数字图书馆工作会议部署工作，海南大学领导对省数图建设与发展工作提出明确具体要求。与此同时，省教科数图建设团队非常注重协作共建的运行机制设计，充分发挥 CALIS 省中心组织协调作用以及海南大学、海南师范大学、海南医学院等高校图书馆的骨干作用，形成多梯次的协作服务及宣传培训团队。多方共同努力，打造了一个高效稳定的管理与服务团队。基于上述种种原因，省教科数图才取得了令人瞩目的建设成就。省数图服务效益大幅度增长，省内社会影响力日趋扩大，同时在国内高校图书馆界获得很高的声誉。

海南高校图书馆数字化建设与发展走的是一条开放合作的道路，走出去借鉴他山之石，从省教育科研数字图书馆筹备之初，省教育厅高教处和省高校图工委先后派代表参加了教育部"CALIS 各中心建设扩大会议"、"CADLS 项目启动暨成果汇报大会"、"数字图书馆标准与规范建设高级研讨班"等，及时了解国内高校图书馆数字化建设的最新学术成果，充分把握数字图书馆联盟及资源共享体系的建设理念，力求使海南省教育科研数字图书馆发展进程与国内业界的主流趋势同步。

与此同时，开放合作的理念也促进了区域数字图书馆服务平台建设。首先，海南省教育科研数字图书馆以国内业界最低价格引进超星公司区域数字图书馆系统，搭建了省数图服务平台。该平台具有遵循知识产权的元数据集合、高品质的学术搜索引擎技术、强大的检索功能、本地化的全文链接、智能化原文传递服务功能。与此同时，合作双方突破了传统合作模式，让合作数据商提供基于云服务体系的多项增值服务（后台管理、文献传递协作服务、网站运行等）。其次，利用 CALIS 中心系统的种种资源与条件，省数图共享了诸多中外文文献资源；同时，部署了 CALIS 系统的文献传递、馆际互

借、特色资源库、虚拟参考咨询等应用系统。上述资源与应用服务系统提升了省数图的服务层次，也使 CALIS 服务本地化构想得以实现。

五、省教育科研数字图书馆的建设成效及社会影响力

同国内沿海发达地区的高校数字图书馆联盟相比，海南省建设资金和文献资源条件都十分有限，然而海南省根据自身的实际情况，扬长补短，科学规划，坚持协作共赢的经营理念，通过机制创新和技术创新，实现了海南文献资源共建共享体系建设的跨越式发展，在较短时间内搭建起全省统一的高校数字图书馆服务平台。不仅融入了国家级的资源共享体系，而且整合了海南地方馆藏资源和国内外高校资源，形成了全方位、立体化的区域高校数字图书馆联盟，打造了高度集约化的网络知识服务平台和用户自主学习平台。服务水准与效益达到发达地区高校数字图书馆的同等水准。其建设成就主要体现在以下几个方面：

1. 服务效益突显

数字图书馆运行以来，特别是近年来，其服务平台访问量和文献传递量呈跨越式递增，服务效率在全国同类公共信息服务平台中属于佼佼者。2015年11月，省教育厅组织高校馆审核评估时，评估专家组对省数图平台运行服务成效给予了充分的肯定。

2. 作为欠发达地区图书馆联盟建设模式得到国内业界充分肯定

省教育科研数字图书馆作为欠发达地区区域数字图书馆联盟在资源条件、经费投入与发达地区同类建设项目差距甚大的情况下，仍取得了可观的建设成效。与内地沿海经济发达省份的同类项目相比，建设水准、技术平台与服务成效基本上处于同等水准。这些不同寻常的建设成效引起了国内高校图书馆界的关注，也为同类地区的数字图书馆联盟项目建设提供了可参照的建设思路与模式。有鉴于此，2012年5月，CALIS 管理中心在三期工程验收中授予 CALIS 海南省中心（暨省教育科研数字图书馆）省中心建设一等奖。

3. 社会影响力日趋扩大

多年来，在省教育厅的领导支持以及全省高校图书馆同仁的共同努力下，海南省教育科研数字图书馆的建设与发展取得了令人瞩目的成就，也形成了

欠发达地区区域数字图书馆建设模式——海南模式。它的成功不仅提升了全省高校图书馆数字化建设整体水准，同时也发挥了高校对地方经济文化事业发展的辐射作用。而且，它本身如同早年实现的全省高校馆纸质图书"通借通还"一样成为业界广泛认可的一大品牌，在很大程度上提升了海南高校图书馆在国内业界的影响和地位。

第五节　加强学术研究与交流　提升图书馆建设水准

在教育厅的大力支持下，在高校图工委的全面推动下，海南高校图书馆坚持以科研与业绩并重为导向推动事业创新发展，加强学术研究和业务交流，取得令人瞩目的成绩。

一、学术研究

1. 旨在解决难题的应用研究课题

为了支持图书馆事业的发展，省教育厅专门为高校图书馆开启科研课题的"绿色通道"，以支持为解决省内高校馆的重大难题而申请的科研立项。为此，由省高校学术委员会组织全省高校图书馆的业务骨干成立跨校重点课题组，围绕省高校图书馆各类规划及评估方案、技术规范制定、自建特色资源库研制等各个阶段的主要任务开展重点科研课题跨校联合研究。例如，"三化建设"，"十五"、"十一五"、"十二五"规划中所有的重点工作都在教育厅的年度科学研究项目中集体立项，其中大多数还被列为重点科研项目。在此前提下，各项研究不仅有经费的保障，而且集全省高校馆优秀人才之力，确保各相关重点项目的研究水准，进而解决一系列事关全局的重大难题。在这样一种机制之下，确实出现了一批高水准的研究课题。其研究成果解决了海南省高校图书馆一系列重大难题，具有很高的应用价值。

2. 高层次研究课题

历年来，海南省高校馆申报多项省自然科学基金和省社会科学基金资助项目，与此同时，海南大学与海南师范大学分别获得国家社科基金资助项目各一项。这是海南省高校图书馆界在学术研究领域取得的突破性进展。

3. 学术著述

多年来，海南省高校馆馆员在完成本职工作以外，为了提高专业水准，也开展了大量的学术研究和业务工作应用研究。从 2004 年到 2015 年，海南省高校图书馆馆员共发表论文 903 篇，出版专业著作 27 部。这个数据显示全省高校馆馆员在学术研究方面的不俗实力。

4. 科研获奖

进入 21 世纪以来，海南省高校图书馆馆员科研成果在各种级别的科研评奖中获得一系列奖项。其中，获得省级以上奖项的主要有：黄玉华副研究馆员主持的"海南高校文献资源建设及资源共享网络方案的研究"课题 2003 年获得海南省科技进步三等奖，这是海南省高校图书馆"三化建设"集体科学研究项目获得的第一项省部级奖项；2004 年海南大学黄晓英副研究馆员与海南医学院李丽舒副研究馆员主持的项目也分别获得 2004 年海南省科学技术进步二等奖和三等奖。与此同时，海南大学李琳副研究馆员论文获 2002 年海南省社会科学论文二等奖；张红霞研究馆员有关图书馆绩效管理的学术专著被评为海南省社科成果三等奖。

二、业绩成果鉴定

多年以来，为了引导和激励各馆馆员针对图书馆业务工作开展技术创新、服务创新、管理创新等，在省高校图工委的大力推动下，海南省图书情报系列职称条例规定如申报图书情报系列高级职称者，若未主持或作为前三名主要参与人完成省部级本专业科研项目，提供经行业主管部门认定的业绩成果，也能具备申报相关职称的条件。即便因各种原因没能以主要参与者身份参加省部级本专业科研项目并结题或验收，如果能取得确有创新意义的工作业绩成果，依然可以申报高级职称。为此，省教育厅自 2007 年开始，每年都委托高校图工委组织专家小组进各馆馆员的业绩成果鉴定。

三、全省高校馆学术年会

20 世纪 90 年代以来，为了促进全省高校图书馆馆员相互交流，海府地区高校馆每年组织迎新联欢活动；此后，应三亚等地高校馆要求，将这一活动扩展为全省高校馆年会。早期，年会主要形式是茶话会，兼有文艺表演和游戏活动等。随着全省高校图书馆事业发展，于2004年始，迎新联欢活动提升为正式的学术年会。作为正式的学术年会，其主要内容有图工委年度工作报告、国内外业界知名专家学术报告、各高校馆馆员专题讲演、评估总结及表彰、各种业务交流赛事及表彰、五年规划解读以及文体活动等。各馆馆员参加年会普遍感觉受益非浅，不仅开阔了视野，了解国内外图书馆界最前沿的学术动向，同时通过交流学习也了解和掌握了诸多非常实用的专业技能。

回顾这25年的建设历程，海南省高校图书馆的整体发展能够呈现今天的态势应该得益于省教育厅、省高校图工委、各高校图书馆三个层面构成的决策、指导、实施的三位一体，将海南省高等学校图书馆建设与发展推向新的历史阶段。

作者简介

李哲汇，男，研究馆员/高级工程师，主要从事图书馆数字资源建设、区域图书馆联盟等方面研究；发表学术论近20篇，出版专著1部。

王永喜，男，研究馆员，历任海南医学院图书馆馆长、海南省高校图工委主任、顾问等；主要从事医学图书馆建设与发展、图书馆文献资源建设、资源共享等方面研究；主持海南省高校图书馆多项"规划"及"评估"方案的编制工作。

第二章

坚持"规划"为纲
推动高校图书馆事业健康发展

◇ 于挽平

一、注重规划，指导全省高校图书馆整体建设

海南建省晚，高等教育发展远落后于其他省份，但是，海南省高校图书馆一直是一支不甘人后的，团结奋进的队伍，从"九五"期间起，即形成了良好的规划发展的管理机制，教育主管部门、高校图工委充分发挥领导、指导、协调作用，整体规划、指导全省高校图书馆的建设。"九五"期间的自动化建设专项规划，"十五"期间的网络化、数字化建设专项规划，均是全省一盘棋，统一软件、统一建设，阶段验收的目标管理和措施使得各高校图书馆自动化、网络化、数字化建设走在了全国的先进行列，并最早实现了全省高校图书馆间的馆际互借、资源共享。

进入"十一五"，海南省高校图书馆也进入了一个综合规划发展的阶段，全省高校图书馆发展规划被纳入教育厅、图工委重要工作内容，从立项资助到规划编制与实施得到全方位支持与指导。十余年来，高校图工委在全面总结前一个阶段图书馆发展建设的成就以及存在的问题的基础上，先后组织编制了全省高校图书馆"十一五"、"十二五"、"十三五"发展规划，积极探索和明确每个阶段的发展方向与目标，并围绕目标分解具体任务，提出实施意见和保障措施。"规划"由省教育厅下发，成为五年一个阶段全省高校图书馆整体建设与发展的指导性、纲领性文件，在全省高校贯彻落实。

二、一个阶段，一大目标，推动全省高校图书馆稳步发展

1. "九五"、"十五"规划，实现了全省高校图书馆自动化、网络化、数字化飞跃发展

1995—2005 年期间，在省教育厅领导与支持下，高校图工委组织专家深入考察，紧跟图书馆发展趋势，先后出台了高校图书馆自动化、网络化、数字化专项建设规划和检查评估方案，全面部署"三化建设"工作，全省高校统一行动，整体推进。

1995 年全省本科高校图书馆全面启动自动化建设。为确保书目数据库建设的科学性、规范性和共享性，图工委配套出台了"海南省高校图书馆文献著录标准"，统一和规范著录标准，指导建库。1997 年全面完成书目数据库建库工作，建立起图书馆集成管理系统。

1998 年落实《海南省高校图书馆网络化建设规划（1998—2000)》，在图工委的指导下，各校分别制定了本馆网络化建设三年规划，并开展了卓有成效的工作。随后省教育厅印发了《海南省高教文献保障体系共建协作方案》，全省高校图书馆资源共知共建共享工作同步迈进。

2001 年全省高校并入教育科研网，实现了资源共建、联机检索，并在全国率先实现基于网络的馆际互借，网络化建设取得重大成绩。

2001 年全省高校启动数字化建设，在教育厅、高校图工委统一规划、部署下，确立了"海南地方特色数字资源总库"建设规划，各高校图书馆分别根据学校办学特色、专业需求、馆藏特色设计并实施了特色资源数据库的各子项目的第一期建设，收集本地区特色文献资源，通过数字化处理，初步构建了"海南旅游资源库""海南地方历史文献数字资源库""海南热带医药文献数字资源库""海南少数民族文献数字资源库""热带农业文献数字资源库"等，为有效地开发和利用海南省地方特色文献资源、提供网络信息服务以及保存地方特色文献资源提供了良好的保障。

"九五"末，全省本科高校图书馆通过自动化建设检查验收。

"十五"末，通过网络化、数字化评估验收。

2. "十一五"规划，奠定了海南省高教区域数字图书馆建设发展基础

"海南省高等学校图书馆'十一五'发展规划"（以下简称"规划"）是

海南省高校图工委第一次组织编撰的五年发展规划，也是第一个全省高校图书馆整体建设、发展的综合规划。为了准确把握方向，制定科学、可持续发展的建设目标，在省教育厅支持下，2006 年"海南省高校图书馆'十一五'发展规划"的编制工作立项启动，由图工委主要负责人及各馆骨干参与成立了课题组，经过考察国内发达地区部分高校图书馆发展动态及文献调研国内外图书馆发展趋势，结合本省现况，课题组充分酝酿，反复讨论修改，最终成稿，并由省教育厅下发各高校。"规划"提出了"十一五"高校图书馆发展总体目标："到 2010 年，全省高校图书馆办馆条件达到评估指标要求；文献资源共建、共知、共享体系趋于完备，文献保障能力大幅度提升，初步建立起以海南省区域性联盟为主导的数字图书馆，提高文献的满足率与利用率，以最终实现较大程度地提升全省高校图书馆的整体服务能力和服务水平，并面向全社会发挥应有的效益。"并从办馆条件、文献保障力、本科高校数字化建设、高职高专自动化、网络化建设以及服务能力与水平等方面对"十一五"期间全省高校图书馆发展提出了具体的要求。"规划"提出的"初步建立起以海南省区域性联盟为主导的数字图书馆"的目标，被列入教育厅重点建设任务，围绕全省高校图书馆数字化建设和高校图书馆服务海南地方教育科技，大家共同探讨、协同建设，为海南区域性数字图书馆的建立奠定了坚实的基础，并由此开启了高校面向社会服务，为国际旅游岛建设发展提供科技服务保障的新局面。

全省各高校图书馆办馆条件和办馆水平取得了长足发展，为学校的升格转型、实现内涵式发展起到了重要的支撑作用。在"十一五"期间，全省高校全面贯彻执行教育部《普通高等学校图书馆规程（修订）》（教高〔2002〕3号）（以下简称"图书馆规程"）的精神和《普通高等学校基本办学条件指标（试行)》（教发〔2004〕2 号，（以下简称"高校基本办学条件指标"）的要求，以本科高校图书馆数字化建设和高职高专院校图书馆网络化建设为主线，以提升图书馆服务教学、服务科研的效益为目标，以教育部本科教学工作评估、高职高专院校人才培养评估和省教育厅高校图书馆评估为契机和动力，加大对图书馆办馆条件的投入力度，全省高校图书馆建设取得突破性进展。

"十一五"期间，全省高等学校加大对图书馆的经费投入，其中本科高校"十一五"后三年的年均购书经费投入达到 2205.11 万元，比"十五"期间年均 759.90 万元增长 190.18%；年均电子资源购置费达到 300.29 万元，比"十五"期间年均 196.23 万元增长 53.03%。

本科高校、高职高专院校图书馆的办馆条件尤其是馆舍条件得到根本性改善，新建或扩建图书馆 7 个，生均馆舍面积分别达到 1.87 平方米和 1.4 平方米，比"十五"末期的 1.44 平方米和 1.1 平方米，分别增长 42.9% 和 27.3%，馆舍总面积较"十五"期间翻了一番。

基础服务更加扎实，本科高校、高职高专院校图书馆周平均开放时间分别达到 94.6 小时和 97.1 小时，生均年外借量分别达到 29.65 册次和 21.79 册次，年均到馆阅览人次分别达到 50.95 人次和 55.02 人次，比"十五"末大幅增长，均创历史新高。本科高校年人均电子文献点击量达到 124.4 次，年人均文献传递量达到 0.6 页，省教育科研数字图书馆服务效益开始突显。全省共建的海南地方特色数字资源库达到子库 23 个。

高职高专自动化、网络化建设迈上新台阶，各馆均完成了自动化网络化建设任务，建立了网站，初步实现了管理与服务的信息化，并参与省域数字图书馆共建、共知、共享服务。

"海南地方文献数字资源总库"全面验收总结，各子项目由最初的 5 个增加到 23 个，充分展示了海南地方特色和各校学科特色。

各馆数字资源不断丰富，资源共知、共建、共享平台搭建完成，文献保障体系进一步完善。

2009 年海南省教育厅正式批复"海南省教育科研数字图书馆"成立，总馆依托于海南大学，各高校图书馆作为其分馆同时挂牌。这是海南省高校数字化建设里程碑式的重大成就，标志着"十一五"规划的重大目标任务圆满完成。至此，海南省高校数字图书馆建设全面迈进新时代。

3. "十二五"规划，打造图书馆"三个中心，一个平台"

"十二五"期间是海南国际旅游岛建设"加速度"和"上水平"的新阶段，教育及其他行业均获得良好的发展机遇。在经过了前一个五年发展阶段，高校图书馆进入新的发展时期，在"海南省高等学校图书馆'十二五'发展规划"草拟过程中，课题组充分总结和借鉴了前一个五年计划实践经验，并走出国门学习先进国家高校图书馆发展经验，经反复考察、论证后，提出了"引进和推广新技术、移动图书馆，更新图书馆集成管理系统，创新服务模式；基于区域数字图书馆的资源共建、共知、共享服务体系更加完备，确保文献保障能力、知识服务能力、文化辐射能力……全省高校图书馆基本实现面向全省教育系统和社会服务的目标；基本建成文献信息集成中心、知识服务中心、自主学习中心、校园文化中心和全省科研创新服务重要平台"等全面而周详的"十二五"全省高校图书馆发展建设的指导思想和发展目标。

在"十二五"规划框架下，围绕各项建设目标与任务，图工委逐项抓落实，至"十二五"规划末期，各高校图书馆基础条件建设取得了显著成绩。首先，各高校图书馆馆舍条件得到了不同程度的改善，其中4所高校13.6万平方米新馆舍投入使用后，全省17所高校馆舍建筑总面积已达37万余平方米；其次，各高校图书馆文献资源状况大为改观，五年总投入文献资源购置经费达2亿余元，使馆藏纸质文献总量达到1436万余册（件），电子文献资源总量几近翻番；各馆积极参与海南省教育科研数字图书馆资源共建共享，充分利用数字图书馆资源，开展以文献传递服务为主的信息推送服务，极大地弥补了各校文献资源的不足，文献资源满足率达到了90%。

海南省教育科研数字图书馆在实现为全省教育系统提供有效数字文献保障服务的前提下，积极推进建立以高校馆为主体，涵盖全省公共图书馆、专业图书馆和科研开发机构的全省数字图书馆联盟，为科技创新服务提供更多的支撑。

按照既定目标，本科高校图书馆基本完成集成管理系统升级换代，部分高校图书馆积极引进RFID、移动图书馆、知识发现系统等新技术，图书馆现代化服务手段和自动化管理水平更加先进和完备，服务水平和服务效益进一步提升。

图书馆专业人才短缺的窘境得到很大的改善，17所普通高校馆员总人数已达600人，其中高级职称人员比例明显增大，学历层次明显提高，本科高校图书馆本科及以上学历人员比例平均已达到72%。

"十二五"期间，各馆主动适应图书馆发展的新常态，创新服务内容与服务方式，图书馆在校园文化活动中发挥更为重要的作用，以阅读推广为主导、文化建设为支撑的图书馆学术与文化氛围更加浓厚，形式多样、内容丰富的阅读推广活动，成为校园文化的一道风景，成效显著。个性化的学科服务持续进行，各馆建立学科服务团队，进行文献调查、信息推送、专题培训等学科服务，科技查新、代查代检、定题服务以及深层次的情报调研也逐步开展起来。图书馆服务功能向纵深发展。图书馆真正成为知识服务中心、自主学习中心、校园文化中心及科研创新服务平台。

4. "十三五"规划，高校图书馆将再创辉煌

"海南省高等学校图书馆'十三五'发展规划"是在全面学习贯彻教育部新颁布的《普通高等学校图书馆规程》的形势下起草编制的，规划以新规程为指导，提出了"一根本、二保障、三突出、四整体"的发展思路，即把人才培养作为根本，经费、人员作保障，突出内涵建设及整体意识，坚持以服务为宗旨，坚持以用户为中心，坚持以评估为杠杆，坚持以创新为动力，推动全省高校图书馆在理念创新、制度创新、技术创新和管理创新方面取得新的突破。

该规划的总体目标为：全省各高校图书馆基本建立与学校发展相适应的图书馆良性运行的管理体制机制；各层次高校按照教育部相关的办学指标要求，在办馆条件等方面达到国家相关规定；全省各高校的文献信息保障率和文献信息利用率进一步提升，构建 CALIS 海南省中心（省教育科研数字图书馆）、高校学科文献中心、各高校图书馆三级文献信息资源保障体系和文献信息服务体系，进一步提高高校图书馆面向全省教育系统和社会用户服务的规模效益；将高校图书馆建成大数据和泛在知识环境下的知识中心、学习中心、交流中心和发展助推器，为高校教学和科研以及地方社会、经济、文化、科技事业发展提供切实的信息保障与支撑。

"十三五"规划围绕未来五年全省高校图书馆的建设，从文献信息资源、服务体系、技术支撑体系、人才队伍、科学管理与学术研究五大建设内容提出了发展目标和主要任务，在文献信息资源建设方面提出了以各高校图书馆为基础，以学科文献中心为重点，以 CALIS 省中心为主导，依托于全省高校图书馆 1400 余万册纸质资源以及丰富的数字资源，基于国务院提出的"双一流"建设战略及"十三五"期间全省高校学科建设的总体布局，建立三级文献保障体系及建成 4 个全省高校学科文献中心，实现中文文献保障率 95%，外文文献保障率 90% 的目标。在服务体系建设方面，提出：以推进图书馆从

信息服务向知识服务转型为导向，以阅读推广、信息素养教育、新媒体、新技术应用为抓手，不断拓展服务新领域、新模式，打造智慧服务和知识服务空间，提供开放、多元、个性化的知识服务，实现人、资源、空间的便捷、高效链接；搭建多元化服务体系，提供满足个性化学习、研究、文化体验的空间环境，创设以读者为主导的多样化的功能区位，优化和提升图书馆的功能布局，构建集学习支持、研究支持、学术/知识交流、文化体验为一体的第三空间。在技术、人才支撑方面提出：顺应"互联网+"时代发展需求，未来五年，利用大数据技术和云计算技术实现基于"互联网+"的云图书馆应用、移动图书馆平台、智能化管理平台，为线上线下图书馆的有机融合提供高效、安全、稳定的运行环境的技术支撑体系；按照教育部新颁布的《普通高等学校图书馆规程》相关规定建设图书馆专业人员队伍，建立多元化的人才培养体系和评价体系，五年后具有相关学科背景的专业技术人员应达在编人员的75%以上，专业馆员数量应达馆员总数的50%以上。

"十三五"规划紧扣教育部新颁布的《普通高等学校图书馆规程》所提出的图书馆使命和发展要求，前瞻性规划描绘了全省高校图书馆在以互联网为依托，技术创新、服务创新的新环境下，图书馆的发展蓝图。

三、"运筹帷幄，决胜千里"——海南省高校图书馆发展经验

从"九五"到"十二五"，海南省高校图书馆走过了四个五年发展规划时期，而近十年海南省高校图书馆更是整体性、持续性、有计划、有步骤、有部署地一步一个脚印走出了一条稳步、快速发展的成功之路。总结十余年来的发展历程，我们深深体会，一股韧劲，一种咬住青山不放松的精神，一套得力的措施和一个坚强的后盾是海南省高校图书馆得以稳步发展、进步的重要保证。

1. 一种精神——咬住青山不放松的韧劲

海南建省晚，高等教育发展远落后于其他省份，高校图书馆的建设与发展也是起步晚，举步维艰，要赶上国内高校图书馆发展步伐，必须要有超前的意识、创新的思维，把握全省脉搏，以勇往直前的精神大踏步赶超方可立足。为此，海南省高校图书馆上下团结一心，在省教育厅的坚强领导、图工

委集体决策支持下，从专业规划开始，到综合发展规划，从"九五"到"十二五"，图工委领导班子凝神聚力，以咬住青山不放松的韧劲，坚持不懈，一步紧跟一步，规划先行，措施到位，整体推进，力促全省高校图书馆协同发展，共同进步。实践证明，海南高校的做法是成功的，建设发展是有成效的。2015 年，海南省教育厅对高校图书馆"十二五"建设进行了评估验收，高校图工委在评估总结中道出了图书馆稳步发展的真谛，那就是"始终坚持解放思想、更新观念、艰苦奋斗、脚踏实地的建馆基本原则；始终坚持改革创新、突出特色办馆原则；始终坚持统一规划、协作共建、齐头并进的发展原则；始终坚持建设服务并举、规模效益并重的立馆原则"。

2. 一套措施——独到，得力

规划的制定仅仅是谋事的开始，它虽奠定了我们事业发展的基础，但规划的落实才是建设发展的关键。为使规划得以贯彻落实，规划的目标任务得以圆满完成，高校图工委采取了一系列行之有效的配套措施，来确保规划任务执行到位。

（1）整体布局，分步实施，注重效益

在多年的规划建设中，海南省高校图书馆积累了一套"统一规划、整体布局、分步实施，整体发展，注重效益"的宝贵经验。早在"九五"、"十五"海南省高校图书馆规划自动化、网络化、数字化建设阶段中教育厅、图工委高瞻远瞩，瞄准了国内发展的趋势，开始在全省高校布局，分层次、分阶段地开展"三化建设"。在选点上，先本科，后高职，从自动化到网络化再到数字化，逐项推进。尤其在自动化管理系统和数字化建设平台的引进方面，组织专家充分调研考察，从全省未来的资源共建共享层面上决策，统一引进了当时在全国处于领先地位的深圳市图书馆开发的 ILAS 图书馆集成管理系统以及北大方正的德赛系统作为自动化、数字化管理系统，为使后期馆际实现资源的共建共享，专门出台规范了文献著录格式及建库要求，并制定出实施细则，确定完成检查验收的时限。借此，海南省高校图书馆在统一部署、严格规范、逐项措施到位的保障下，自动化建设取得重大突破，不仅全省高校图书馆均实现自动化集成管理，同时在全国率先开通了馆际互借业务，实现了图书资料的共知共享。网络化建设全面验收，数字化建设尤其是特色资源数据库及区域数字图书馆建设硕果累累。

（2）以项目带任务，以专委带项目，推动规划目标任务落实

为使规划各项目标任务落到实处，在规划的实施过程中，图工委班子集体研讨，策划行之有效的办法，采取强有力的措施推动目标任务的实施。如在"十一五"规划实施中，为使"十一五"规划确定的目标任务落到实处，经专家们研究，采取了以项目带任务的规划实施措施，即以规划中提出的目标任务为导向，制定项目任务，开展科学研究，通过项目推进规划目标任务的完成。为此，图工委在全省高校开展了围绕"十一五"建设目标任务的科研立项工作，如以读者满意度为核心指标的"用户满意度"的评价体系，以及以"文献满足率"和"利用率"为主要考核指标的图书馆服务效益评价体系的建立，高职高专院校图书馆网络化建设、数字图书馆运行管理等，各馆联合申报，协同研究与探索。在教育厅的支持下，9 个课题立项，既为完成"十一五"规划确定的目标任务搭建了团队，也为保证规划任务的完成奠定了坚实的基础，同时也是全省高校首次联合进行项目申报，开展科研合作。这一举措，不仅促进了目标任务的实施，也在全省高校图书馆掀起了科研热潮，促进了全省高校图书馆科学研究工作。

在项目带任务的基础上，图工委把规划的各项任务融入图工委每年的工作要点中，抓实抓牢。采取专委带项目的办法，即充分发挥海南省高校图工委下设的各专业委员会的作用，由各专业委员会牵头，对一些大的项目任务进行考察调研、制定方案和组织实施。如图书馆集成系统的引进和更新，网络化、数字化建设的方案等均由"三化建设"专业委员会负责论证、制定建设方案和指导、督促与检查，而图书馆服务创新工作由创新服务专业委员会负责，全省高校图书馆资源共建共享、文献资源发展政策的编制等问题则由资源建设专业委员会统筹、指导等。在各专业委员会的努力下，海南省高校图书馆各项业务开展得热烈而有序。近几年每年均会围绕图书馆重点工作，由各专业委员会策划组织一个以提升图书馆创新服务和业务水平为主旨的大型活动，如"海南省高校图书馆首届馆员技能大赛""海南省高校图书馆首届信息素质教育教学讲课比赛""海南省高校图书馆阅读推广优秀案例评选""海南省高校图书馆社会服务创新案例大赛"等，项目活动涉及范围广，影响大，参与人数多，在本省高校已形成规模和良好的运行机制，受到广泛赞

誉。既成为推进图书馆工作的手段，又成为凝聚全体馆员的力量，成效非常显著。

（3）以评估为推手，以评促建

任何一项工作想要得到实效，计划、方案固然重要，但实施、监督、检查才是最能保障任务落实与完成的关键。海南省高校图工委紧紧抓住这一关键，在规划实施中，实行目标任务下达、措施保障、中期检查、终末验收的全程管理。自"九五"专项建设规划开始，海南省高校图工委专门组织专家队伍，针对各个阶段建设目标，制定专项检查方案和综合评估检查方案，以评促建。专项检查方案，以单项工作为目标，如自动化、网络化、数字化建设，制定目标要求和检查指标［《海南省高校图书馆网络化、数字化评估检查方案》（2003 年启用）］，专项建设阶段结束时予以检查验收。综合评估方案则更为全面，结合规划建设目标，从图书馆办馆条件、经费投入、文献资源建设、服务水平与效益、队伍建设、科学管理等提出建设指标要求和评估方案［《海南省高等学校图书馆评估方案（试行）》（2005 年启用、2010 年修订）、《海南省高等学校图书馆"十二五"建设审核评估方案（试行）》（2015 年）］，在五年计划的末期对照评估指标逐项检查，进行综合评审，总结各馆建设经验，肯定取得的成绩，提出存在的问题及改进意见。图工委充分利用评估检查作用，推进全省高校图书馆事业的发展，各馆充分借助全省高校图书馆评估检查活动，抓住"迎评促建"这一契机，强化各项工作与建设，改善办馆条件、提升服务水平和服务效益。经过几个五年规划的阶段性持续推进，海南省高校图书馆已经形成了一套"以评促建、以评促改、评建结合、重在建设"的良好的规划实施、检查、监督和运行机制，这或许也是海南省高校图书馆事业蓬勃发展、持续推进的一个重要因素。

3. 一个坚强的后盾

海南省高校图书馆从相对落后的发展水平一跃成为在全国高校图书馆中略有特色与亮点的集体，其中蕴含了高校图工委的集体智慧与力量，更离不开海南省教育厅作为我们坚强后盾的鼎力支持。海南省高等学校图书馆事业快速发展的这十余年，高校图工委充分发挥了指导、咨询、协调作用，而教育厅及主管部门则在政策、决策上给予了强有力的保障，在经费上给予了重点支持。首先是支持规划先行，每一个五年计划，从规划立项、调研、起草编制，到规划的审核、下文、实施，教育厅主管部门及主管领导均全程指导和参与，提供一切可能提供的保障措施、必要条件。从自动化、网络化、数字化建设阶段伊始，教育厅颁发了一系列图书馆建设发展的文件，包括规划、实施方案、评估指标、检查方案、检查通报、整改意见等，以及围绕图书馆重大工作部署下达的各类任务和活动通知，如近几年每年举办的全省高校图书馆大型知识、技能竞赛、服务案例评比等，均以教育厅红头文件形式下发，因而受到各校的高度重视和积极参与。其次，积极争取经费，给予支持。在"三化建设"期间，教育厅连续四年（1998—2001 年）每年投入 15 万专项经费，同时以红头文件下发通知要求学校按 1∶1 配套，专用于支持本科高校"三化建设"，极大地缓解了各馆在自动化、网络化建设中最棘手的设备经费短缺、学校投入不足的矛盾，为海南省高校图书馆三化建设的快速发展提供了坚实的保障。"十一五"、"十二五"、"十三五"海南省高校图书馆三个五年综合发展规划的编制工作直接由海南省教育厅立项下达，投入专项调研经费；在"十一五"、"十二五"规划实施期间，围绕高校图书馆重点建设任务开展的联合科研项目、重大活动等也得到省教育厅的立项资助和经费支持，确保了我们各项重点工作的落实和取得较好的成效。

回顾海南省高校图书馆十年发展历程，海南省高校图书馆"十一五"、"十二五"规划目标任务能够完美实现，取得骄人的成绩，离不开省教育厅的重视与支持，省高校图工委的正确引导，全省高校图书馆的发展共识与精诚合作。多年来，海南省高校已经形成了省教育厅、图工委、图书馆决策、指导、实施密不可分的三位一体，相互支持，相互配合，携手并进，始终坚持"整体规划，分步推进，以评促建，共同发展"的建设原则，协调、持续、稳步地推进海南省高等学校图书馆事业向前发展。

作者简介

于挽平，女，研究馆员。海南医学院图书馆馆长，海南省高校图工委副主任委员兼信息素质教育专业委员会主任委员，中国图书馆学会高等学校图书馆分会常务委员。长期从事医学图书馆工作及文献检索教学，参与及主持了海南省高校图书馆"十一五"、"十二五"、"十三五"发展规划的编制工作。

第三章

建立健全图书馆评估制度
推动高校图书馆整体发展

◇ 安邦建　林　密

根据《中共中央关于教育体制改革的决定》的精神，1991 年 7 月，国家教育委员会下发《关于开展普通高等学校图书馆评估工作的意见》（教备〔1991〕79 号），文件要求"在'八五'期间举行一次全国性的高等学校图书馆评估"。海南省教育厅认真落实国家教委《关于开展普通高等学校图书馆评估工作的意见》的要求，于 1992 年 1 月下发《关于转发国家教委〈关于开展普通高等学校图书馆评估工作的意见〉通知》（琼教高〔1992〕07 号），并"计划在年内举行一次高等学校图书馆条件评估"，从而拉开了海南省普通高等学校图书馆评估工作的大幕。

第一节　评估概述

自 1991 年国家教委下发"开展高校图书馆评估意见"后，教育厅经过认真筹划、组织 1992—1993 年第一次全省高校图书馆评估工作，到 2015 年底的全省高校图书馆审核评估，全省高校图书馆评估工作历经 25 年，共开展 8 次评估，其中单项评估 4 次、全面评估 4 次。25 年的评估历程可分为四个阶段。

一、全国统一评估阶段（1992—1993 年）

教育厅高度重视国家教委组织的全国普通高等学校图书馆评估工作，

1992年6月下发《关于成立海南省普通高等学校图书馆评估委员会的通知》（琼教高〔1992〕23号），任命省高校图书馆评估委员会主任委员：裘森芳（省教育厅副厅长、省高校工委副书记），副主任委员：徐国定（海南大学图书馆副馆长、副研究馆员、省高校图工委主任）、阎宗林（海南医学院〈筹〉图书馆馆长、副研究馆员、省高校图工委副主任），以及黄守超（教育厅高教处副处长、省高校图工委副主任），以及各高校图书馆馆长、教师代表等6名委员。

同时教育厅委托海南大学图书馆根据国家教委《关于开展普通高等学校图书馆评估工作的意见》和"评估指标体系大纲"，参照其他省份的评估指标体系，制订海南省图书馆评估方案和评估实施办法。1992年9月，教育厅下发《关于印发〈海南省普通高等学校图书馆评估实施办法〉和〈海南省普通高等学校图书馆评估指标体系（办馆条件部分）〉的通知》（琼教高〔1992〕42号），定于1992年12月22日至25日对海南大学、海南师范学院、海南医学院、通什师范专科学校和华南热带作物学院等五所高校图书馆进行办馆条件的评估。1993年7月教育厅下发《关于印发〈海南省普通高等学校图书馆评估指标体系（工作水平部分）和对海南省普通高等学校图书馆工作水平进行评估实测的通知》（琼教高〔1993〕28号），1993年10月又开展对五所高校图书馆办馆水平的评估。

评估总结表彰会议于1993年12月6日至7日在华南热带作物学院召开，参加会议的代表有各高校分管图书馆工作的校（院）长、省图工委委员、图评委委员、各高校图书馆馆长及主要部门负责人，共46人。会议期间，省高校图工委对评估工作做了总结，教育厅给获得评估总分第一名和八个单项第一名的图书馆颁发了奖旗、奖状和奖金，教育厅符鸿合厅长参加了颁奖仪式并做了评估工作的总结报告（见：琼教高〔1993〕45号），参会人员还参观了评估总分第一名的华南热作学院图书馆。

二、单项评估验收阶段（1997—2004年）

经过1992—1993年全省第一次评估，教育厅在全面总结华南热作学院图书馆自动化建设的成功经验基础上，提出图书馆现代化建设是海南省高等学校"投资少、见效快、效益大的基础建设，下决心抓紧抓好"的发展战略。

在教育厅的领导下，省图工委分别于 1995 年、1998 年和 2002 年制订了海南省高校图书馆自动化、网络化、数字化建设规划，开启了长达 11 年的以规划为先导，以中期检查、末期评估验收为保障的全省高校图书馆自动化（1995—1997 年）、网络化（1998—2001 年）和数字化（2001—2005 年）的"三化建设"（见：表 3－1）。

表 3－1　海南省普通高等院校图书馆规划与评估、检查一览表（1995—2015 年）

规　　划	检　　查	评　　估
1. 1995 年，《海南省高校图书馆计算机网络建设规划》	1996 年，《关于印发〈我省普通高校图书馆自动化建设检查工作总结〉的通知》（琼教高〔1996〕04 号）	1997 年，《关于成立海南省普通高等学校图书馆自动化建设评估验收小组和对我省普通高等学校图书馆自动化建设评估验收工作的通知》（琼教高〔1997〕38 号）
2.《海南高校图书馆建设"九五"规划》（琼教高〔1998〕28 号） 3.《海南高校图书馆网络化建设规划（1998—2000）》（琼教高〔1998〕50 号）	2000 年，《关于印发〈海南省普通高等学校图书馆网络化建设检查情况通报〉的通知》（琼教高〔2000〕59 号）	2001 年，《关于印发海南省高校图书馆网络化建设评估方案等 3 个文件的通知〉》（琼教高〔2001〕12 号）
4.《海南高校图书馆数字化建设规划（2001—2005）》（琼教高〔2002〕47 号）	1. 2003 年，高教处下发《关于开展 2003 年度高校图书馆数字化建设检查的补充通知》（琼教高处〔2003〕27 号）， 2. 2005 年，《关于对我省高职高专院校图书馆建设情况进行检查的通知》（琼教高〔2005〕122 号）	1. 2004 年，《关于对高校特色数字资源库建设阶段性成果进行评估验收的通知》（琼教高〔2004〕106 号） 2. 2005 年，《关于普通本科高等学校图书馆评估工作的通知》（琼教高〔2005〕129 号）

续表

规　划	检　查	评　估
5. 2006 年,《海南省高职高专院校图书馆"十一五"建设规划》, 6. 2007 年,《海南省高等学校图书馆"十一五"发展规划》	2008 年,《关于 2007 年高校图书馆工作检查的通报》(琼教高〔2008〕6 号)	2010 年,《关于开展全省本科高校图书馆评估工作的通知》(琼教高〔2010〕22 号)
7.《海南省高职高专院校图书馆网络化建设规划(2007—2009)》(琼教高〔2007〕125 号)		2010 年,《关于开展全省高职高专院校图书馆网络化建设评估验收工作的通知》(琼教高〔2010〕23 号)
8.《海南省高等学校图书馆"十二五"发展规划》(琼教高〔2012〕19 号)		2015 年,《关于开展全省高校图书馆审核评估工作的通知》(琼教高〔2015〕46 号)
8 个(专项 4 个、中期 4 个)	5 次	7 次(单项 4 次、全面 3 次)

1. 自动化建设评估验收(1997 年)

(1)自动化建设中期检查(1996 年)。1996 年是实现《海南省高校图书馆自动化建设规划》三年建设任务的中期节点,为了确保规划各项建设任务的顺利完成,教育厅组织省高校图书馆自动化建设小组于 1996 年 1 月 15—19 日对各高校图书馆自动化建设工作进行全面检查,并在琼州大学召开检查总结会议,并提出了下一阶段自动化建设的意见,1996 年 1 月教育厅下发《关于印发〈我省普通高校图书馆自动化建设检查工作总结〉的通知》(琼教高〔1996〕04 号)。

(2)自动化建设评估验收(1997 年)。1997 年 1 月,教育厅下发《关于进行海南省普通高校图书馆自动化建设评估验收工作的通知》(琼教高〔1997〕05 号),该文件后附《海南省普通高校图书馆自动化建设评估方案》和《海南省普通高校图书馆自动化建设评估验收实施办法》。评估验收结果为合格、暂缓通过和不合格三档。对评估验收合格的图书馆将发给证书和牌匾，暂缓通过的图书馆要在半年内加快建设，申请复评，评估验收不合格的图书馆可在半年后、两年内申请复评一次，在复评达标之前，教育厅将暂停对该图书馆建设的专项经费资助。

1997 年 10 月，教育厅下发《关于成立海南省普通高等学校图书馆自动化建设评估验收小组和对我省普通高等学校图书馆进行自动化建设评估验收工作的通知》（琼教高〔1997〕38 号），决定成立全省普通高等学校图书馆自动化建设评估验收小组，并于 10 月 28 日至 11 月 6 日对海南大学、海南师范学院、海南医学院、琼州大学、华南热带农业大学进行图书馆自动化建设评估验收。

评估验收小组组长：黄守超（省教育厅高等教育处处长），副组长：王永喜（海南医学院图书馆馆长、副研究馆员、省高校图工委主任）、安邦建（海南大学图书馆馆长、副教授、省高校图工委副主任），成员包括龙明（省财政税务厅行财处副主任科员），以及各高校图书馆馆长、技术骨干等 6 人。

1998 年 2 月，教育厅下发《关于我省普通高等学校图书馆自动化建设评估验收结果的通知》（琼教高〔1998〕06 号），同意五所高校图书馆为海南省高校图书馆自动化建设达标单位。1999 年 4 月教育厅颁发《关于表彰高等学校图书馆自动化建设先进集体和先进个人的决定》（琼教高〔1999〕18 号），表彰 5 个先进集体和 26 位先进个人。

1998 年 3 月 31 日，全省高校图书馆自动化建设评估工作总结大会在琼州大学召开，教育厅黄国泰副厅长参加了会议，向自动化建设达标单位颁发证书和牌匾，并发表总结讲话，同时部署了全省高校图书馆现代化建设第二阶段的任务，由此拉开了图书馆网络化建设的序幕。

2. 网络化建设评估验收（2001 年）

（1）网络化建设中期检查（2000 年）。为了进一步落实《海南高校图书馆网络化建设规划（1998—2000）》（琼教高〔1998〕50 号）的各项建设任务，2000 年 5 月 16 日至 19 日教育厅组织普通高校图书馆网络化建设检查小组对全省普通高校图书馆网络化建设进行了全面检查，旨在了解各校图书馆网络化建设进度及存在的差距，重点是督促专项建设经费及设备到位，促进各校图书馆网络化建设。2000 年 9 月，教育厅下发《关于印发〈海南省普通高校图书馆网络化建设检查情况通报〉和〈新加坡高校图书馆自动化、网络化建设考察汇报〉两个材料的通知》（琼教高〔2000〕59 号）。

（2）网络化建设评估验收（2001 年）。2001 年 2 月教育厅下发《关于印发海南省高校图书馆网络化建设评估方案等 3 个文件的通知》（琼教高〔2001〕12 号），11 月 1 日至 10 日，教育厅组织以黄守超处长任组长，温习文处长等参加的省高校图书馆网络化建设评估验收小组对海南大学、海南师范学院、海南医学院、华南热带农业大学和琼州大学图书馆网络化建设进行验收评估。评估结果表明：各校均能较好地达到一级指标的要求，但相较二级指标各校均存有差异。

2001 年 12 月，教育厅下发《关于海南省普通高校图书馆网络化建设评估结果的通知》（琼教高〔2001〕139 号），通报：海南大学等 5 所高校图书馆顺利通过验收，网络化建设水平基本达到《海南省普通高校图书馆网络化建设规划（1998—2000)》提出的建设目标。2002 年 5 月 11 日，"省高等学校图书馆网络化建设工作总结表彰大会"在琼海举行，参加会议的有各高校分管图书馆工作的领导，第三届省高校图书情报工作委员会全体委员和全省高校图书馆馆员代表，教育厅苏文副处长在会上做了总结报告，并向网络化建设达标单位颁发证书和牌匾。

3. 特色资源库评估验收（2004 年）

（1）数字化建设中期检查（2003 年）。2003 年教育厅高教处下发《关于开展高校图书馆数字化建设工作检查的通知》（琼教高处〔1993〕21 号），决定于 12 月 21 日至 26 日对全省高校图书馆数字化建设情况进行实地检查，其目的是推动落实 2002 年教育厅发布的《海南高校图书馆数字化建设规划（2001—2005)》（琼教高〔2002〕47 号）所确定的各项建设目标和任务。

检查组组长：苏文，副组长：王永喜、安邦建，组员 8 人；检查对象：华南热带农业大学、琼州大学、海南医学院、海南职业技术学院、海南师范学院、海口经济职业技术学院、海南大学等七所高校图书馆。2004 年 2 月教育厅下发《关于 2003 年度高校图书馆数字化建设工作检查情况的通报》（琼教高〔2004〕14 号）。

（2）特色资源库评估验收（2004年）。2004年11月教育厅下发《关于对高校特色资源数据库建设阶段性成果进行评估验收的通知》（琼教高〔2004〕106号），决定于11月29日至12月3日对2001年立项的海南特色文献信息资源数据库建设项目进行阶段性成果验收。验收的依据是教育厅审批的立项标书，根据标书所确立的阶段性研究计划，对照检查其预期目标是否完成。验收结果为优、良、合格、不合格四级，对评优单位及个人给予表彰。

验收小组组长：于挽平，副组长：王永喜、安邦建，成员：由各馆一名数字资源库建设或软件应用的技术人员组成。

验收结果表明，海南旅游文献数字资源库（海南大学）、海南历史文献数字资源库（海南师范学院）、海南热带医学文献数字资源库（海南医学院）、海南热带农业文献数字资源库（华南热带农业大学）和海南少数民族文献数字资源库（琼州大学）等5个子项目均按照预期目标完成了第一阶段的建设任务。2004年12月教育厅下发《关于表彰高等学校图书馆数字化建设工作先进集体和先进个人的通知》（琼教高〔2004〕119号），对承担上述5个子课题建设的高校图书馆和课题组中业绩突出的先进个人进行表彰。"海南省高校图书馆特色资源数据库阶段性成果总结大会"于2004年12月18日在定安南丽湖召开。教育厅史贻云副厅长亲临大会并做了重要讲话，出席大会的还有省高校图工委主要负责人、各高校图书馆馆长及员工近300人。教育厅高教处苏文调研员做了省高校图书馆特色资源数据库阶段性成果评估验收总结报告。

三、全面水平评估阶段（2005—2010年）

1. "十五"建设评估（2005年）

（1）评估方案与评估安排。2005年2月，教育厅下发《关于印发海南省高等学校图书馆评估方案（试行）的通知》（琼教高〔2005〕19号）（以下简称2005年《评估方案（试行）》）。2005年《评估方案（试行）》由教育厅于2003年初立项并组织有关专家在充分调查研究的基础上，历经近两年时间制定完成。主要依据2002年教育部发布的《普通高等学校图书馆规程（修订）》（教高［2002］3号）（以下简称2002年《图书馆规程（修订）》），教育部高校图工委拟订的《普通高等学校图书馆评估指标（征求意见稿）》，以及教育厅发布的《海南省高教文献信息资源保障体系共建协作方案》、《CALIS海南省文献信息资源共享实施方案》、《海南省高等学校图书馆数字化建设规划（2001—2005）》和《海南省高等学校文献信息中心建设方案》的有关规定和要求。评估等级分为优、良、中和差四级，分别按办馆条件、办馆水平和办馆效益计分。

2005年10月，教育厅下发《关于普通本科高等学校图书馆评估工作的通知》（琼教高〔2005〕129号），决定于2005年10月18日至28日对海南大学、华南热带农业大学、海南师范学院、海南医学院、琼州大学等5所图书馆工作进行评估。并成立评估组织机构和专家组，具体名单如下：

领导小组组长：史贻云（省教育厅），副组长：黄守超、韩练、苏文（省教育厅）、詹长智（海南大学图书馆）；专家组组长：安邦建（研究馆员），副组长：詹长智（教授）、王永喜（研究馆员）、于挽平（研究馆员），成员10人。

该文件对评估的具体时间做了详尽的安排，特别针对各馆评估中出现的"不合格项"，提出持续改进的具体要求。

（2）评估总结与持续改进。2006年1月，教育厅下发《关于表彰海南大学图书馆等本科院校图书馆的决定》（琼教高〔2006〕5号），对评估结果获得优秀和良好的本科高等学校图书馆进行表彰。

2006年7月"全省高校图书馆评估总结表彰大会"在海口中国（海南）改革发展研究院召开。省教育厅史贻云副厅长，高教处李向国处长，韩练、苏文调研员及各高校分管图书馆工作的领导，第四、五届省高校图书情报工作委员会全体委员，全省高校图书馆馆员代表近100人出席会议。李向国处长宣读了教育厅颁发的《关于表彰海南大学图书馆等本科院校图书馆的决定》（琼教高〔2006〕5号），并颁发证书。韩练调研员做了高校图书馆评估工作总结报告。

2006年2月教育厅下发《关于下发普通本科高校图书馆评估工作〈不合格项通知单〉的通知》（琼教高〔2006〕14号），将《不合格项通知单》发给各有关高等学校，要求各高校根据教育部《普通高等学校图书馆规程（修订）》制定出整改措施。

2006 年 12 月教育厅下发《关于开展本科高校图书馆整改工作督查的通知》（琼教高〔2006〕138 号），决定于 2007 年 1 月 8 日—11 日对全省本科高校图书馆开展整改工作进行督查。具体内容包含三方面：一是对这次评估中获得好成绩的单位及单项工作是否继续保持良好的发展态势予以追踪；二是对检查中未达到评估指标合格要求的单位以及专家提出改进意见的单项内容部分工作进行追踪寻访；三是考察了解评估一年后各馆整改工作的进展情况，取得的成效，尚待解决的实际问题。

检查对象：琼州学院、华南热带农业大学、海南大学三亚学院、海南师范大学、海南大学、海南医学院等 6 家图书馆。

2. "十一五"建设评估（2010 年）

（1）"十一五"建设中期检查（2007 年）

为了全面贯彻和落实《海南省高等学校图书馆"十一五"发展规划》的各项任务，建立高校图书馆的自我约束、自我诊断、自我完善的质量保障和监控长效机制，不断提升为学校教学和科研服务的水平和层次，教育厅高教处组织专家组于 2007 年 12 月 17 日至 26 日分别对全省本科院校和高职高专院校图书馆进行了全面检查。

检查对象：琼州学院、海南大学三亚学院、海南师范大学、海南大学、海南医学院等 5 所本科院校图书馆和琼台师范高等专科学校、海南经贸职业技术学院、海南外国语职业学院、海南职业技术学院、海口经济职业技术学院、海南科技职业学院、海南万和信息职业技术学院、三亚航空旅游职业学院、三亚城市职业学院、海南政法职业学院等 10 所高职高专院校图书馆。2008 年 2 月教育厅下发《关于 2007 年高校图书馆工作检查的通报》（琼教高〔2008〕6 号）。

2. "十一五"建设评估（2010 年）

①评估方案与评估安排。2010 年 3 月教育厅下发《关于开展全省本科高校图书馆评估工作的通知》（琼教高〔2010〕22 号），决定于 12 月对全省本科院校图书馆进行全面评估。2010 年 10 月教育厅下发《关于全省本科院校图书馆评估现场考察工作安排的通知》（琼教高〔2010〕158 号），决定于 12

月 9 日至 16 日组织专家对本科院校图书馆进行全面评估。评估依据 2002 年《图书馆规程（修订）》和 2005 年《评估方案（试行）》进行。评估结论分为优秀、良好、合格和不合格四种。凡办馆条件和办馆水平不合格，或有单项不合格（单项分低于 60 分）的单位，下发"不合格通知书"，并限期整改。

评估名单：海南大学、海南师范大学、海南医学院、琼州学院、海南大学三亚学院等 5 所图书馆，检查名单：海口经济学院图书馆（升本不足三年）。

图书馆评估工作领导小组组长：张超（教育厅高教处处长），副组长：詹长智（省高校图工委主任、海南大学图书馆馆长）、朱双平（教育厅高教处副调研员），成员 8 人。

②评估总结与持续改进。评估总结大会于 2011 年 1 月 7 日在琼海博鳌举行。大会由教育厅高教处张超处长主持，教育厅副厅长谭基虎出席会议并做了重要讲话，教育厅高教处朱双平副调研员做了高校图书馆本科全面评估的总结报告，对本科综合评估的办馆条件、办馆水平中取得的成绩给予了充分的肯定，同时指出了存在的问题。参加大会的还有各高校领导、各高校图书馆馆长及馆员共 300 多人。教育厅对高校图书馆本科评估办馆条件和办馆水平优秀单位进行了授牌表彰。省高校图工委对在"十一五"期间业绩显著和本科图书馆综合评估中做出突出贡献的优秀个人进行了表彰，并颁发了荣誉证书。2011 年 3 月教育厅下发《关于 2010 年普通本科高等学校图书馆评估工作的情况通报》（琼教高〔2011〕19 号）。

2011 年 3 月教育厅下发《关于印发普通本科高等学校图书馆〈不合格项通知单〉的通知》（琼教高〔2011〕18 号），要求各高校根据 2002 年《图书馆规程（修订）》和有关评估要求，制定出整改措施。

2011 年 11 月教育厅下发《关于开展全省普通高等学校图书馆评估整改检查工作的通知》（琼教高〔2011〕159 号），就 6 所本科院校图书馆评估检查中的不合格项和存在突出问题的整改情况进行检查。

检查组成员：组长朱双平，副组长安邦建，成员 5 人。

2012 年 1 月教育厅下发《关于 2011 年全省普通高等学校图书馆评估整改检查工作的情况通报》（琼教高〔2012〕6 号）。

3. 高职高专院校图书馆检查与评估

"十五"建设期间海南省高等职业教育迅猛发展，到了"十五"末全省高职高专院校发展到10所，比"九五"末的2所增长了4倍。为了确保高职高专院校图书馆对高等职业教育人才培养的文献信息服务保障作用，在"十五"、"十一五"期间，省教育厅审时度势，以统筹规划为先导、以检查评估为保障，不断加强对全省高职高专院校图书馆宏观指导（见：表3-2）。

表3-2 海南省高职高专院校图书馆评估、检查与规划一览表

评估检查与规划	评估检查内容
1. 2005年，建设检查 规划：《海南高校图书馆数字化建设规划（2001—2005）》（琼教高〔2002〕47号）	检查安排：2005年11月，《关于对高职高专院校图书馆建设检查的通知》（琼教高〔2005〕148号） 检查依据：《关于印发海南省高等学校图书馆评估方案（试行）的通知》（琼教高〔2005〕19号）
2. 2010年，网络化评估 规划： 1. 2006年，《海南省高职高专院校图书馆"十一五"建设规划》， 2. 《海南省高职高专院校图书馆网络化建设规划（2007—2009）》（琼教高〔2007〕125号）， 3. 2007年，《海南省高等学校图书馆"十一五"发展规划》	年度检查：2008年2月，《关于2007年高校图书馆工作检查的通报》（琼教高〔2008〕6号） 评估方案：2009年3月，《关于印发海南省高职高专院校图书馆网络化建设评估实施细则的通知》（琼教高〔2009〕22号） 评估安排：2010年3月，《关于开展全省高职高专院校图书馆网络化建设评估验收工作的通知》（琼教高〔2010〕23号）；2010年10月，《关于全省高职高专院校图书馆网络化建设评估验收现场考察工作安排的通知》（琼教高〔2010〕155号） 评估整改：2011年11月，《关于开展全省普通高等学校图书馆整改检查工作的通知》
规划4个	3次（检查2次、评估1次）

（1）图书馆建设检查（2005年）

为了进一步加快全省高职高专院校图书馆建设与发展，教育厅根据《关于对我省高职高专院校图书馆建设情况进行检查的通知》（琼教高〔2005〕122号）精神，决定于2005年12月19日—29日对各院校图书馆办馆条件进行检查。

2005 年 11 月教育厅下发《关于对高职高专院校图书馆建设检查的通知》（琼教高〔2005〕148 号），检查依据 2002 年《图书馆规程（修订）》和 2005 年《评估方案（试行）》。检查对象：海南外国语职业学院、海南软件职业技术学院、三亚卓达旅游职业学院、三亚航空旅游职业学院、海南政法职业学院、海南经贸职业技术学院、海南职业技术学院、琼台师范高等专科学校、海南万和信息职业技术学院、海南广播电视大学、海口经济职业技术学院。

2006 年 1 月 7 日，高职高专院校图书馆办馆条件检查与普通本科高校图书馆评估总结大会在文昌市高隆湾举行，全省 17 所高校的馆长和馆员参加了此次会议，会议由省高校图工委副主任王永喜主持，教育厅高教处韩练调研员发表重要讲话，他充分肯定海南省高校图书馆在网络化、数字化建设等方面取得了很大的发展，同时也强调了海南省高校图书馆与国内其他高校图书馆相比办馆条件方面还有明显差距，省内各高校图书馆的发展也很不平衡，特别是高职高专图书馆的整体发展水平亟待提高。教育厅图书馆评估检查专家组组长安邦建研究馆员就海南省高职高专图书馆办馆条件检查情况做了"办馆条件明显改善，自动化建设势头强劲"的总结报告。

（2）网络化建设评估验收（2010 年）

①评估方案与评估安排。2009 年 3 月教育厅下发《关于印发海南省高职高专院校图书馆网络化建设评估实施细则的通知》（琼教高〔2009〕22 号），制定实施细则的主要依据是：教育厅 2007 年印发的《海南省高职高专院校图书馆网络化建设规划（2007—2009）》、《海南省高职高专院校图书馆网络化建设评估指标内涵及合格标准》，教育厅 2005 年《评估方案（试行）》，2002 年《图书馆规程（修订）》，教育部高校图工委拟订的《普通高校图书馆评估指标（征求意见稿）》，教育厅颁发的《海南省高等学校图书馆"十一五"发展规划》和《海南省高等学校图书馆数字化建设规划（2001—2005）》。

2010 年 3 月教育厅下发《关于开展高职高专院校图书馆网络化建设评估验收工作的通知》（琼教高〔2010〕23 号），2010 年 10 月教育厅下发《关于全省高职高专院校图书馆网络化建设评估验收现场考察工作安排的通知》（琼教高〔2010〕155 号），决定于 11 月 29 日至 12 月 3 日组织专家对全省高职高专院校图书馆网络化建设进行专项验收评估。

评估验收工作领导小组组长：张超（教育厅高教处处长），副组长：詹长智（省高校图工委主任、海南大学图书馆馆长）、朱双平（省教育厅高教处副调研员），成员8人。

验收单位：琼台师范高等专科学校、海南经贸职业技术学院、海南外国语职业学院、海南职业技术学院、海南软件职业技术学院、海南科技职业学院、三亚航空旅游职业学院、海南政法职业学院等8所图书馆。

②评估总结与持续改进。评估总结大会于2011年1月7日在琼海博鳌举行。大会由教育厅高教处张超处长主持，教育厅副厅长谭基虎出席会议并做了重要讲话，教育厅高教处朱双平副调研员做了评估总结报告，对8所高职高专图书馆网络化建设评估合格馆给予了高度的赞扬。参加大会的还有各高校领导、各高校图书馆馆长及馆员共300多人。教育厅对高职高专图书馆网络化建设评估合格单位进行了授牌表彰。省高校图工委对在"十一五"期间业绩显著和高职高专网络化建设评估中做出突出贡献的优秀个人进行了表彰，并颁发了荣誉证书。

2011年3月教育厅下发《关于高职高专院校图书馆网络化建设评估验收结果通报》（琼教高〔2011〕16号），根据《海南省高职高专院校图书馆网络化建设评估实施细则》的评价标准，参与评估验收的8所高职高专院校图书馆的网络化建设均达到合格标准，成为"海南省高等学校图书馆网络化建设合格单位"。

2011年11月教育厅下发《关于开展全省普通高等学校图书馆评估整改检查工作的通知》（琼教高〔2011〕159号），就8所高职高专院校图书馆网络化评估验收中的不合格项和存在的突出问题的整改情况进行检查。

检查组组长：朱双平，副组长：温小明，成员6人。

2012年1月教育厅下发《关于2011年全省普通高等学校图书馆评估整改检查工作的情况通报》（琼教高〔2012〕6号），检查组一致认为：一年来，各受评高校认真总结工作经验，深刻分析存在问题，精心制定整改措施，切实做好整改工作，评估整改工作取得明显成效，基本达到整改合格的标准，同意8所高职高专院校图书馆网络化建设通过整改检查验收。

四、全省审核评估阶段（2015 年）

为了全面检验《海南省高校图书馆"十二五"发展规划》目标任务完成情况，了解和总结海南省高校图书馆在"十二五"期间取得的成果和存在的问题，教育厅于 2015 年 4 月下发《关于开展全省高校图书馆审核评估的通知》（琼教高〔2015〕46 号），并同时下发《海南省高等学校图书馆"十二五"建设审核评估方案（试行）》（以下简称《图书馆审核评估方案》），启动了全省高校图书馆审核性评估工作。

1. 评估方案

制订图书馆审核评估方案的依据是：

（1）国际图书馆标准。ISO11620 信息与文献—图书馆绩效指标（Information and Documentation—Library Performance Indicators），ISO11620 信息与文献—国际图书馆统计（Information and Documentation—International Library Statistics）。

（2）教育部文件与数据库。《关于开展普高学校本科教学工作审核评估的通知》（教高〔2013〕10 号）、《关于普通高等学校本科教学评估工作的意见》（教高〔2011〕9 号）、《关于印发〈普通高等学校基本办学条件指标（试行）〉的通知》（教发〔2004〕2 号）、2002 年《图书馆规程（修订）》、"教育部高校图书馆事实数据库"。

（3）教育厅文件。《海南省高等学校图书馆"十二五"发展规划》（琼教高〔2012〕19 号）。

2. 评估安排

教育厅 2015 年 11 月下发《关于开展全省高校图书馆审核性评估工作现场考察的通知》（琼教高〔2015〕162 号），组织专家考察组于 2015 年 12 月 1 日至 15 日分别到本科院校和高职院校对高校图书馆进行审核性评估现场考察。

（1）评估名单

①本科院校 6 所：海南大学、海南师范大学、海南医学院、琼州学院、海口经济学院、三亚学院。

②高职高专院校 11 所：海南经贸职业技术学院、琼台师范高等专科学校、海南政法职业学院、海南外语职业学院、海南软件职业技术学院、海南职业技术学院、海南科技职业学院、三亚航空旅游职业学院、三亚城市职业学院、三亚理工职业技术学院、海南工商职业技术学院。

（2）考察小组成员

①本科院校：领队：邓昌清（副调研员，教育厅高教处），组长：于挽平（研究馆员、海南医学院图书馆），成员 6 人。

②高职院校：领队：梁俊（主任科员，海南省教育厅高教处），组长：赵会平（研究馆员，琼台师范高等专科学校图书馆），副组长：王永喜（研究馆员，海南省高校图工委顾问），成员 4 人。

3. 评估总结

2016 年 1 月教育厅下发《关于高校图书馆"十二五"建设审核性评估工作情况的通报》（琼教高〔2016〕1 号），对评估的基本情况、所取得的成绩和存在的主要问题进行通报并提出建议。评估总结大会于 2016 年 1 月 8 日在琼海博鳌举行。教育厅高教处处长朱双平、副调研员邓昌清及全省 17 所高校图书馆同仁等共 170 余人参加了会议。会上邓昌清副调研员做了《省高校图书馆"十二五"建设审核评估总结报告》，报告对"十二五"期间高校图书馆建设与发展所取得的成绩给予了充分肯定，同时也提出了各馆存在的问题以及整改要求。

第二节　突出成果

一、全国统一评估：增强了解促进发展，统筹规划明确目标

历经一年十个月的全省高校图书馆第一次全面评估达到了摸清家底、增强了解、明确目标、促进发展的预期目的，并为全省高校图书馆评估工作的未来发展提出指导性意见。

1. "四个了解"：一是教育厅的领导和职能部门对全省高校图书馆的办

馆条件、工作水平和管理水平有了更全面的了解；二是各高校领导对本校图书馆的状况和问题加深了了解；三是各高校图书馆本身通过逐项逐条的自评和专家的复评，对自身的长处和不足加深了了解；四是各高校图书馆之间增加相互之间的了解。

2. "三个促进"：一是促进各级领导更加重视图书馆工作；二是促进图书馆工作人员进一步提高工作积极性，更有针对性地改进工作，加强薄弱环节，提高工作水平；三是促进各图书馆之间相互学习，取长补短，公平竞争，共同提高。

3. 明确目标。省教育厅符鸿合厅长在评估总结报告中指出，今后全省高校图书馆建设的总体目标是："贯彻落实《规程》，服务教学、科研，加大改革力度，加快建设步伐，争取三至五年时间，使我省高校图书馆办馆条件全面达标，办馆水平再上一个台阶。"同时要求"各高校都要根据全省高校图书馆工作的总目标，从本校的实际出发，确定本校图书馆的工作目标，然后将目标再分解到项，做到项项有计划，项项有措施，项项抓落实"。

4. 评估发展。教育厅高教处的《海南省高校图书馆评估总结表彰会议纪要》（琼教高〔1993〕45 号）指出，评估"基本上做到了各级领导重视，图书馆工作人员积极配合，了解了我省高校图书馆的现状，明确了今后的奋斗目标，推动了我省高校图书馆的建设"。对于今后高校图书馆评估工作提出，"为了提高图书馆的工作水平，建议今后每年都要进行单项评估，三、五年再来一次全面评估"，"评估要努力做到'三个结合'，即制定评估指标体系要科学性与可行性相结合，评估办法要单位自评与专家复评相结合，评估过程要评估与整改相结合"。

二、单项评估验收："三化建设"成果卓著，"海南模式"蜚声全国

教育厅在 1992 年、1993 年全省高校图书馆办馆条件和工作水平评估之后，提出图书馆现代化建设是海南省高等学校"投资少、见效快、效益大的基础建设，下决心抓紧抓好"，自 1995 年以来海南省高校图书馆历经"九五"、"十五"11 年的自动化、网络化和数字化"三化建设"，全省整体发展水平取得了跨越式快速发展。

1. 协作共建锐意进取，"三化建设"整体推进

（1）"三个统一"的自动化建设

1994 年 9 月教育厅成立"海南省普通高校图书馆自动化建设小组"，制订《海南省普通高校图书馆计算机网络建设规划》，1994 年底组织高校图书馆馆长到深圳考察深圳市图书馆和深圳大学图书馆自动化建设和读者服务的先进经验，1995 年 4 月召开"全省高校图书馆自动化建设工作会议"，会议取得"三个统一"的共识：一是统一应用软件，根据 1994 年底组织高校图书馆馆长到深圳的考察经验，决定全省统一采用文化部作为重点科技项目下达，深圳图书馆承担并组织全国八个省公共图书馆参加开发完成的"图书馆自动化集成系统（ILAS）"作为海南省高校图书馆自动化的应用系统；二是统一数据库格式，全省制定"书目数据库著录标准"，规定在使用标准的Marc 格式的基础上，在新购置图书建立书目数据库时，要求 1995 年以后的新书增加主题词检索（6××字段），1998 年以后的新书增加提要字段（330字段），为读者查找文献提供便捷条件；三是统一硬件配置，对图书馆自动化建设中主要硬件设备主机、终端、UPS，以及专用设置条码阅读器、监测仪等的配置确定统一标准，从而为全省高校图书馆自动化建设的标准化、规范化提供了保障，同时也为全省高校图书馆网络化和数字化建设奠定了坚实的基础。

1995 年至 1997 年，省拨专项自动化建设经费 170 万元，加上学校配套经费 154.6 万元，共计 324.6 万元。1997 年 10 月 28 日至 11 月 6 日，省教育厅组织省高校图书馆自动化建设评估验收小组对 5 所高校图书馆自动化建设进行了验收评估，结果显示，各校图书馆自动化建设均达到了合格的标准。

（2）"通借通还"的网络化建设

全省高校图书馆网络化建设自 1998 年起至 2001 年 10 月，历经 4 年的艰辛努力，实现了图书馆由计算机集成管理阶段向网络化阶段的跨越。网络环境基本建成，数字资源初具规模，专业队伍技术水平明显提高，读者培训工作普遍加强，师生利用网络资源的技能有较大提高，电子阅览室利用率高，在国内首次实现了全省高校之间的网络互查互借和"一卡通"借阅的资源共享服务。2001 年 11 月 1 日至 10 日，省教育厅组织省高校图书馆网络化建设

评估验收小组对 5 所高校图书馆网络化建设进行了验收评估，结果显示，各校图书馆网络化建设均达到了合格的标准，全省高校文献保障服务能力得到跨越式的提升。

①网络环境建设成果。1998 年至 2001 年，省拨专项网络化建设经费 255 万元，加上学校配套经费 368.71 万元，共计 623.71 万元，购进了 500G 以上的磁盘阵列和高端服务器 4 台，工作微机 154 台，多媒体微机 224 台及其相关配套设备。同时，保证了图书馆网络管理软件和公共服务软件按时到位，各校校园网均先后以光缆或 DDN 专线联通中国教育科研网，基本满足了图书馆网络化建设规划中实现基本服务功能的需要。

②网络资源建设成果。1997 年教育厅批准科研课题立项，对海南高教文献信息资源共建和网络资源共享方案进行专项研究。1998 年，第一份调研报告《海南省高教文献信息资源保障体系共建协作方案》（简称《共建方案》）撰写完成。教育厅于 1999 年 1 月份以琼教高〔1999〕01 号文件正式印发实施。《共建方案》明确了共建原则、共建目标、共建内容和共建措施，尤其是教育厅每年将各校教育事业费的 4%—5% 作为专项图书购置费，保证了各高校馆每年纸质文献和电子文献共建计划的落实，使海南省高校文献信息资源保障体系的建设纳入"整体规划、协作共建"的发展轨道。

③网络服务成果。1998 年"省高校图书馆自动化建设小组"决定与 ILAS 共同开发具有海南特色的馆际互借模块，经过 ILAS 技术专家的艰苦努力，终于开发出符合海南省需求的"分布式建库、广播式检索"的馆际互借模块。2001 年 2 月教育厅以琼教高〔2001〕12 号文件印发了《CALIS 海南省文献资源共享实施方案》（以下简称《共享方案》）和《海南省高校图书馆馆际互借（含文献传递）规则》（以下简称《互借规则》），为最终实现网络化建设目标，开展全省高校文献信息资源共享服务制定了共同遵守的规则。

2001 年 5 月 5 所本科院校图书馆安装了 ILAS 馆际互借模块，并开始试运行。2002 年正式开展馆际互借工作，2003 年 5 月教育厅高教处下发了《关于成立海南省高校图书馆馆际互借协调机构的通知》，决定建立完善的组织管理保障系统：成立省馆际互借领导小组，建立全省馆际互借运行管理小组和各馆馆际互借运行管理小组，图工委秘书处和省文献中心负责具体组织实施。特别是 2005 年 10 月在七仙岭召开的省文献中心管理委员会会议决定，全省的馆际互借和文献传递实行免费服务后，海南省高校的馆际互借的服务效益迅速提高，当年的外借量就比 2004 年增长了 46%，与此同时，文献传递也呈明显增长趋势。

2003 年 7 月教育部高校图工委副主任、秘书长朱强教授认为，海南省高校图书馆网络环境下的馆际互借，在全国省级高校文献信息资源共享服务方面处于领先水平，并且有借鉴、推广的意义和价值。海南省实施网络环境下的"一卡通"的馆际互借，各馆文献资源实现了优势互补和互通有无，方便和满足了缺藏馆师生对文献的需求，促进了各馆文献的开发利用，实现了真正意义的文献资源共享，从整体上增强了为全省高校文献服务的保障能力，使全省高校图书馆文献信息资源服务先行跨入了"联合保障"的新阶段。

（3）"特色资源库"的数字化建设

图书馆数字化建设是图书馆自动化、网络化建设的延伸和提升。面对新的形势和新的竞争，教育厅领导紧紧把握数字化图书馆发展的脉络和趋势，认为特色资源库建设是海南省高校图书馆数字化发展的原动力和竞争力，并组织、策划全省 5 所高校图书馆整体建设"海南地方特色文献数字资源库"项目，该项目由"海南旅游数字资源库"、"海南热带农业数字资源库"、"海南地方文献数字资源库"、"海南热带医学数字资源库"和"海南少数民族数字资源库" 5 个子项目组成，分别由海南大学、华南热带农业大学、海南师范学院、海南医学院和琼州大学 5 所高校图书馆承担，并由各馆馆长担任子项目建设的主持人。为了探索和指导建设项目，全省 5 所本科院校集体联合承担教育厅重点资助的科研项目，这是海南省科研立项的重大突破和创新。2002 年"海南地方特色文献数字资源库"建设项目启动后，省图工委组织专家对 4 家应用软件平台进行评审，最终全省统一购置北大方正德赛应用软件。各馆技术人员和文献标引人员密切合作，建库并已发布近万条记录，使用效益初见端倪。"海南地方特色文献数字资源库"具有鲜明的海南地方文献的地域性，还具有多媒体的载体类型的多元性，元数据和标记语言技术的先进性，以及全省统一平台、统一标引、统一规划建设的整体性，使得该项目成为继海南省高校馆际互借之后的海南省高校图书馆数字化建设的又一突出亮点。

2. 科学研究结硕果，区域合作成典范

（1）获奖项目的历史性突破

由于教育厅的支持，"三化建设"的十一年中所有的重点工作都在教育厅的年度科学研究项目中集体立项，这样不仅有了经费的支持，更重要的是可以集中全省的优秀、骨干人才，确保重点项目上水平、上台阶，并锻炼、培养了一大批年轻的业务骨干。特别是2003年海南医学院图书馆率先采取项目鉴定的形式，组织以教育部高校图工委副主任、秘书长朱强教授为组长的专家组，对黄玉华副研究馆员主持的"海南高校文献资源建设及资源共享网络方案的研究"课题进行成果鉴定，并申报省级奖项，当年获得2003年海南省科技进步三等奖，成为海南省高校图书馆"三化建设"集体科学研究项目获得的第一项省部级奖项。随后，2004年海南大学黄晓英副研究馆员与海南医学院李丽舒副研究馆员主持的项目，也分别获得2004年海南省科学技术进步二等奖和三等奖（见：表3-3）。

表3-3　海南省高校图书馆教育厅资助项目"十五"获省部级科研奖一览表

教育厅资助科研项目				获省部级科研奖项	
主持人	时间	性质	名称	时间	获奖名称
李琳 海南大学	1996	个人	海南西汉珠崖郡罢郡历史研究	2002	海南省第四次社会科学优秀成果论文二等奖
黄玉华 海南医学院	1998	集体	海南高校文献资源建设及资源共享网络方案的研究	2003	海南省科技进步三等奖
黄晓英 海南大学	2002	集体	海南学术网络信息导航数据库系统建设	2004	海南省科技进步二等奖
李丽舒 海南医学院	2002	集体	海南高校图书馆中文文献数据库的现状及改进措施	2004	海南省科技进步三等奖

在此之前，海南大学图书馆李琳副研究馆员1998年立项的"海南西汉珠崖郡罢郡历史研究"，2002年获得海南省第四次社会科学优秀成果论文二等

奖，至此省高校图书馆教育厅立项的科研项目"十五"期间获得省部级奖项达到4项、其中二等奖2项、三等奖2项，获奖项目之多、级别之高，实现了历史性的突破。从此，海南省高校图书馆的科研项目，从过去的只注重完成课题，延伸到成果经政府职能部门的鉴定和评奖，这不仅使海南省高校图书馆的科学研究环节更加完善，而且使科研成果得到了社会的认可，扩大了海南省高校图书馆的影响力和社会地位。

（2）地区性的合作典范

海南省"三化建设"的成功经验得到教育部高等学校图书情报工作指导委员会的高度赞誉，2001年4月受教育部高校图工委的邀请，海南省高校图工委副主任、海南大学图书馆馆长安邦建代表海南省高校图工委在教育部高校图工委一届二次成都会议上做了《坚持统一规划、协作共建，注重使用效益、整体发展》专题汇报，2004年5月，教育部高校图工委委员安邦建又在教育部高校图工委二届一次会议上代表海南省高校图工委做《海南省高校图书馆网络环境下馆际互借服务模式》的经验介绍。2004年3月底江苏省高校图工委读者工作委员会一行十人专程到海口考察海南省网络环境下的馆际互借工作，在调查和了解海南省馆际互借的模式后认为：海南省高校网络环境下的馆际互借工作，"资源共享面向全体读者，读者使用通用借书证既可以在本馆借还、阅览他馆的文献资源，又可以凭借通用借书证，到任意图书馆现场借还、阅览，完全打破了校际界线，做到了读者借阅和图书馆接待读者无校界，实现了全体读者的全方位资源共享"，海南模式是"一个具有海南特色、方便实用、共享面广、共享程度高的新模式"。美国康奈尔大学Thomas H. Hahn教授在2005年2月三亚"中文信息资源建设与数字图书馆发展高层论坛"所做的报告中，将海南省的馆际互借模式作为中国地区性的合作典范给予了高度的评价和赞扬。

三、全面水平评估：办馆条件跨越式发展，服务水平迈上新台阶

1."十五"建设评估

经过11年的"三化建设"建设，全省本科院校图书馆建设处于全国先进水平，资源建设和读者服务工作达到了同类高校的平均水平，高校文献信

息资源的整体保障能力得到了根本性的加强，为教学和科研服务的质量和水平迈上新台阶。

（1）全面学习贯彻《规程》，办馆条件高速发展

①校图工委制度化、规范化。2002 年教育部颁布《普通高等学校图书馆规程（修订）》（教高〔2002〕3 号）以后，各校根据 2002 年《图书馆规程（修订）》要求，进一步加强校图工委的组织建设和制度建设。对校图工委的成员结构进行完善，并吸收和补充学生代表参加，使图工委成为与读者沟通的重要渠道之一；各校都制定了校图工委章程和会议制度，做到定期召开会议，每次会议有明确的主题、有详细的记录，重要的会议决议下发会议纪要，使校图工委的工作走向制度化和规范化。

②提高院系资料室信息化建设水平。根据海南省"十五"期间《数字化规划》的要求，各高校都高度重视学校院系资料室的信息化建设，经过三年多的建设，基本达到在业务工作和资源配置上，接受图书馆的指导与协调，面向全校开放，提供文献信息服务，实行资源共建、共知和共享的目标。各高校院系资料室（二级馆）基本实现自动化和网络化建设，全面实行"统一建设规范、统一编目建库、统一对外服务"的新模式，使本科高校信息化建设整体水平迈上了新台阶。

③初步建立结构合理的专业人员队伍。1993 年全省高校图书馆工作人员只有 161 人。到 2005 年，全省已初步建立一支爱岗敬业、专业结构合理、能胜任图书馆现代化建设与服务的专业队伍，总人数达 246 人（仅为在编人员），比 1993 年增长了 53%。学历结构：从 1993 年大专以上学历 85 人、占总人数的 53%，发展到 2005 年的 222 人，占总人数 90%，本科学历 152 人，占总人数的 62%，已提前超过 2002 年《图书馆规程（修订）》规定的"本科以上学历者应逐步达到 60% 以上"的标准；专业结构：1993 年全省图书情报专业人员仅十余人、计算机应用人员仅 8 人，2005 年图书情报专业和计算机专业人员已达 90 人，占总人数的 37%；职称结构：从 1993 年的仅有 8 名高级职称人员，其中正高 1 人，增长到 36 名高级职称人员，其中正高 5 人，增长了 3.5 倍。

④图书馆经费投入历史性突破。全省本科高校以迎接教育部本科教学工作评估为契机，加大对图书馆的投入，其中文献购置经费投入之高是前所未

有的。2002—2005 年间海南省本科高校对图书馆的投入达到 7138.62 万元，年均 1784.66 万元，其中校拨文献购置经费 3039.61 万元、年均 759.9 万元，占学校事业费 4.66%，比 1993 年的 122.3 万元的文献购置经费增长了 637.6 万元，增长了 5 倍多，比 1999 年的 295.3 万元增长了 464.6 万元，增长了近 1.6 倍。

（2）文献总量突破性发展，文献资源保障率猛增

①生均纸质文献创历史最高。到 2005 年 6 月全省馆藏文献总量达 455.4 万册，其中纸质文献 341.7 万册、电子文献 113.7 万册，生均文献 102.8 册、纸质文献生均 82.2 册。馆藏文献总量比 1993 年 116.9 万册增长了 338.5 万册，增长了近 3 倍，纸质文献增长了 224.8 万册，增长了近 2 倍，特别是生均纸质文献突破 80 册大关，达到 82.2 册的历史最高，扭转了长期以来海南省高校图书馆藏书匮乏、文献陈旧、借阅量每况愈下的严峻局面。

②联机编目确保新书投入流通。"十五"期间，在三年半的时间内全省共购置纸质文献 120.7 万册，相当于海南省各高校图书馆建馆以来数十年文献的累计总量，图书馆面临文献加工、分编、建库和上架，以及广大师生迫切要求尽快阅读最新的图书资料的双重压力。在这紧急关头省高校图工委做出果断的决策，全省高校图书馆集体参加 CALIS 的联机编目，利用海南省高校图书馆的优越的网络环境，充分利用 CALIS 的书目资源，加快文献分编的速度。2001 年 1 月全省高校图书馆编目人员参与了 CALIS 编目中心的培训，海南省所有高校图书馆都成为 CALIS 编目中心的 C 级成员馆，这不仅仅加快了建立数据库的速度，解决了海南省高校图书馆大批新书急需编目加工的燃眉之急，而且更有效地保证了编目质量。

③构建文献资源保障体系。全省高校图书馆加快学校文献资源体系建设步伐，为此各馆采取了以下措施：一是在采集大批新出版的专业文献，确保综合院校适合本校的专业设置的文献达到 70% 以上、专业院校的专业文献达到 80% 以上；二是注重收集具有本校特色的文献，其中包括省、校级重点学科的文献，学校拟重点发展和建设的专业文献，以及新设立专业的教材、教学参考书等；三是补充读者阅读率高的热点图书和有助于学生素质教育的世界名著和经典图书；四是为了在大批量购置图书时减少盲目性，加强质量控制，充分发挥教师特别是骨干教师和博士的作用，组织教师参与集中

采购图书的文献筛选和推荐专业文献工作；五是注重电子资源的补充，购置适用的电子图书、电子期刊，积极引进二次文献数据库、全文数据库，同时开展实体资源与虚拟资源的整合，以及围绕本校重点学科，进行网络资源学科导航的一系列工作，成为文献保障体系的重要内容，极大地丰富了各校网络资源。

（3）强化读者服务工作，提高图书馆服务效益

①延长开馆和外借服务时间。随着海南省高校规模的不断扩大、图书馆的信息服务内容的不断扩展，图书馆的人力资源紧缺的矛盾俞加突出。但是，海南省各高校图书馆千方百计克服人员不足的困难，想方设法延长开馆和外借服务时间。到 2005 年底各图书馆均已达到评估指标的"阅览服务时间 70 小时/周以上，网上资源服务和计算机书目检索（OPAC）服务时间 24 小时/天，文献外借时间 42 小时/周以上，寒暑假外借时间 7 小时/周以上"的标准，海南省高校图书馆生均外借量每年递减的严峻局面被遏制，开始出现全面回升的大好局面。

特别是海南大学图书馆开展全面质量管理，开放时间达到 82 小时/周，文献外借时间 80 小时/周，文献外借基本与开放时间同步，成为海南省 5 所高校开放时间和文献外借时间最长的图书馆，在海南省率先实现了图书馆的开放时间从机关型向服务型的转变。

②信息服务开创良好的局面。各馆充分利用网络环境开展多层次、全方位的网络信息服务，为教学和科研服务不断开拓新的领域、不断扩展新的内涵。各高校图书馆将网络虚拟资源与馆藏实体资源进行整合，建立学校重点学科导航数据库，为学校的学科建设提供高层次的信息服务，获得教师和科研人员的高度赞扬。

海南医学院图书馆利用本馆的文献资源和人力资源的优势，建立图书情报一体化的新体制，创办专业科技项目查新咨询站，走出校门为社会服务，获得了突出的社会效益和经济效益，每年完成科技查新项目达 150 项左右，还建立了"海南省医药卫生科技查新项目与成果管理数据库"，使科技查新工作的管理更加规范化和科学化，海南医学院图书馆和信息研究所已成为海南省卫生科技工作的重要服务机构。

③服务质量不断提升。各图书馆为了提高服务质量和服务水平，不断扩展与读者沟通的正常渠道，除了采用意见簿、读者座谈会、问卷调查等外，还利用网络开设电子意见箱和在线答疑等具有现代实时交流和互动功能的沟通渠道，使得图书馆的服务更加具有针对性和人性化。同时各高校图书馆都加强了对工作人员人文素质的培养，服务态度普遍提升，在评估实地测评中，读者对图书馆工作人员服务态度的满意度相对较高，绝大多数图书馆都达到80%以上。

2. "十一五"建设评估

"十一五"期间是海南省高等教育升格转型、实现跨越式发展的重要历史时期，全省本科高校进一步提高贯彻执行教育部2005年《图书馆规程（修订）》的自觉性，加大对图书馆的投入力度，海南大学、海南师范大学、海南医学院、琼州学院和海南大学三亚学院5所本科院校图书馆的办馆条件取得历史性发展，为我省高等教育升格转型、实现跨越式发展起到支撑作用。

（1）办馆条件突破性发展

①实现独立馆舍全覆盖的历史性转变。1993年底全省第一次评估时，全省只有两所高校图书馆建有规模较小的独立馆舍，全省高校馆舍面积仅为1.8万平方米、生均面积为1.5平方米。"十一五"期间是海南省高校新馆建设规模最大的历史时期，新建并投入使用的馆舍面积达7.5万平方米，其中海南大学海甸校区图书馆二期工程2.1万平方米、海口经济学院图书馆2万平方米和海南医学院图书馆3.4万平方米，全省本科高校图书馆馆舍面积达到13.8万平方米，比1993年增长6.7倍，比2005年的增长97%，生均馆舍面积由2005年的1.44平方米猛增到1.78平方米、增长23.6%。2009年全省馆舍面积最大的现代化图书馆——海南医学院3.4万平方米图书馆落成并投入使用，至此历经16年全省本科高校图书馆终于实现独立馆舍全覆盖的历史性转变，这也标志着海南高校图书馆的办馆条件迈入新的历史时期。

②经费持续适度增长。"十一五"期间，全省本科高校随着学校规模的增长，图书馆经费投入也同步适度增长，经费投入年均2754万元、比"十五"增长了54.3%，其中文献购置经费增长尤为突出，年均1978万元，纸

质文献购置费年均 1627 万元，比"十五"增长两倍。到 2010 年 8 月底，馆藏文献总量突破 900 万册，其中电子文献 360 万册，比 2005 年增长 2.2 倍，纸质文献 558 万册，生均 71.5 册，纸质文献总量比 2005 年增长 23%，进一步提高了文献保障能力。

③结构合理的专业化人员队伍初步形成。全省高校各级领导把图书馆的专业人员队伍建设作为图书馆的基础建设，公开招聘优秀人才与馆内培养业务骨干相结合，国外考察学习与国内参观交流相结合，组建学历结构、专业结构、年龄结构、职称结构合理的专业化人员队伍。到 2010 年底全省本科高校图书馆在编人数达到 278 人，比 2005 年增加了 13%，其中大专以上学历达到 93%，比 2005 年增加了 3%，本科以上达到 73%，比 2005 年增加了 11%，特别是硕士以上已高达 13%；图书情报和计算机专业人员达到 41%，比 2005 年又增加了 4%；高级职称业务骨干达到 49 人（正高 7人），达到 17.6% 的新高，比 2005 年又提高了 3%，图书馆队伍建设的专业化程度明显提高。

（2）信息服务迈上新台阶

①特色资源库增品种上规模。2002 年启动的"海南地方特色文献数字资源库"建设项目历经 8 年建设，参与学校由原来的 5 所高校扩展到 8 所，由原来的"海南旅游数字资源库"、"海南热带农业数字资源库"、"海南地方文献数字资源库"、"海南热带医学数字资源库"和"海南少数民族数字资源库"等 5 个子项目扩展到 9 个子项目，总数据量首次突破 10 万条大关，达到近 15 万条，由 2005 年的 8 千条记录飙升到近 15 万条增长近 18 倍。

②拓宽科技查新服务。海南医学院是海南省唯一一所省部两级医药卫生科技项目查新咨询单位，经过十年多服务和建设成为海南省医药卫生系统的重要信息咨询机构，年完成科技查新项目多达 300 项以上。海南大学经过多年艰辛努力，于 2009 年获得教育部农业类科技查新资质，海南师范大学图书馆与中国科学院上海分院联合建立科技查新中心，拓宽技术服务领域，这是海南省高校图书馆为海南国际旅游岛建设开局之年奉献的一份厚礼。

第三节　主要经验

一、坚持创新图书馆评估理念

为了全面了解和总结全省高校图书馆在"十五"期间贯彻、执行《海南省高等学校图书馆数字化建设规划（2001—2005）》（琼教高〔2002〕47号）中图书馆建设和服务所取得的成绩和经验，教育厅于2003年以重点科研项目立项的方式，组织全省高校图书馆的专家在充分调查研究的基础上，以全面质量管理的先进理念为指导，历经近两年时间，制定了《海南省高等学校图书馆评估方案（试行）》（以下简称2005年《评估方案（试行）》），并于2005年2月以"琼教高〔2005〕19号"文《关于印发海南省高等学校图书馆评估方案（试行）的通知》下发实施。

1. 全面质量管理的思想和方法介绍

全面质量管理（Total Quality Management，以下简称TQM）作为一种先进的管理思想、管理哲学和管理方法，自20世纪60年代初诞生以来，很快被世界各国所接受。1987年，国际标准化组织（International Organization for Standardization，ISO）在总结各国TQM经验的基础上，制定了ISO9000系列标准。该系列标准迅速被各国标准化机构采纳，在短短十几年的时间里，全世界范围内掀起了实施、应用系列标准的热潮，到21世纪初，全世界已有150多个国家和地区将其等同采用为国家标准，并广泛应用于工业、经济和政府的管理领域。我国也于1994年正式将其等同采用为国家标准，到2005年我国已有100多所高校和教育机构通过ISO9001质量管理体系认证。

TQM思想方法主要体现在"质量管理的八项原则"，要点包括以顾客为关注焦点、"过程方法"和PDCA循环（戴明环）。

"以顾客为关注焦点"是"质量管理的八项原则"中的第一条原则，它突出强调"应当理解顾客当前和未来的需求，满足顾客要求并争取超越顾客期望"，这正是图书馆"读者第一，服务至上"的理念内涵。"过程方法"是指"质量形成于产品实现的全过程。必须使影响产品质量的全部因素在产品实现的全过程中始终处于受控状态",这就是过程管理方法。在过程管理中,TQM 的任何过程都遵循 PDCA 循环(戴明环)的四个阶段:

P(Plan)——策划阶段:根据顾客的要求和组织的方针,为提供结果建立必要的目标和过程。即图书馆要适应读者的要求,通过调查发现图书馆服务中存在的问题和产生问题的主要原因,并制订计划和对策解决问题。

D(Do)——实施阶段:实施过程。即图书馆按照制订的计划、对策和措施去执行。

C(Check)——检查阶段:根据方针、目标和产品要求,对过程和产品进行监视和测量,并报告结果。即图书馆按照计划,检查执行的情况和效果,及时发现和总结计划实施过程中的经验和问题。

A(Act)——改进阶段:采取措施,以持续改进过程业绩。即图书馆根据检查结果,将成功的经验和失败的教训总结出来巩固已取得的成绩,同时防止重蹈覆辙。

美国著名质量管理专家约瑟夫·朱兰曾预言:20 世纪是效率的世纪,21 世纪将是质量的世纪。处于 21 世纪激烈竞争环境中的高等学校图书馆,要想取得竞争优势,唯一的办法就是以服务质量求生存,以服务水平求发展。

2. 海南省图书馆全面评估方案的创新

课题组根据 2002 年《图书馆规程(修订)》、《普通高等学校基本办学条件指标(试行)》》和教育部高等学校图书情报工作指导委员会 2003 年拟订的《普通高等学校图书馆评估指标(征求意见稿)》等有关文件精神和要求,在广泛学习、吸收和借鉴国内外的评估理论和实践经验的基础上,全面研究和探讨 ISO 9000 全面质量管理的先进理念,为海南省 2005 年《评估方案(试行)》的创新起到了指导和借鉴的宝贵作用,具体表现在以下几个方面:

(1)坚持关注读者的服务性原则

①以读者服务为导向。在办馆水平评估中的一级指标共有四个:文献资源建设,自动化、网络化、数字化建设,读者服务和科学管理,而按照分值的高低排列,读者服务的权重最高,分值达到 35 分,其他的依次为自动化、网络化、数字化建设 30 分、文献资源建设 25 分、科学管理 10 分。这从总体

上体现了 2005 年《评估方案（试行）》以读者服务为导向的服务性原则。

②以读者满意为目标。在一级指标读者服务下设置的二级指标读者评价中，增设了三级指标馆务公开及读者满意度。2005 年《评估方案（试行）》规定了与读者沟通的正常渠道形式：读者座谈会、问卷调查、意见簿、电子意见箱和满意度调查等，同时更注重读者意见处理的情况和工作持续改进情况。

③以服务性为原则。"读者第一，服务至上"的思想不仅仅集中体现在读者服务一级指标中，而且渗透于 2005 年《评估方案（试行）》所有的一级指标和二级、三级指标及评分项目中，包括在办馆条件中的购书经费、生均文献拥有量、生均年进书量、生均馆舍面积、阅览座位数与学生数的比例，在办馆水平中现刊种数与在校学生数的比例、电子阅览室多媒体微机数量与在校学生数的比例、年读者借书量、年读者到馆阅览次数，在基本服务中的馆际互借、检索微机数、开放时间、网络服务时间等以及文献加工周期、数据库质量等共计 91 项，这充分显示了为读者服务是图书馆永恒主题的思想和理念。

（2）坚持 PDCA 循环的持续改进原则

2005 年《评估方案（试行）》在模式上也有重大的突破，主要表现在以下几个方面：

①评价方式的创新。要求建立起对图书馆服务的反馈机制和监督机制，为此在"读者服务"一级指标下的读者评价中设立了"与读者沟通及改进工作"和"馆务公开及读者满意度"两个三级指标。在评估的实地测评阶段，专家组也同样要通过召开读者座谈会和开展读者问卷调查等形式直接了解读者对图书馆服务的评价和意见，评估专家组精心编制了《海南省高校图书馆读者问卷调查表》（见：表 3 - 4）。在开展读者问卷调查中，为了保证抽样调查的科学性和准确性，专家组还明确规定了相关要求：第一，确定了统一的样本抽取比例。比例统一是为了确保各个学校图书馆评估的公正和公开。第二，确定读者样本群的范围。读者样本既要有本科生，又要有研究生，还要有教师和科研人员，力争保障问卷调查结果的科学、准确。

表3-4　海南省高校图书馆读者问卷调查表

读者类型：

○学生　　　　○教师

一、馆藏文献资源评价：

1. 您认为本馆的图书文献资源能否满足您的需求？

很满意（　　）　　满意（　　）　　一般（　　）　　较差（　　）　　很差（　　）

2. 您认为书库的图书排架情况怎样？

很有秩序（　　）　有秩序（　　）　一般（　　）　混乱（　　）　很混乱（　　）

3. 您认为目前本馆订购的期刊（包括电子期刊）能基本满足您的需要吗？

很满意（　　）　　满意（　　）　　一般（　　）　　较差（　　）　　很差（　　）

4. 您认为期刊库的期刊排架情况怎样？

很有秩序（　　）　有秩序（　　）　一般（　　）　混乱（　　）　很混乱（　　）

5. 您认为目前本馆订购的电子资源能基本满足您的科研需要吗？

是（　　）　　　　否（　　）

6. 您遇到过本馆已经购买的某种电子资源无法正常使用的情况吗？

经常遇到（　　）　偶尔遇到（　　）　没有遇到过（　　）

综上所述，您对本馆的馆藏文献资源评价为：

很满意（　　）　　满意（　　）　　一般（　　）　　较差（　　）　　很差（　　）

二、服务水平和服务态度评价：

1. 您认为本馆的馆员服务态度：

很有礼貌、很耐心（　　）　　有礼貌、耐心（　　）　　没有礼貌、没有耐心（　　）

在您需要时：能提供足够的帮助（　　）　　不能提供足够的帮助（　　）

2. 您了解本馆提供的以下每一项服务吗？

（1）您使用过本馆主页提供的"电子图书"和"电子全文期刊"服务吗？

不知道有此服务（　　）　　知道此项服务，但没有使用过（　　）

使用过此服务（　　）

（2）您访问过本馆的"书目查询"吗？　有（　　）　　无（　　）

知道如何从网上查询借书记录吗？　知道（　　）　　不知道（　　）

（3）您使用过海南省高校图书馆的网络馆际互借服务吗？

不知道有此服务（　　）　　知道有此服务，但没有使用过（　　）

使用过此服务（　　）

（4）图书馆是否经常定期举行有关查询文献或使用数据库技巧的讲座？

很经常（　　）　　经常（　　）　　一般（　　）　　偶尔（　　）

从来没有（　　）

3. 您对本馆的开馆时间：

很满意（　　）　　满意（　　）　　基本满意（　　）　　不满意（　　）

4. 您对本馆图书和期刊的借阅手续和效率：

很满意（　　）　　满意（　　）　　基本满意（　　）　　不满意（　　）

5. 您对本馆开设的"新生培训"和"文献检索课"的满意程度：

很满意（　　）　　满意（　　）　　基本满意（　　）　　不满意（　　）

综上所述，您对本馆服务水平和服务态度评价为：

很满意（　　）　　　满意（　　）　　　一般（　　）　　　较差（　　）

很差（　　）

三、设备与环境评价：

1. 您对本馆的馆舍环境与阅览环境（安静、整洁、舒适、明亮）感到

满意（　　）　　　　基本满意（　　）　　　不满意（　　）

2. 您能方便、顺利地找到您想去的服务点吗（如方位介绍、指路标牌、读者须知）？

满意（　　）　　　　基本满意（　　）　　　不满意（　　）

3. 您对本馆用于读者服务的网络化设备能否满足您的需求？

满意（　　）　　　　基本满意（　　）　　　不满意（　　）

4. 您对本馆应用于网络资源的设备运行情况满意程度为：

满意（　　）　　　　基本满意（　　）　　　不满意（　　）

综上所述，您对本馆设备与环境评价为：

很满意（　　）　　满意（　　）　　一般（　　）　　较差（　　）　　很差（　　）

四、您对图书馆的总体评价为：

很满意（　　）　　满意（　　）　　一般（　　）　　较差（　　）　　很差（　　）

五、服务需求：

您认为当前图书馆服务工作中存在的最突出问题是什么？

A. 文献量不足，不能满足需要（　　　）

B. 文献信息老化，不能满足需要（　　　）

C. 缺乏馆员指导，自己不能找到需要的资料（　　　）

D. 服务态度不够好（　　　）

2005 年 10 月 18 日

②评估环节的创新。按照 TQM 的 PDCA 循环（戴明环）的四个阶段的完整过程，增加了持续改进阶段。在 2005 年 10 月教育厅下发《关于普通本科高等学校图书馆评估工作的通知》（琼教高〔2005〕129 号）中，明确规定：第一，根据评估中出现的不合格项，由教育厅下发《不合格项通知单》（见：表 3-5），办馆条件不合格项发到学校，办馆水平不合格项同时下发到学校和图书馆；第二，接到《不合格项通知单》的学校和图书馆，要根据《不合格项通知单》的要求填写整改措施和期限；第三，教育厅将在适当的时候组织检查组，根据《不合格项通知单》逐一检查整改完成情况。在 2005 年 10 月全省全面评估中，5 所高校图书馆共有 13 项不合格，其中 3 所高校 6 项严重不合格，为此在持续改进阶段，教育厅于 2006 年 2 月下发了《关于下发普通本科高校图书馆评估工作〈不合格项通知单〉的通知》（琼教高〔2006〕14 号），对 3 所高校的 6 项严重不合格下发了 6 份《不合格项通知单》，并在

2006 年 12 月，又下发了《关于开展本科高校图书馆整改工作督查的通知》
（琼教高〔2006〕138 号），对各高校的不合格项的整改情况进行验证，从而
结束了 PDCA 完整的闭合循环。

表 3-5　海南省高校图书馆评估不合格项通知单

编号：　　　　　　　　　　　　　　　　签发日期：

受评估单位		单位负责人	
不合格项描述：			
不符合"海南省高等学校图书馆评估指标体系内涵及评分标准"条款：			
不合格项种类：○严重　　　○一般　　　○轻微			
纠正措施及实施计划：（应于　　　年　　　月　　　日前完成）			
预定完成日期：　　　　　　负责人：　　　　　　日期：			
纠正措施及实施计划的验收：　　　　　　　　　　　　　签章：　　　　　　日期：			

注：办馆水平（B—E）不合格的，受评估单位为图书馆，单位负责人一栏即填写馆
长姓名；办馆条件（A）不合格的，受评估单位为学校，单位负责人一栏即填写校领导
姓名

二、逐步完善图书馆评估机制

进入 21 世纪随着海南省经济、社会、文化的发展和海南省高等教育事业
的快速发展，海南省高校图书馆事业也跨进升格转型的新阶段，与此同时全
省高校图书馆评估工作在评估检查的实践中不断深化和升华，逐步形成"政
府主导、图工委协调，科研先行、专家保障，上下联动、层层把关"的评估
机制。

1. 政府主导、图工委协调

（1）政府主导

①贯彻执行政府法规性文件。教育部于 1981 年 10 月颁布第一部普通高等学校图书馆法规性文件——《中华人民共和国高等学校图书馆工作条例》［（81）教高一字〔057〕号］，国家教育委员会于 1987 年 7 月颁布了《普通高等学校图书馆规程》（教材图字〔1987〕009 号），接着教育部又对 1987 年的《规程》进行修订，于 2002 年 2 月颁布《普通高等学校图书馆规程（试行）》（教字〔2002〕3 号）。

海南省教育厅极为重视教育部颁布高校图书馆规程的宣传和贯彻执行，特别是 2002 年 2 月教育部颁布《图书馆规程（试行）》以后，教育厅即刻下发转发通知。接到教育厅的转发通知后，图工委立即召开图工委委员专题会议，在学习和讨论中，大家一致认为，2002 年《图书馆规程（试行）》是在 1987 年颁布的《规程》的基础上，更加突出了 21 世纪高校图书馆的时代特征。会议还要求各馆要有计划地安排和组织本馆职工学习 2002 年《图书馆规程（试行）》，提高对 2002 年《图书馆规程（试行）》的法理性、导向性、规范性和时代性的认识，同时着手筹办全省高校图书馆部主任以上业务骨干的培训班。2003 年 4 月由图工委主办、琼州大学图书馆承办的"海南省高校图工委《规程》培训班暨数字化图书馆建设研讨会"在五指山市成功举办，教育部图工委委员安邦建做了"全面贯彻落实新《规程》，加快我省高校图书馆现代化建设步伐"的专题报告。

除了 2002 年《图书馆规程（试行）》以外，2004 年教育部颁布的《普通高等学校基本办学条件指标（试行）》（教发〔2004〕2 号），教育部办公厅下发的《普通高等学校本科教学工作水平评估方案（试行）》（教高厅〔2004〕21 号），以及教育部 2008 年颁布的《高等职业院校人才培养工作评估方案》（教高〔2008〕5 号）中有关图书馆的相关评估标准也同样具有政府的律令性。

②教育厅组织领导评估的全过程。教育厅根据 1987 年颁布的《规程》的第三十四条"各级教育行政部门应对各高等学校执行本规程的情况进行检查和评估"的要求，自 1992、1993 年全省第一次评估开始，到 2015 年审核

评估为止共进行了 8 次评估，每一次评估从制订评估方案着手，首先在教育厅年度科研项目中立项，项目完成后组织专家评审，评审通过后教育厅正式下文颁布实施。评估的实施更是从领导机构到专家组，从各校自评到实地测评，从评估总结大会到评估总结通报、评估整改安排和评估整改通报，都由教育厅正式下发文件。在自动化建设和网络化建设期间，教育厅评估与检查共下发文件至少 10 份，而"十一五"期间教育厅评估与检查下发文件高达 7 份。每次评估总结表彰大会都有厅长或主管副厅长、高教处处长出席会议并做总结讲话。

教育厅通过评估进一步加强对高校图书馆宏观指导，更加强化了政府在图书馆建设中的主导作用。在 1992 年、1993 年全省高校图书馆办馆条件和办馆水平评估之后，教育厅提出图书馆现代化建设是海南省高等学校"投资少、见效快、效益大的基础建设，下决心抓紧抓好"的发展战略，确定"以图书馆自动化建设为突破口，全面推动图书馆的资源建设和读者服务工作"的图书馆建设指导思想。自 1995 年海南省高校图书馆历经"九五"、"十五"自动化、网络化和数字化建设，取得的跨越式快速发展历程，验证了教育厅决策的科学性和预见性。

（2）图工委协调

①组织评估的宣传培训。根据"十二五"规划的安排，教育厅决定 2015 年下半年开展全省高校图书馆评估，2015 年 4 月 17 日教育厅正式下发《关于开展全省高校图书馆审核评估工作的通知》（琼教高〔2015〕46 号），该通知后附《海南省高等学校图书馆审核评估方案（试行）》。教育部 2011 年 10 月颁布的《关于普通高等学校本科教学评估工作的意见》（教高〔2011〕9 号）中第一次提出"院校评估包括合格评估和审核评估"，2013 年底教育部下发《关于开展普高学校本科教学工作审核评估的通知》（教高〔2013〕10 号），第一次正式颁布实施《普通高等学校本科教学工作审核评估方案》。全省高等学校图书馆审核评估是海南省高校图书馆评估的一次新的尝试、新的突破，也是海南省第一次本科院校和高职高专院校图书馆同步评估，更是海南省高职高专院校图书馆第一次非专项评估，为此高校图工委根据教育厅的"通知"要求，2015 年 4 月 24 日由图工委学术委员会、高职高专委员会和海南大学联合在海南大学图书馆举办"海南省高校图书馆审核评估方案宣

讲暨培训会议"，参会人员为全省 17 所高校图书馆的全体馆、部级业务骨干和填报教育部高校图工委"事实数据库"人员近百人。会议分为两个单元进行，第一单元宣讲和解读审核评估方案编制背景、依据和方案的体系结构及主要改革创新点，第二单元是全国高校图工委"事实数据库"填报辅导。海南省高校图工委根据教育厅评估的安排组织此类评估方案宣讲与培训自"八五"评估开始一直延续到"十二五"评估，这也成为省高校图工委在迎评促建中的突出工作特色和亮点。

②开展评估的专题研讨。为了进一步推动全省高职高专院校图书馆做好第一次审核评估的迎评促建工作，图工委高职高专委员会主办的"全省高职高专院校图书馆审核评估工作研讨会"，于 2015 年 10 月在海南职业技术学院图书馆举办，30 余位来自全省高职高专图书馆的馆长及相关工作人员参加了会议。本次会议通过专家报告、交流互动等形式，提升与会业务骨干对审核评估的重要意义的认识，探讨审核评估存在的问题和对策，从而促进全省高职高专院校图书馆审核评估工作的有序开展。

会议由高职高专委员会副主任、海南职业技术学院图书馆王海馆长主持，学术委员会的三位专家做了专题报告：图工委副主任、学术委员会主任安邦建的《海南省高校图书馆审核评估自评报告撰写要点》、图工委副主任、高职高专委员会主任赵会平的《问卷调查与事实数据库统计汇报》、图工委顾问王永喜的《读者服务与图书馆评估》。三位专家的报告重点探讨了"自评报告撰写""业务数据统计与分析""读者服务创新"等问题，对各馆迎评工作给予了具体的指导意见和建议。

③解决迎评促建的突出问题。"十五"期间，全省共购置纸质文献 120.7 万册，相当于海南省各高校图书馆建馆以来数十年文献的累计总量，图书馆面临文献加工、分编、建库、上架，以及广大师生迫切要求尽快阅读最新的图书资料的双重压力，也是各高校图书馆迎评促建的艰巨任务。在这紧急关头省高校图工委做出果断的决策，全省高校图书馆集体参加 CALIS 的联机编目，利用海南省高校图书馆的优越的网络环境，充分利用 CALIS 的书目资源，加快文献分编的速度。2001 年 1 月全省高校图书馆编目人员参与了 CALIS 编目中心的培训，海南省所有高校图书馆都成为 CALIS 编目中心的 C 级成员馆，这标志着海南省编目工作进入了网络化的书目资源共享的新阶段。

70% 以上的新书可直接利用 CALIS 编目数据，这不仅仅加快了建立数据库的速度，解决了海南省高校图书馆在迎评促建中大批新书急需编目加工的燃眉之急，而且成为更有效地保证编目质量的长久之策。

2. 科研先行、专家保障

（1）科学研究推动自动化、网络化建设

"八五"末期，根据海南省高等教育事业发展的需要，全省高校图书馆自动化建设要求在"底子薄、投入少、时间短、技术缺"的情况下实现跨越式快速发展。为此，教育厅在指导整个自动化、网络化建设进程中，制订发展规划、技术规范、工作规则、评估体系时，十分重视以科学研究为先导，并坚持将科学研究与建设实践紧密结合。在实现全省高校图书馆自动化、网络化建设阶段，共批准 6 项科学研究课题立项。《网络化建设规则》《共建方案》《共享方案》《互借规则》《自动化评估方案》《网络化评估方案》等成果，均成为建设实践全过程中指导性的文件，这样就确保了整个自动化、网络化建设在探索的道路上取得了比较满意的效果。

（2）专家智慧保障自动化、网络化建设

教育厅十分重视发挥专家的参谋咨询作用，成立了自动化建设专家指导小组和文献资源建设小组。先后四次组织专家外出考察，依靠专家制订自动化、网络化建设规划、评估方案，有关业务和技术方面的问题均充分听取专家的意见，并放手发挥专家组的作用。因此，保证了全省高校图书馆自动化、网络化建设高规格、高效益、高速度。

与此同时，省内专家与应用系统专家相结合共同开发 ILAS 网络版和馆际互借模块也是海南省网络化建设的成功经验。为了保障 ILAS 应用系统适应海南省高校图书馆网络化建设发展的需要，"省高校图书馆自动化建设小组"集中全省高校图书馆的专家意见，提出网络化建设目标和技术要求方案，与 ILAS 技术专家共同开发具有海南特色的 ILAS 网络版——ILAS2。ILAS 技术专家经过多次试验、开发和反复修改，1999 年 5 月终于开发出具有海南特色"分布式建库、广播式检索"的 ILAS2，2000 年 5 月全省高校图书馆全部安装 ILAS2，标志着全省高校图书馆网络化建设取得了阶段性成果，接着"省高校图书馆自动化建设小组"专家又与 ILAS 提出共同开发馆际互借模块技术方案，经过双方专家的共同努力 2001 年初完成馆际互借模块的测试，2001 年 4 月起全省高校图书馆先后安装了馆际互借服务软件，为海南省全面开展馆际互借服务提供了技术保障。

"九五"建设的成功经验，得到教育厅领导的充分肯定和高度评价，并在"十五""十一五""十二五"高校图书馆建设中，特别是在制定评估方案中得到继承和发扬（见：表 3-6）。

表 3-6　省教育厅科研立项高校图书馆评估方案一览表

结题时间	评　估　方　案　名　称	主持人	
		姓名	职称
1997	海南省高校图书馆自动化建设评估方案	安邦建	副研究馆员
2001	海南省高校图书馆网络化建设评估方案	姚二团	副研究馆员
2005	海南省高等学校图书馆评估方案（试行）	安邦建	研究馆员
2009	海南省高职高专院校图书馆网络化建设评估实施细则	黄玉华	研究馆员
2014	海南省"十二五"普通高等学校图书馆评估指标	张红霞	研究馆员
2015	海南省高等学校图书馆审核评估方案（试行）	安邦建	研究馆员

3. 上下联动、层层把关

在"十五"《数字化建设规划》进入到中期的关键节点——2003 年，教育厅就开始谋划全省"十五"规划完成的评估检查工作。2003 年 3 月，教育厅以琼教高〔2003〕24 号文确定了"海南省普通高等学校图书馆评估指标体系"为年度重点资助的科研课题。课题组由教育部高校图工委委员、海南大学图书馆安邦建主持。这是海南省进入 21 世纪进行的第一次本科高校图书馆的全面评估，距 1992、1993 年的第一次全省高校图书馆评估已过去整整 10 年。

（1）集中全省图书馆专家，展开全面图书馆调查

①组织跨校专家组。课题组由全省 7 个单位的 8 名副高以上的专家组成，其中既有资源建设、读者服务、信息服务专家，也有信息技术专家；既有馆长、部主任，也有第一线的青年骨干。课题组分为办馆条件，文献资源建设、自动化、网络化、数字化，读者服务和科学管理五个组。为了收集国外有关

图书馆评估资料，还从海南大学抽调了外语专业的馆员。

②开展相关资料调查。一是对全省本科各高校图书馆自 1999 年起 5 年内的相关数据调查，为课题组制定指标体系提供准确的数据；二是收集经济发达省份、中等省份和与海南省相近省份制定的高校图书馆评估指标体系，作为制定海南省评估指标体系的借鉴；三是收集国内有代表性的图书馆评估的研究论文，为课题组制订方案提供理论和方法支持；四是收集并翻译国外有代表性的图书馆评估方案。

全省各高校图书馆非常支持课题组的调查，安排专人逐一填写调查表，并组织专人进行核实，最后馆长审核后签字盖章上报。

（2）各馆组织全员讨论方案，图工委精心组织层层把关

①全员讨论精心修改。课题组经过一年的艰辛努力 4 次修改，2004 年 9 月提交征求意见稿报送图工委秘书处。为了广泛征求意见，图工委将征求意见稿下发到各馆，并要求各馆认真组织全体馆员讨论提出修改意见，课题组根据图工委汇总的全省提出的修改意见认真讨论和修改，形成修改稿。图工委组织馆长和业务骨干对修改稿召开专题会议进行讨论，图工委将讨论意见再次提交课题组，课题组将第二次修改稿提交图工委常委会进行讨论，课题组根据常委会的意见进行最终修改，于 2004 年 12 月将第三次修改稿送交图工委最终完成图工委的审核程序，图工委将送审稿提交省教育厅审批。

②顺利完成两次评估。2005 年 2 月教育厅以琼教高〔2005〕19 号《关于印发海南省高等学校图书馆评估方案（试行）的通知》正式下发了"评估方案"。2005 年 5 月该课题通过了教育厅结题评审。根据此评估方案先后于 2005 年 10 月 18 日至 28 日对海南大学、华南热带农业大学、海南师范学院、海南医学院、琼州大学，和 2010 年 12 月 9 日至 16 日对海南大学、海南师范大学、海南医学院、琼州学院、海南大学三亚学院等 5 所图书馆顺利完成两次全面水平评估工作。

三、建立健全图书馆评估制度

20 世纪末，国际标准化组织相继颁布以建立质量管理体系为核心的"信息与文献"系列标准，特别是有关图书馆服务与评估相关标准 ISO2789 国际图书馆统计、ISO11620 图书馆绩效指标、ISO/TR20983 图书馆电子服务的绩

效指标等，更为海南省高校图书馆建立具有海南特色的图书馆评估制度指明方向。

1. 国际"信息与文献"系列标准的先进理念

国际标准化组织于1998年颁布了ISO11620图书馆绩效指标，这标志着国际图书馆界的全面质量管理向以工作质量为核心，包括工作数量、工作时限和工作效益的绩效管理拓展。

（1）ISO信息与文献系列标准的发展

①ISO信息与文献系列标准介绍。国际标准化组织第46技术委员会——"信息与文献"（Information and Documentation）的第八分会——"质量—统计与绩效评估"（Quality—Statistics and Performance Evaluation），自20世纪80年代以来就非常关注世界图书馆事业的质量管理和绩效评价，从1991年开始相继颁布以建立质量管理体系为核心的"信息与文献"系列标准（以下简称"ISO信息与文献系列标准"），到2003年ISO信息与文献系列标准按颁布年代顺序排列如下：

A. ISO2789：1991《信息与文献——国际图书馆统计》（Information and documentation—International Library Statistics）；

B. ISO9707：1991《信息与文献——统计资料的产生和图书、报纸、期刊和电子出版物的分布》（Information and Documentation—Statistics on the Production and Distribution of Books Newspapers, Periodicals and Electronic Publications）；

C. ISO11620：1998《信息与文献——图书馆绩效指标》（Information and Documentation—Library Performance Indicators）；

D. ISO5127：2001《信息与文献——词汇表》（Information and Documentation—Vocabutary）；

E. ISO/TR20983：2003《信息与文献——图书馆电子服务的绩效指标》（Information and Documentation—Performance Indicators for Electronic Library Services）。

以上五种ISO信息与文献系列标准中，《国际图书馆统计》第5版于2013年8月颁布、《图书馆绩效指标》第3版于2014年5月颁布。

②实施信息与文献系列标准的基础是统计工作。图书馆的服务质量水平是以图书馆的文献信息资源、设备资源和人力资源的利用率的高低决定的，因此规范图书馆的统计指标和统计方法，才能比较和区分各类型图书馆的服务质量和服务效益的发展状况和优劣，因此要保证图书馆的服务质量和持续改进服务质量，统计工作是图书馆必不可少的基础性工作。所以，在 20 世纪 90 年代颁布的第一个信息与文献系列标准是 ISO2789：1991《国际图书馆统计》，该标准 2013 年 8 月已发布第 5 版。

③实施信息与文献系列标准的关键是绩效评价。对图书馆服务质量和业务工作的质量的优劣判断要有一套科学、系统的监测和评价体系，只有这样各个图书馆才能根据自身的工作实际和特点制定一套自我约束、自我诊断、自我完善的质量保证体系。所以，科学、准确地学习、把握和执行 ISO11620：《图书馆绩效指标》和 ISO/TR20983：《图书馆电子服务的绩效指标》是图书馆建立质量保障长效机制的关键和前提。

（2）ISO 图书馆绩效指标的大服务理念

①ISO 图书馆绩效指标的双重特点。ISO11620《信息与文献——图书馆绩效指标》（*Information and Documentation—Library Performance Indicators*），于 1998 年 4 月 1 日颁布执行，2014 年 5 月已发布第 3 版。ISO11620 图书馆绩效指标作为图书馆工作业绩的评价依据和规范，具有双重特点：一方面，它不是纯粹的理论，只是评价的原则、内容以及项目等的具体规定，具有律令、模式的形式，带有明显的指令性和操作性。另一方面，它又以理论原则为依据，为理论体系所支撑，是理论体系的浓缩化、结晶化。因此，从理论意义上来说，它不只是一套具体而细微的操作规范，而且隐含着特定的理论的指导性和原则性。图书馆绩效指标在正文中开宗明义指出图书馆是"以收藏文献信息并通过员工的服务来促进这些文献信息的利用，满足读者的信息、研究、教育或娱乐需要为主要目标的组织或组织的一部分"；该标准制定的目的，"是行使其作为工具的职能来评估图书馆所提供的服务和开展的其他活动的质量和效力，并评估图书馆为开展这些服务和活动所配置资源的效率"。一言以蔽之："用户第一，服务至上"，我们把它概括为 ISO11620 绩效评价的根本原则——服务性原则。服务性既是 ISO11620 在 20 世纪末所倡导的管理理念，更是统驭该标准洋洋万言的理论原则。

②ISO 图书馆绩效指标体系结构。从 ISO11620 的"附件 A：图书馆绩效指标表"（List of Performance Inicators for Libraries）（见：表 3－7）可以看出 ISO11620 图书馆绩效指标的指标体系分为三级。一级指标（测评对象）5 项：用户评价、公共服务、技术服务、服务改善和用户服务的人力资源配备（附件 B 参考号分别为 B1、B2、B3、B4 和 B5）。二级指标 13 项（附件 B 参考号，凡数字编码为两位数字的指标均为二级指标），其中，用户评价有 1 项：用户满意度，公共服务有 9 项：服务可获得性、文献提供、文献检索、文献外借、馆际互借、咨询和参考服务、信息查询、读者教育、设备，技术服务有 3 项：文献采访、文献加工、文献编目。三级指标共 29 项，附件 B 参考号凡数字编码为三位数字的指标均为三级指标（见：表 3－7）。

表 3－7　图书馆绩效指标表

图书馆服务和活动	绩效指标	附件 B 参考号
用户评价		**B. 1**
基本情况		B. 1. 1
	用户满意度	B. 1. 1. 1
公共服务		**B. 2**
基本情况		B. 2. 1
	目标人群到馆率	B. 2. 1. 1
	用户人均成本	B. 2. 1. 2
	人均到馆率	B. 2. 1. 3
	到馆平均成本	B. 2. 1. 4
文献的提供		B. 2. 2
	文献获取的有效性	B. 2. 2. 1
	需求文献获取的有效性	B. 2. 2. 2
	需求文献在馆藏中的百分比	B. 2. 2. 3
	需求文献获取的时效性	B. 2. 2. 4
	文献在馆内的人均利用率	B. 2. 2. 5

续表

图书馆服务和活动	绩效指标	附件 B 参考号
	文献利用率	B. 2. 2. 6
文献检索		B. 2. 3
	闭架文献索取的时间	B. 2. 3. 1
	开架文献索取的时间	B. 2. 3. 2
文献借阅		B. 2. 4
	馆藏流通量	B. 2. 4. 1
	人均外借次数	B. 2. 4. 2
	人均外借文献册数	B. 2. 4. 3
	平均外借成本	B. 2. 4. 4
	员工平均外借次数	B. 2. 4. 5
外部资源的文献传递		B. 2. 5
	馆际互借速度	B. 2. 5. 1
咨询和参考服务		B. 2. 6
	正确回答满足率	B. 2. 6. 1
信息查询		B. 2. 7
	题名目录检索成功率	B. 2. 7. 1
	主题目录检索成功率	B. 2. 7. 2
读者教育		B. 2. 8
	本国际标准中无指标	
设备		B. 2. 9
	设备的有效性	B. 2. 9. 1
	设备的利用率	B. 2. 9. 2
	座位占有率	B. 2. 9. 3
	自动化系统的有效性	B. 2. 9. 4
技术服务		**B. 3**

续表

图书馆服务和活动	绩效指标	附件 B 参考号
文献采访		B. 3. 1
	文献采访的时间	B. 3. 1. 1
服务、活动及被测对象	绩效指标	附件 B
文献加工处理		B. 3. 2
	文献加工处理的时间	B. 3. 2. 1
文献编目		B. 3. 3
	每种文献编目平均成本	B. 3. 3. 1
服务改善		**B. 4**
	本国际标准中无指标	
用户服务的人力资源配备		**B. 5**
	本国际标准中无指标	

③ISO 图书馆绩效指标的大服务理念。ISO11620 的第一个测评对象是用户评价，其指标就是"用户满意度"，反映用户对图书馆公共服务或图书馆的整体服务的满意程度，评价范围包括：开放时间、学习设备、文献的有效性、馆际互借服务、咨询参考服务、用户培训、图书馆员工的服务态度以及图书馆整体服务。图书馆的服务质量优劣要由用户来评判，是对我国长期以来所形成的服务的好坏由图书馆根据自己的知识基础和操作经验来界定的旧意识的否定。其他四个测评对象分别从公共服务、技术服务、服务改善和用户服务的人力资源配备来展开，把图书馆所有工作都囊括于服务中，充分显示了 ISO11620 的大服务理念，这既是对图书馆"以人为本"服务理念的新的诠释和升华，又是图书馆工作重心从文献管理向用户服务转化的标志。

2. 建立具有海南特色的图书馆评估制度

从 1991 年国家教委下发《关于开展普通高等学校图书馆评估工作的意见》（教备〔1991〕79 号）后，海南省教育厅即刻认真学习、积极筹划和组织 1992—1993 年第一次全省高校图书馆评估工作以来，到 2015 年底开展了全国第一个区域性高校图书馆审核评估，在 25 年评估实践中，历经全国统一评估—围绕规划的统一评估—审核评估的被评估—自我评估的升华，标志着全省高校图书馆评估工作已朝着建立起以规划为先导、以图书馆自我评估为基础、以全省周期性评估为引领、以事实数据常态监测为主要内容的全省高校图书馆评估制度的新阶段迈进。

（1）自我评估与数据监测相结合，建立服务质量保障体系

自 2005 年全省高校图书馆开展"十五"建设全面评估以来，教育厅始终坚持和倡导"建立高校图书馆自我约束、自我诊断、自我完善的服务质量保障体系，形成以自我评估为主的新常态"的评估指导思想，这也是建立高校图书馆评估制度的最佳状态和最终目标。

按照 TQM 的 PDCA 循环（戴明环）的四个阶段的完整过程和高校图书馆服务的客观规律，根据海南省"图书馆审核评估方案"的要求，高校图书馆服务质量保障体系一般包括：管理规范系统、数据监测系统和持续改进系统三个子系统。

①自我约束——管理规范系统。图书馆管理规范系统实际就是一套完整的管理文件体系。

第一，基本内容：应包括图书馆的管理职责、资源管理、用户服务实现以及服务质量监控、分析和改进四个基本内容。规范系统应覆盖图书馆的各个部门和各个业务环节，不留任何死角。在"图书馆审核评估方案"中，"3.2 机构与制度"，要求"有健全的规章制度，包括业务、服务和管理等规章制度"。

第二，实现目标：应达到管理文件化、工作程序化和检查日常化三个目标。所谓管理文件化是指要制定符合图书馆实际的规范化的管理制度。工作程序化是要明确做什么（What）、谁来做（Who）、什么时候做（When）和怎样做（How）。检查日常化就是将评价与检查经常化，要建立个人自查、部主任检查、馆领导抽查和测评的三级检查制度。

②自我诊断——数据监测系统。监测系统不仅要对图书馆管理结果进行监测，更要对业务工作和用户服务过程进行监测，尤其要建立系统的监视和测量规范。

第一，基本内容：应包括用户满意、数据统计、数据填报和数据分析四个基本内容，同时应根据这四个内容分别制定相关文件和操作规范。

第二，规范要求：要制定用户满意度调查方式、用户满意度调查表、调查的频率、抽样调查的取样和改进程序。要制定数据统计制度、数据填报责任制度、数据检查通报制度和数据学习培训制度和实施方案。在"图书馆审核评估方案""3.3 质量与效率"中规定的"质量监控：完成"十二五"规划目标任务情况；建立质量监控长效机制，主要工作环节和服务环节有明确检测标准和检查措施"和"数据填报：按期填报'教育部高校图书馆事实数据库'和'海南省高校图书馆读者服务月报表'"等都是对建立"数据监控系统"的具体要求。

第三，建立事实数据填报制度。为了扭转海南省部分高校图书馆不重视教育部高校图书馆事实数据库的填报工作的情况，图工委秘书处把事实数据库填报工作的制度建设作为全省高校图书馆的日常重点工作着力抓紧抓好：一是填报责任制度。秘书处从制度建设入手，着手建立"馆长负责、专人填报"制度，在上报教育部高校图书馆事实数据库的同时报送图工委秘书处，并做到填报人签字、馆长认真审核后签字。二是检查通报制度。图工委秘书处每年 4 月按期检查全省高校图书馆事实数据填报情况，并在图工委常委会议上通报检查结果。三是学习培训制度。图工委不定期开展事实数据库填报人和办公室负责人培训，培训内容包括数据收集和上机操作两个部分，时间100 分钟，自 2010 年以来全省高校图书馆填报高校图书馆事实数据库工作有了根本性好转。

③自我完善——持续改进系统。持续改进系统就是不断进行 PDCA 循环的过程。

第一，建立与阶段性总结相结合的编制《事实数据分析报告》制度。编制高校图书馆"事实数据分析报告"是开展自我评估、建立健全高校图书馆服务质量保障体系的一项基础性工作，也是充分利用"教育部高校图书馆事实数据库"的数据，开展数据分析，持续改进图书馆服务水平和服务效益的重要举措。

第二，编制《事实数据分析报告》的要求。高校图书馆《事实数据分析报告》应以海南省"图书馆审核评估方案"为依据，在自我评估基础上完成，并作为高校图书馆审核评估专家考察的重要依据。《事实数据分析报告》在充分分析和认真总结提炼的基础上，紧扣图书馆服务工作，分析基本状态，突出改革创新亮点、成就和经验，准确把握存在的问题，针对影响服务质量的突出问题，分析主要原因，提出解决问题的措施及建议。

《事实数据分析报告》在五年规划建设期内上报两次，分别在规划建设的中期和末期。《事实数据分析报告》内容要详略得当，格式可灵活多样，报告中要完整、如实体现相应支撑数据，字数一般不超过 1 万字。

各高校图书馆要高度重视《事实数据分析报告》编制工作，实行馆长负责制，以编制《事实数据分析报告》为契机，不断提高图书馆人才培养、科学研究、社会服务、文化传承的服务水平和服务效益。

以上三个系统是质量保障体系的子系统，它们是相互依赖、相互依存的，构成层次分明、完整的图书馆服务质量保障体系：管理规范是基础，数据监测是关键，持续改进是目标，形成服务质量保证体系的完整的闭合循环。

（2）以评估与检查为杠杆，保障规划的实施与制订

在教育厅直接领导和组织下，1995 年海南省高校图书馆编制了第一个区域性建设规划《海南省普通高校图书馆计算机网络建设规划》，在"九五"、"十五"、"十一五"、"十二五" 20 年的建设和发展中，先后制订规划 8 个，其中专题规划 4 个、中期规划 4 个，形成了"统一规划、协作共建、整体发展、注重效益"的海南高校图书馆的发展模式。

①实施与规划相匹配的检查、评估体系

第一，"三化建设"专题规划的单项评估。1994 年 9 月教育厅成立"海南省普通高校图书馆自动化建设小组"，为了落实教育厅提出的图书馆现代化建设是海南省高等学校"投资少、见效快、效益大的基础建设，下决心抓紧抓好"的发展战略，1995 年在"省自动化建设小组"的直接组织下，海南省高校图书馆制订第一个区域性专题建设规划——《海南省普通高校图书馆计算机网络建设规划》三年规划，拉开了承载全省"争取三至五年时间，办馆水平再上一个台阶"历史使命的自动化建设大幕。接着在"九五"、"十五"期间在相继开展的网络化和数字化建设中，又先后制订了《海南高校图书馆网络化建设规划（1998—2000）》和《海南高校图书馆数字化建设规划（2001—2005）》两个专题规划。为了全面推进"三化建设"专题规划的实施，分别进行了 3 次单项检查，特别是开展 3 次单项评估，分别在规划完成后的 1997 年、2001 年和 2004 年，分别开展了自动化、网络化和数字化 3 次

单项评估工作。

第二，"十五"、"十一五"中期规划的全面评估。除了自动化和网络化建设制订了3—4年的短期规划以外，自"九五"开始，海南省高校图书馆制订与国家经济、社会发展五年计划同步的中期规划，包括1998年《海南普通高等学校图书馆建设"九五"规划》、2002年《海南高校图书馆数字化建设规划（2001—2005）》、2007年《海南省高等学校图书馆"十一五"发展规划》和2012年《海南省高等学校图书馆"十二五"发展规划》4个中期规划。在实施"十五"、"十一五"规划期间，全省分别于2003年、2007年都组织了规划实施中期检查，规划完成后分别于2005年、2010年开展了全面水平评估。

②评估与检查对规划实施与制订的保障

第一，评估与检查对规划实施的保障。根据全面质量管理（TQM）的管理思想和管理方法，在规划实施过程管理中，TQM的任何过程都遵循PDCA循环（戴明环）的四个阶段。

在规划完成制订即"P（Plan）——策划阶段"后，进入第二个阶段即"D（Do）——实施阶段"图书馆按照规划制订的计划、对策和措施去执行，第三个阶段"C（Check）——检查阶段"即为省教育厅组织的评估与检查，其目的是按照规划评价执行的情况和效果，及时发现和总结计划实施过程中的经验和问题。对于出现的问题根据问题的严重程度决定是否下发《不合格项通知单》，最后进入第四阶段"A（Act）——改进阶段"，即教育厅组织的整改检查，促使图书馆根据检查结果，将成功的经验和失败的教训总结出来巩固已取得的成绩，同时防止重蹈覆辙，在2005年和2010年两次评估中教育厅都下发《不合格项通知单》，并在评估结束后的第二年进行整改检查，验证整改结果，同时下发整改通报，这样完成规划过程管理的全过程。以上完整的PDCA循环（戴明环）的四个阶段，体现了海南省两次评估对实施"十五"、"十一五"规划的监控和保障作用。

第二，评估与检查对规划制订的保障。以上2005年和2010年两次评估和整改检查不仅对完成"十五"、"十一五"规划起到监控和保障作用，而且对制订下一个五年规划提供了大量的科学数据、成功经验以及用户的新需求、新期盼。遵循PDCA循环（戴明环）的四个阶段，在第一个阶段"P

（Plan）——策划阶段"要"通过调查、发现图书馆服务中存在的问题和产生问题的主要原因"，制定发展目标和解决问题的对策、措施，因此，从这个意义上来说图书馆评估就是对图书馆发展状况的一次全面调查，为科学制订下一个规划提供强有力的保障作用。

评估对本期规划实施和下期规划制订起到双重保障作用，为两个相衔接的规划起到承上启下的链接作用，使得两个闭合的 PDCA 循环（戴明环）成为开放的环环相扣、层层推进的图书馆整体发展的链条，这也正是"以规划为先导、以评估为保障，强化服务、注重效益，推动全省高校图书馆整体发展"的"海南模式"的规划与评估双轮驱动内在机制。

作者简介

安邦建，历任兰州大学图书情报学系系主任，兰州大学图书馆副馆长，教育部高等学校图书情报工作指导委员会第一、二届委员，海南省高校图书情报工作委员会副主任，海南省高校图书情报工作委员会学术委员会主任，海南大学图书馆馆长，海南政法职业学院图书馆馆长。在学术研究方面出版著作 4 部（其中 2 部获省部级三等奖），发表论文 30 余篇，获省部级三等奖 4 项。

林密，海南大学图书馆馆员。作为主要成员参与省厅级科研项目 3 项，获得海南省高等学校优秀科研成果二等奖 1 项。发表论文 5 篇。

第四章

学术交流激发馆员科研兴趣
启迪馆员科研智慧

◇ 李 春

　　学术交流有交流信息、开阔视野、掌握新知的作用，"学术交流的最终目的是使科学信息、思想、观点得到沟通和交流"。2004 至 2015 年，中国图书馆事业发展的最高权威学术机构，中国图书馆学会、教育部高等学校图书情报工作指导委员会、国家科技图书馆（中国科学院文献情报中心）牵头举办的学术活动可谓真正意义上地"提高了学术交流的质与量的效果"，开展国内外学术交流，促进学科发展，引领和推动了全国范围内图书情报学科学术的繁荣，通过学术交流拓展的学术研究促使国内图书馆事业发展，缩短了与国外图书馆之间的差距，强力推动了国内图书馆建设的整体发展。海南省高校图书馆在这期间从传统图书馆普遍转型到自动化、数字化、网络化、信息化、智能化建设中，更呈现出学术研究硕果累累景象。

第一节　海南省高校图工委组织参加国内外学术交流会议

　　海南省高校图工委为了本省高校图书馆与国内高校图书馆建设保持同步发展，除了举办本省学术会议和全国性学术会议外，组织各专业委员会、各馆馆长及业务骨干参加全国乃至国际的学术交流会议，并将其纳入图工委常态化工作中。以图工委文件形式组织参加的全国学术交流会议主要有：教育部高等学校图书情报工作指导委员会举办的学术会议、中国图书馆学会举办的学术会议、中国图书馆学会高校分会举办的学术会议、中国科技图书馆举办的学术会议、OCLC（国际联机计算机图书馆中心）举办的学术交流活动、CALIS中心举办的学术交流活动、中南六省区高校图书馆学术年会，等等。十多年间，海南高校图书馆馆长、业务骨干通过参加学术交流会议，开阔了学术研究视野，激发了创造性思维，突破了知识领域的局限，将学术交流会议中先进的学术观点、学术思想和工作经验带回海南，避免了闭门造车的弊端。通过积累，在学术研究方面形成了系列研究成果，这些研究成果大部分成为推动海南高校图书馆事业发展的理论依据和实际操作依据，成果涵盖政策与规划、评估体系、创新服务、信息素质教育、阅读推广、文化内涵建设、数字资源建设、机构知识库联盟建设、教育科研数字图书馆建设等方面。

一、中南六省区高校图书馆学术年会的主题及专题报告分析

中南六省区高校图书馆包含海南省、湖北省、湖南省、广西壮族自治区、广东省、海南省，1989年始自发组建举办"中南六省区高校图书馆学术年会"。学术年会由六省区高校图工委轮流主办，其目的是为六省区高校图书馆馆员搭建学术交流平台，旨在进一步加强中南六省区高校图书馆同仁之间的学习交流和增强同行间的友谊，共同提升图书馆服务效能和促进六省区高校图书馆的事业发展。从2005年到2015年共举办11场次，其中海南高校图工委举办了2场次。

为了使各省馆员在学术年会上收获到最前沿的学术信息，让每位参会馆员"不虚此行"，六省区高校图工委在举办每年的"学术年会"时，对主题的确定、专家的选择、会议的形式等都做深邃思考。邀请的专家均为全国图书馆学术界造诣高、有影响的领军人物，其专题报告为参加学术会议的馆员在学术研究上起到了启迪、激励、开阔学术视野的作用。参会馆员们不但在学术研究方面有很大的提升，对本省本馆事业发展也做出了尽有的贡献，使六省区高校图书馆事业取得长足发展。

"中南六省区高校图书馆学术年会"主题、专家和具有代表性的专题报告与作用分析，见表4-1。

表4-1　中南六省区高校图书馆学术年会的专题报告及作用分析列表

会议名称	专家报告	报告作用	时间地点
2005年学术年会/主题：消除数字鸿沟，构建和谐阅读环境	华东师范大学信息学系主任范并思："信息技术冲击下的图书馆人文思潮"	接收"现代信息技术下图书馆和谐人文环境和人文思潮构建理论"的新动态	2005年10月23—25日在湖南长沙举办，湖南高校图工委主办
2006年学术年会/主题：科学管理、服务创新与图书馆可持续发展	①中山大学图书馆馆长程焕文："知难行易：高校图书馆服务理念创新之谬见"②北京邮电大学图书馆馆长代根兴："关于中国高校图书馆发展路向的思考"	"知之惟艰：'用户永远是正确的'之颠覆意义、之哲学意义、之实践意义"等学术观点，高校图书馆新的发展路径使代表们对图书馆服务理念有了最新认识	2006年11月26—27日在海南琼海举办，海南高校图工委主办
2007年学术年会/主题：转型期高校图书馆工作	①北京大学图书馆馆长戴龙基："图书馆文化与图书馆发展"②南开大学图书馆副馆长柯平："大学图书馆学科馆员的理论和实践"③北京邮电大学图书馆馆长代根兴："趋势与变革——高校图书馆之转型"④教育部高校图工委副秘书长王波："阅读疗法研究进展"	报告涉及图书馆文化、管理及知识服务、信息化数字化发展等热点问题，学术性强，反映了最前沿和最新的学术发展动态，为参会代表在本馆图书馆文化建设、学科馆员队伍建设、阅读推广等工作开展起到了引导作用	2007年11月2—6日在海南郑州举办，海南高校图工委主办
2008年学术年会/主题：建设区域性资源共享体系	华南师范大学信息管理学院高波："我国高校区域性信息资源共享"	了解信息资源共享领域的理论与实践的最新研究动态。为信息资源共建共享工作指引了新的方向	2008年12月3—6日在广东广州举办，广东高校图工委主办

续表

会议名称	专家报告	报告作用	时间地点
2009 年学术会议/主题：新形势下高校图书馆的管理和服务	①武汉大学图书馆馆长燕今伟："新形势下高校图书馆的管理和服务"	系统了解图书馆的业务流程重组、文献资源发展政策、图书馆 2.0、学科服务、信息素质教育、信息共享空间、开放获取和机构仓储等科学的管理办法、新型的学科服务模式和现代管理技术手法等	2009 年 10 月 28 日在湖北襄樊举办，湖北高校图工委主办
	②美国匹兹堡大学图书馆馆长助理 Heidi R. Card："Marketing & Public Relations in Academic Library""高校图书的营销与公共关系"	系统了解现代图书馆的服务要用"营销"方式主动上门服务，但不是盲目的、零散的、无序的，而是要在不同层次的读者群中进行详细而系统的调研、分析后进行周密的策划，才可操作的营销服务。匹兹堡大学图书馆是成功案例	
2010 年学术年会/主题：新技术新文化拓展服务功能	武汉大学图书馆馆长燕今伟："高校图书馆服务功能的实现"	引领高校图书馆服务功能随着学校教学科研的发展不断地变化、拓展、创新而最终得以实现	2010 年 11 月 9 日 10 日在广西南宁举办，广西高校图工委主办
2011 年学术年会/主题：新世纪图书馆：回顾与展望	南开大学图书馆学系主任柯平："当代图书馆事业与图书馆学研究的进展"	结合时代发展的大背景，回顾与反思21世纪十年来图书馆研究与建设的成绩与失误，对如何充分利用现代技术为教学、科研、学科发展服务，以及"十二五"期间高校图书馆的发展方向和运行模式进行了指导	2011 年 11 月 8—13 日在湖南长沙举办，湖南高校图工委主办

续表

会议名称	专家报告	报告作用	时间地点
2012 年学术年会/主题：书香氛围 文化魅力	①武汉大学图书馆馆长燕今伟："欧美高校图书馆访问观感"②深圳职业技术学院图书馆馆长郭向勇："开拓创新服务教学科研的新局面"	分享了"欧美高校图书馆馆藏理念、空间运用、文化氛围打造等运行方式"与"智能化的高端服务共享平台为教学科研提供高品质的服务模式"	2012 年 12 月 8 日—9 日在海南海口举办，海南高校图工委主办
2013 年学术年会/主题：数字时代高校图书馆事业的理论与实践	①海南大学图书馆馆长詹长智："文化立馆 服务创新"②中国科学院图书馆初景利："图书馆转型发展"	共享"图书馆转型与变革"、"文化立馆服务创新"的学术理论和实际操作经验，为展望和建设未来高校图书馆的发展前景有很高的指导作用	2013 年 10 月 29—11 月 1 日在海南省开封举办，河省高校图工委主办。
2014 年学术年会/主题：高校图书馆事业创新与发展及阅读推广	①北京大学教授王子舟："读者资源建设"②中国阅读研究会学术顾问张怀涛："阅读推广的形式与组织"	"探索服务创新"、"阅读推广"和"读者资源建设"等学术信息，为提升图书馆服务效能，有效促进高校图书馆在上述几方面发展有较高的引领作用	2014 年 10 月 15—10 月 18 日在湖北恩施举办，湖北高校图工委主办。
2015 年学术年会/主题：应需求变，追求卓越：共创大学图书馆的未来	北京大学原信息管理系主任王余光："高校图书馆经典阅览室与经典教育"	报告对图书馆经典阅览室建设的规模、模式，经典图书书目的选定、经典阅读培训、教育工作起到了指导作用	2015 年 10 月 28—31 日在广西桂林举办，广西高校图工委主办。

  "中南六省区高校图书馆学术年会"呈现出如下几个特点：（1）每年主题都在变化，主题突出，反映出图书馆时代发展背景；（2）专家系全国图书馆界学术造诣高或有影响的引领人物，专题报告学术性强、针对性强、信息量大、易操作；（3）参会人员均由六省区高校图工委组织，参会人员系征文

获奖作者、业务骨干、馆领导和图工委领导；（4）参会人员中很大一部分受专家学术报告的启迪、激发后，能结合本省或本馆实际发展需要而积极形成科研项目、学术论文等，并以此推动了本馆或本省图书馆事业进步。所形成的学术成果详见第五节内容。

二、组织参加国际学术会议的主题及专题报告分析

为了进一步加强与世界各国图书馆及信息领域同行之间的交流，学习国外图书馆事业发展的先进经验，促进海南省高校图书馆事业与国际水平接轨，海南省高校图工委成功组织本省高校图书馆馆领导、专业技术人员、业务骨干参加了 IFLA 大会、OCLC 国际会议，参会人员高度评价每次出国参加学术活动的收益。"国际学术交流会议"的主题、专家和具有代表性的专题报告分析，如表 4 – 2。

表 4 – 2　国际学术交流会的专题报告及作用分析列表

会议名称	报告	作用	时间地点
75 届 IFLA 大会/主题：图书馆创造未来，筑就于文化遗产之上	"论图书馆推广阅读的策略""阅读促进基金会与图书馆"等 69 个专场学术报告、9 个专场工作会议	大会内容丰富、信息量大、学术性强，来自各国的参会代表进行了很好的交流，并为今后中外图书馆事业交流与合作搭建起友谊桥梁，参会代表受益丰硕	2009 年 8 月 19—23 日，在意大利米兰举办，世界各地约有四千代表参会，中国代表 100 余人
OCLC 国际会议/主题：全球资源共享	"寻求揭示和建议：同步虚拟参考咨询""云计算图书馆集成系统""OCLC 一站式检索服务""运用网络规模空前的效率：合作与协同创新""OCLC 与全球图书馆的合作"等	了解到 OCLC 丰富的各种文献载体和各类语种的资源内容以及国际合作共享办法，合作共享可以使 OCLC 强大的资源内容弥补本省高校教学科研所需文献资源严重不足现象；了解到国外现代图书馆发展最前沿的信息和动态，以及图书馆现代管理办法、现代服务理念和图书馆文化、环境建设精神	2010 年 9 月 18—27 日在美国、加拿大举办

续表

会议名称	报告	作用	时间地点
第五届OCLC亚太理事会年会暨会员代表大会/主题：资源共享服务方向——开放获取	13个国家和地区的代表做专题报告，介绍本国/本馆与OCLC合作的经验、合作项目和研究成果。	OCLC亚太理事会年会暨会员代表大会是一个促进双向沟通的平台，亚太地区的OCLC会员馆分享和交流本国/本馆资源共享、资源开放获取、合作项目、研究成果，对推进OCLC与亚太地区图书馆界增进了解和加深认识起着关键作用	2013年10月7—10日在泰国法政大学举办，亚太地区10余个国家和地区的340多名代表参会

以上国际学术会议呈现出如下几个特点：（1）大会内容丰富、信息量大、学术性强，具有现代图书馆发展建设中最前沿的信息动态；（2）大会结束后会组织参会代表参观考察多个图书馆，实地了解与学习国外图书馆最先进的现代化服务理念和深厚的文化底蕴；（3）所接受到的学术观点和建设经验为回国、回馆发展起到强有力的推动作用与学术研究。所形成的学术成果详见第五节内容。

第二节　海南省高校图工委举办本省学术会议及全国学术会议

海南省高校图工委成立初，为了搭建全省高校图书馆馆员相互交流平台，省图工委每年年底组织全省高校图书馆馆员参加迎新联欢活动，其主要形式是以茶话会、文艺表演和游戏活动等。随着全省高校图书馆事业发展需要，于20世纪90年代后期，特别是21世纪初，迎新联欢活动改为正式的学术年会，其内容形式以"图工委工作报告、国内外专家学术报告，评估总结及表彰、各种技能比赛总结及表彰、图工委五年规划解读"为主体，才艺表演、体育比赛等只作为学术年会中附加内容，以增加本省同行间的友谊和缓解学术年会中严肃紧张的气氛。学术活动从全省高校图书馆最初的几十名馆员参加发展到最多时有500多名馆员参加，活动热情高涨，学术氛围逐渐浓厚，年会主题日渐突出。

　　海南省高校图工委不但积极策划举办本省的学术年会，还群策群力举办全国高校图书馆学术交流会议。所邀请的国内外专家有：国际著名图书馆学家、美籍华人陈钦智教授，美国西康州州立大学图书馆主任龚晓梅，新西兰奥克兰大学图书馆高级专业馆员韩丹棠，北京大学图书馆馆长朱强，武汉大学图书馆馆长燕今伟，中山大学图书馆馆长程焕文教授，清华大学图书馆馆长薛芳渝教授，上海交通大学图书馆馆长陈进教授，中国科学院图书馆编辑出版中心主任初景利等。

　　海南省高校图工委每年在全省高校图书馆举办的学术年会和全国高校图书馆学术会议，确实是一大批"走不出去"的馆员、"见世面较少"的馆员获取同行学术信息的唯一渠道。所以，每到本省学术年会期间和举办全国性学术会议时，馆员们总是很关注学术会议的相关事宜，渴望能成为一名参会代表。

　　海南高校图书馆学术年会和在本省举办的全国学术会议的作用与意义，远远超出了一般的学术信息交流，对于一大批"走不出去"的馆员来说确实为学术信息的"大餐"和智力提升的"跃迁"，是对海南高校图书馆馆员在建设发展研究创造性思维上的大激活、大激励、大激发，对海南高校图书馆人员在建设发展研究中起到了智慧启迪作用。

　　海南高校图书馆学术年会和在本省举办的全国性学术会议部分专题报告及作用分析，如表4-3、表4-4。

表4-3　海南省高校图书馆学术年会部分专题报告及作用分析列表

会议名称	专家报告	作用	时间地点
海南省高校图书馆2004年学术年	国际著名图书馆学家、美籍华人陈钦智教授："全球记忆网：新的合作行动、新的挑战和新的可能性"	学术报告论证全球图书馆合作的意向和可能性。开拓了海南省高校图书馆员工"全球图书馆合作"的视野	2004年12月18—19日在定安举办

续表

会议名称	专家报告	作用	时间地点
海南省高校图书馆 2005 年学术年会	中山大学图书馆馆长程焕文："读者永远都是正确的"	报告着力从服务目的、服务效果等方面就这一服务理念发表自己独到的见解。与会代表耳目一新，对"读者第一 服务至上"的服务宗旨有了深入的理解	2006 年 1 月 7—8 日在文昌举办
海南省高校图书馆 2006 年学术年会	新西兰奥克兰大学图书馆高级专业馆员韩丹棠："奥克兰大学图书馆的资源建设和服务理念"	与会代表较为详细的了解了奥克兰大学图书馆的资源建设严格管理程序和先进服务理念	2007 年 1 月 13—14 日在三亚海棠湾举办
海南省高校图书馆 2007 年学术年会	清华大学图书馆馆长薛芳渝："清华大学图书馆管理模式和服务理念"	报告翔实介绍了清华大学图书馆管理理念和业务改革，特别是学科馆员制度、人事管理制度等方面的改革，对海南省高校图书馆以后发展有着重要的启示和借鉴	2007 年 12 月 28—29 日在琼海博鳌举办
海南省高校图书馆 2011 年学术年会	超星数图公司副总经理叶艳鸣："技术创新推动下的图书馆服务创新"	报告呈现未来数字图书馆的发展趋势，可引领海南省数字图书馆建设走向新的发展目标	2012 年 1 月 6—7 日在文昌白金海岸举办
海南省高校图书馆 2013 年学术年会	①上海交通大学图书馆馆长陈进："泛学科化服务体系的创立与实践"	报告对"大学图书馆的地位、发展动向、职能演进"做了翔实介绍。强调"要有学科服务体系创新，要建立泛学科化服务体系"。展示了上海交通大学图书馆建立 IC2 创新服务模式、资源建设三一原则等泛学科化服务体系的实际经验	2013 年 12 月 26—27 日在东方泰隆举办

续表

会议名称	专家报告	作用	时间地点
海南省高校图书馆2013年学术年会	②美国西康州州立大学图书馆主任龚晓梅："American Libraries""美国图书馆"	报告介绍了美国大学图书馆、西康州州立大学图书馆的基本使命、图书馆服务、资源订购及院系信息素养教育及其馆员教育内容，包括专业研究咨询、馆员专业职业培训、馆员职责、馆员专业素养等。了解了美国大学的图书馆在各项业务工作开展的先进模式	

表4-4 海南省高校图工委举办全国性学术会议部分专题报告及作用分析列表

会议名称	专家报告	作用	时间地点
中国科协2004年学术年会	北京大学图书馆副馆长、CALIS管理中心副主任朱强："CALIS与地方大学发展"	此报告对海南图书馆事业的未来发展有了更深的认识和更清晰的思路	2004年11月23—24日在海南大学举办
中国图书馆学会2006新年峰会	议题包括：图书馆的法制环境构建与行业自律、图书馆的公共关系、西部高校与高职高专图书馆的发展与振兴等。程焕文、汤更生、李国新、肖燕、朱强、范并思、李超平等做主题发言	会议着力探讨图书馆建设中的问题，以及对年度学术研究热点的引领能力，其研究热点如何在学术界和业内受到高度重视	2006年1月7—10日在海南大学举办

续表

会议名称	专家报告	作用	时间地点
"OCLC 的发展与全球图书馆合作"学术报告会	OCLC 北京代表处首席代表丘东江做报告	报告详细介绍了 OCLC 的理念、运作方式及其发展历程，分析了 OCLC 的理念和未来图书馆发展趋势的关系	2010 年 5 月 18 日在海南大学举办。
第七届全国高等学校文献资源建设工作研讨会	厦门大学钟建法、复旦大学龙向洋、浙江大学张军等分别做了"外文图书采选质量提升探微——数据分析与案例研究""中国方志文献的分析、选择与评价""外文期刊选择中的数据分析"等报告	会议着力从高校图书馆文献资源建设质量、文献资源平价办法、文献资源采选数据的合理性科学性等进行分析。信息量大，主题突出，很多宝贵经验值得海南高校图书馆借鉴	2010 年 11 月 24—25 日在海口市千岛海景酒店举办。
第 23 届全国书博会图书馆论坛/书香社会与图书馆文化建设论坛	武汉大学图书馆馆长燕今伟等 5 名专家分别做了专题报告	会议对我国图书馆文献资源建设的现状与发展趋势、图书馆在地方文化建设中的作用、现代图书馆的目标、出版社与图书馆图书评价标准、文化传承与特色文献出版进行探讨	2013 年 4 月 19 日在海口国际会展中心举办。
高等学校图书馆十三五规划研讨会	北京大学图书馆馆长朱强、副馆长陈凌、中国科学院图书馆编辑出版中心主任初景利等做专题报告	报告从不同角度阐述了中国高等教育未来五年的发展形势以及新技术的广泛应用对文献信息资源获取方式的深刻影响。从图书馆发展规律论述了未来五年高校图书馆面临的挑战和机遇，指出图书馆制订规划的重要性	2014 年 12 月 18—20 日在海口市举办

第三节　学术交流激发馆员的科研兴趣　学术成果丰硕

海南省高校图工委一直以来重视举办学术交流会议和组织参加国内外学术交流会议，同时也产出了丰硕的学术成果。统计全省 19 所高校图书馆（2004 年—2015 年）科研成果后发现，大部分学术成果是受学术交流会上最新学术动态信息的启迪和激发。学术交流也是馆员们学术创新的条件和动力之一，更是提升海南省高校图书馆科研团队研究能力的重要措施之一。

一、海南高校图书馆（2004 年—2015 年）学术成果总括

为了呈现在全省高校图书馆发展建设中涌现出的一大批科研成果，海南省高校图工委于 2015 年 3 月 24 日对全省 19 所高校图书馆发出了《海南省高校图书馆 2004 年—2014 年科研成果统计通知》，同时附表《海南省高校图书馆 2004 年—2014 年科研成果统计表》，通知要求各馆对"科研立项项目、学术期刊论文、出版著作、业绩成果、获奖成果"按附表逐一填报。2016 年初，又发出了《海南省高校图书馆 2015 科研成果统计》的补充通知。在此对海南省高校图书馆 2004 年—2015 年科研成果进行统计分析。全省 19 所高校图书馆见表 4 – 5。

表 4 – 5　海南省 19 所高校图书馆列表

单位名称（本科院校）	单位名称（高职高专院校）
海南大学图书馆	海南经贸职业技术学院图书馆
海南师范大学图书馆	琼台师范高等专科学校图书馆
海南医学院图书馆	海南政法职业学院图书馆
海南热带海洋学院图书馆（原"琼州学院"）	海南外国语职业学院图书馆
海口经济学院图书馆（民办）	海南软件职业技术学院图书馆
三亚学院图书馆（民办）	海南职业技术学院图书馆（民办）
海南广播电视大学图书馆	海南科技职业技术学院图书馆（民办）

单位名称（本科院校）	单位名称（高职高专院校）
海南省委党校图书馆	三亚航空旅游职业学院图书馆（民办）
	三亚城市职业学院图书馆（民办）
	三亚理工职业技术学院图书馆（民办）
	海南工商职业技术学院图书馆（民办）

在统计全省高校图书馆2004年—2015年学术成果时，主要对公开发表的学术期刊论文、学术专著、立项项目、获奖成果、工作业绩成果进行整理和数据分析。在整理各成果类型时，将不属于"图书馆 情报与文献学"学科的学术成果统一删除，只针对"图书馆 情报与文献学"学科的学术成果和独著、第一作者、项目负责人的学术成果进行统计分析。各学术成果类型及成果统计汇总见表4-6。

表4-6 海南高校图书馆（2004年—2015年）学术成果汇总列表

学术成果类别	学术成果量	海南大学图书馆比例
学术期刊论文	903篇	250篇（27.69%）
学术专著	27部/（1716.1万字）	15部（55.56%）
立项项目	132项	43项（32.58%）
获奖成果	14项	7项（50.%）
工作业绩成果	71项	15项（21.13%）

虽说是对全省19所高校图书馆学术成果进行统计，但几所新建高校图书馆（民办学校）在事业发展上处于起步阶段，图书馆的现代化功能、智能化功能未能实现，服务手段及办法还比较单一，及个别图书馆数字化、网络化还没完全建立起来，人员队伍业务实力单薄、专业体系及职称结构还不具备组建学术研究团队的条件，因此在学术研究成果统计中处于"0"研究状态。如：海南工商职业技术学院图书馆、三亚理工职业技术学院图书馆、三亚城市职业学院图书馆。虽然海南电视广播大学建立时间较长，但由于住校师生少，严格意义上来说图书馆只是一个图书资料室，图书馆建设及人员配置很

薄弱，因此在学术研究成果统计中同样处于"0"的状态。学术研究成果主要集中在几所本科院校和几所老牌高职高专院校图书馆，如海南大学、海南师范大学、海南医学院、海口经济学院、海南经贸职业技术学院、琼台师范专科学校、海南职业技术学院等院校的图书馆，尤其是海南大学图书馆为全省高校图书馆科研工作做出了很大贡献。见表4-6、表4-7。

表4-7 海南省高校图书馆主要学术研究成果各馆产出状况列表

单位	学术论文（篇）	学术著作（含编著）（部）	立项项目（项）	获奖成果（项）	工作业绩成果（项）
海南大学	249	15	43	7	15
海南师范大学	178	7	35	3	16
海南医学院	77	1	14	1	6
海南热带海洋学院	106	0	13	1	0
海口经济学院	68	0	8	1	8
海南省委党校	27	0	3	0	6
琼台师范专科学校	21	1	2	1	3
海南经贸职业技术学院	52	3	6	0	6
海南职业技术学院	38	0	3	0	8
海南政法职业学院	36	0	0	0	0
海南软件职业技术学院	24	0	3	0	2
合计	903	27	132	14	71

从以上11个图书馆的学术研究成果产出量来看，悬殊较大，在"科研立项项目、学术期刊论文、出版著作、业绩成果、获奖成果"5项中都有产出量的只有4个馆：海南大学图书馆、海南师范大学图书馆、海南医学院图书馆、琼台师范专科学校图书馆。在其中4项学术研究成果有产出量的有2个馆：海口经济学院图书馆、海南经贸职业技术学院图书馆。其中3项学术研究成果有产出量的有3个馆：海南热带海洋学院图书馆、海南省委党校图书馆、海南职业技术学院图书馆。其他图书馆只在一项或两项学术研究成果上有产出量。

二、图书馆、情报与文献学学科的学术期刊论文

1. 本专业学术论文

全省 19 家高校图书馆中有 15 家产出了学术期刊论文。为了体现数据统计的准确性和有效性，在整理过程中操作办法如下：

（1）将没有刊号的期刊（内部期刊）删除。如：《贵图学苑》《上海高校图书情报工作研究》《当代图书馆》《图书馆研究与工作》《图书情报论坛》《公共图书馆》《科技文献信息管理》《津图学刊》《图书情报研究》《重庆图情研究》《福建图书馆理论与实践》《高校图书情报论坛》《内蒙古图书馆工作》《浙江高校图书情报工作》《西域图书馆论坛》《历史文献研究》《西南古籍研究》等。

（2）将非"图书馆 情报与文献学"学科的学术论文删除。如：《锡兰肉桂丙酮粗提物对皮氏叶螨的毒力及其代谢酶活性的影响》《10 种热带牧草根际高效解磷细菌的筛选及其培养条件》《印度尼西亚天然橡胶业发展分析》《中国香蕉生产与贸易分析》等。

（3）同一篇学术论文有多位作者提交的情况下，将第二作者、第三作者提交的学术论文删除。

最后整理出有效数据：全省高校图书馆在 2004 年—2015 年间在专业期刊发表本专业学术论文 903 篇，其中本专业学术期刊共发表论文 373 篇（其中核心期刊 160 篇），其他学术期刊共发表论文 530 篇。见表 4-8。

表 4-8　专业期刊学术论文产出情况列表

期刊类别	论文量（篇）/比例	论文量（篇）/比例
图书情报核心期刊	160/17.72%	373/41.31%
图书情报普通期刊	213/23.59%	
大学（学院）学报	106/11.74%	530/58.69%
其他学术期刊	424/46.95%	
合计	903/100%	903/100%

从学术论文发表选择期刊的类别来看，选择在非本专业学术期刊发表论文的所占比例与在本专业学术期刊发表论文的所占比例分别为 58.69% 和 41.31%，明显地看出：选择在非本专业学术期刊发表论文比在本专业学术期刊发表论文的多 17.38%。由于在职称评审条例中，对中级职称申报者所要求的论文发表期刊没做限制，加上申报中级职称的作者原职称为初级职称，涉及图书馆工作面较窄较浅，知识积累和经验累积不够，在学术研究中还处于起步阶段，无法产出更专更深的学术论文，所以，选择在要求较高的本专业学术期刊上发表论文有一定难度，大部分低职称的馆员选择了非本专业学术期刊上发表论文。而初、中级职称在图书馆作为中间力量所占比例较高。因此，在非本专业学术期刊产出的论文所占比例较高。

其他学术期刊产出论文量为 424 篇，在其他学术期刊产出论文量几乎是本专业学术期刊（373 篇）和大学（学院）学报（106 篇）之和。只有海南大学、海南师范大学、海南医学院、海南热带海洋学院 4 家大学的图书馆在其他学术期刊产出论文量小于本专业学术期刊与大学（学院）学报产出论文量之和。详见表 4 - 9。

表 4 - 9　各类期刊产出学术论文量在各馆所占比例列表　　（单位：篇）

期刊类型 \ 单位名称	期刊分类				合计
	本专业学术期刊		大学（学院）学报	其他学术期刊	
	核心期刊	普通期刊			
海南大学	72	85	21	71	249
海南师范大学	33	42	22	81	178
海南医学院	17	22	5	33	77
海南热带海洋学院	10	17	49	30	106
海口经济学院	8	7	3	50	68
三亚学院	0	0	0	12	12
海南省委党校	3	6	1	17	27
琼台师范专科学校	5	6	2	8	21
海南经贸职业技术学院	6	10	1	35	52

续表

期刊类型＼单位名称	期刊分类				合计
	本专业学术期刊		大学（学院）学报	其他学术期刊	
	核心期刊	普通期刊			
海南职业技术学院	4	12	1	21	38
海南政法职业学院	2	0	0	34	36
海南软件职业技术学院	0	5	1	18	24
海南外国语职业学院	0	1	0	6	7
三亚航空旅游职业学院	0	0	0	6	6
海南科技职业技术学院	0	0	0	2	2
合计	160	213	106	424	903

2. 核心期刊学术论文

（1）核心期刊产出量在各馆所占比例。全省 19 所高校图书馆中有 10 所图书馆在 2004 年—2015 年期间产出核心期刊论文共 160 篇，在产出的 160 篇核心期刊学术论文中，产出量如以馆而论，主要来自海南大学图书馆（72篇），几乎占了总数的一半。其次是海南师范大学、海南医学院、海南热带海洋学院、海口经济学院 5 家院校的图书馆。详见表 4 - 10。

表 4 - 10 核心期刊产出量在各馆所占比例列表

单位	核心期刊学术论文（篇）	所占比例（%）
海南大学	72	45.06
海南师范大学	33	20.98
海南医学院	17	10.49
海南热带海洋学	10	6.17
海口经济学院	8	4.93
海南经贸职业技术学院	6	3.70
琼台师范专科学校	5	3.08

单位	核心期刊学术论文（篇）	所占比例（%）
海南职业技术学院	4	2.46
省委党校	3	1.85
海南政法职业学院	2	1.23
合计	160	100

（2）核心期刊产出量在各年所占比例。在产出的160篇核心期刊学术论文中，产出量如以"年"而论，主要来自2008年（25篇），占了总比例的15.43%。其次是2010年22篇，占总比例的13.58%；2007年、2013年各16篇，各占总比例的10%。详见表4-11。

表4-11　核心期刊产出量在各年所占比例列表（按比例从大到小排序）

年份	数量（篇）	所占比例（%）
2008 年	24	15.00
2010 年	22	13.75
2007 年	16	10.00
2013 年	16	10.00
2009 年	14	8.75
2011 年	14	8.75
2012 年	14	8.75
2006 年	11	6.86
2004 年	9	5.63
2014 年	9	5.63
2015 年	9	5.63
2005 年	2	1.25
合计	160	100

（3）学术论文在各类核心期刊发表量和所占比例。全省高校图书馆学术论文在核心期刊的产出量如下：

①《情报学报》和《情报理论与实践》为"0"发表。

②《中国图书馆学报》《图书情报知识》《图书与情报》《情报科学》《国家图书馆学刊》发表量分别为1—10篇。

③《图书情报工作》《大学图书馆学报》《图书馆论坛》《图书馆杂志》《图书馆》《图书馆理论与实践》发表量分别为11—20篇。

④《图书馆建设》《图书馆学研究》发表量21—24篇。

详见表4－12。

表4－12　学术论文在各类核心期刊发表量和所占比例

期刊名称	数量（篇）	所占比例（％）
中国图书馆学报	3	1.86
图书情报工作	11	6.83
大学图书馆学报	17	10.60
情报学报	0	0
图书馆论坛	17	10.60
图书馆建设	23	14.29
图书馆杂志	12	7.45
图书情报知识	3	1.86
图书馆	11	6.83
图书与情报	3	1.86
情报理论与实践	0	0
图书馆工作与研究	5	3.11
情报资料工作	4	2.48
现代情报	7	4.35
情报科学	1	0.62

续表

期刊名称	数量（篇）	所占比例（%）
图书馆理论与实践	15	9.32
国家图书馆学刊	1	0.62
情报杂志	4	2.48
图书馆学研究	24	14.91
合计	160	100

3. 影响因子排列前三的中文核心期刊论文产出

全省高校图书馆在影响因子排在前3的《中国图书馆学报》《大学图书馆学报》《图书情报工作》核心期刊共发表论文31篇，这部分论文从内容质量上看，大部分具有地方性特点，一部分具有一定的创新和独到的思想、见解。

（1）具有明显地方性特点的论文。在影响因子排在前3的核心期刊发表的论文具有明显地方性特点，如：《论海南省高校图书馆"海南特色文献数字资源库"建设》《ISO9000质量管理体系在海南大学图书馆有效运行》《ISO模式下高校图书馆地方文献编目质量监控研究——海南大学图书馆全面质量管理实证研究》《海南地方文献资源共享结构模式研究》《高职院校图书馆嵌入式教学实证研究——以海南经贸职业技术学院为例》《海南高校图书馆馆际互借可持续发展探析》《海南省高职高专图书馆网络化建设评估指标体系探讨》《海南省高职高专图书馆"十一五"发展综述》《海南省高职高专图书馆现状与发展对策》等。

2. 具有创新意识的论文。在影响因子排在前3的核心期刊发表的论文，具有创新意识。如：《ISO将发布国家图书馆绩效指标》《国际图书馆服务质量评价：绩效评估与成效评估两大体系的形成与发展》《高校图书馆机构仓储可持续发展的政策管理与维护研究》《世界机构知识库网络计量学排名影响因素研究》《基于ISO11620图书馆绩效指标的层次分析法评价模型研究》《图书馆统计与绩效评价系列国际标准的形成与衍变》《音像制品和机读资料管理模式及相关问题》等。

3. 具有独到思想见解的论文。在影响因子排在前 3 的核心期刊发表的论文，具有独到的思想、见解，如：《论李大钊对近代图书馆制度体系构建的贡献》《清末和民国时期图书馆人事制度考略——民国图书馆相关法规研究》等。

4. 学术论文中的主题内容

全省高校图书馆产出学术论文中的主题内容，与国内整体学术研究动态保持着紧密的联系。大体分为三个部分，第一部分：结合国内学术研究动态，进行应用性研究，主要表现在海南特色资源数据库建设与研究方面；第二部分：本地化图书馆事业发展研究，如：数字图书馆建设、文化建设、空间建设、服务提升等；第三部分：创新与拓展研究，主要表现如何将"全面质量管理"、"ISO9000 质量管理"制定成能推动图书馆事业发展所需要的"程序文件"、"质量手册"等质量体系制度文件，应用贯彻到实际工作中去。

全省高校图书馆发表于核心期刊的学术论文主题内容中研究本地化图书馆事业发展的比例最大，大致占总量的 30%；其次是图书馆服务建设的有关论文，大致占总量的 19%；地方特色数据库与地方文献库建设研究内容比例也较大，大致占总量的 17%；研究空间设计、文化建设、招标采购、阅读推广、竞争情报的量最小，分别只有 1—2 篇。学术论文主题内容详见表4－13。

表4－13　学术论文主题分类列表

主题	分类
文献资源建设	期刊资源、数字资源、文献资源开放存取，图书装订质量……
数字图书馆	海南教育科研数字图书馆，海南高校图书馆网络化、数字化……
特色数据库与地方文献库	本土文化特色资源库、学位论文全文数据库、机构知识库、地方文献库……

续表

主题	分类
服务	馆际互借、学科服务、服务创新、读者满意度测评、信息咨询、文献检索、移动图书馆服务……
技术	计算机技术、网络技术、信息系统……
管理	全面质量管理、ISO9000 质量管理、知识管理、危机管理、信息安全管理、管理创新……
队伍建设	员工培训、人力资源、队伍建设、图书馆学科馆员素质标准、学科馆员素质培养……
编目	古籍编目、西文编目、繁体字版编目、赠书编目、编目质量监控……
空间设计	空间优化研究、环境设计
信息素养教育	文检课教学、嵌入式教学、义务馆员教育培训、新生培训……
文化建设	图书馆文化建设
图书馆精神	图书馆精神弘扬
图书馆研究	图书馆法规研究、图书馆联盟建设研究、图书馆治理研究……
阅读推广	
竞争情报	
评估	评估检查、绩效评估、评估指标体系、图书馆评价、绩效指标的层次分析……
招标采购	
科研成果分析	图书情报学科科研成果统计分析、学术评价与职称改革

三、图书馆 情报与文献学学科的学术著作

1. 学术著作产出概况

在 2004 年—2015 年间，全省高校图书馆共出版"图书馆 情报与文献学"学科专著有 18 部，505.4 万字；编著 8 部，1150.7 万字；校注 1 部，35 万字。主要出自海南大学、海南师范大学、海南医学院、琼台师范高等专科学校、海南经贸职业技术学院 5 所高校图书馆。

（1）专著：专著 18 部，其中海南大学 8 部，占专著总数的 44.44%，字数 254.4 万字，占专著总字数的 48.56%。其次是海南师范大学 5 部专著，占专著总数的 27.78%，字数 119 万字，占专著总字数的 23.54%。

（2）编著：编著 8 部，其中海南大学 6 部，占编著总数的 75%，共编写 995.7 万字，占编著总字数的 86.53%。海南师范大学 2 部，占编著总数的 25%，共编写 155 万字，占编著总字数的 13.47%。

（3）校注：1 部，出自海南大学，校注 35 万字。

详见表 4 – 14。

表 4 – 14 各高校图书馆学术著作列表

单位	专著（万字）	编著（万字）	校注（万字）
海南大学	8（254.4）	6（995.7）	1（35）
海南师范大学	5（119）	2（155）	0
海南医学院	1（24）	0	0
琼台师范高等专科学校	1（18）	0	0
海南经贸职业技术学院	3（90）	0	0
合计	18（505.4）	8（1150.7）	1（35）

2. 学术著作主题内容

学术著作研究方向以"海南地方文献与海南历史文化"产出量居多，专著、编著、校注，共有 8 部；其他研究方向产出量比较均衡，均为 1—2 部，主题内容含有：服务、管理、数字图书馆、数字资源库、信息检索等。

详见表 4 – 15。

表 4－15　学术著作主题内容列表

主题方向		数量（种）
专著	阅读推广	1
	海南文献与海南历史文化	2
	服务模式与服务评价	2
	信息文化	2
	公共图书馆发展	1
	特色资源库建设	1
	文献资源采集与政府采购	2
	数字图书馆建设与版权	2
	质量评估体系	1
	全面质量管理下的人力资源管理	1
	计算机网络信息检索	2
	音像制品和机读资料著录	1
编著	海南地方文献与海南历史文化	5
	制订图书馆规划的理论与方法	1
	信息资源建设	1
	网络信息检索	1
校注	县志	1

四、图书馆、情报与文献学学科的科研立项项目

1. 科研立项项目概述

在统计全省高校图书馆（2004—2015 年）科研项目立项、在研、结题过程中，分别统计"国家社会科学基金、教育部人文社会科学项目、海南省自然科学基金、海南省社科联项目、海南省教育厅项目、本校项目"，共计132 项。

（1）国家社会科学基金项目：2013年，海南师范大学李敏副研究馆员在其馆长张信文教授的指导下成功申报"国家社会科学基金项目"，这是海南省高校图书馆第一个成功申报国家社会科学基金项目，是海南高校图书馆在国家社会科学基金项目上零的突破。紧接着，海南大学图书馆王琦馆长于2015年在海南省高校图书馆界再次成功申报"国家社会科学基金项目"。两项国家社会科学基金项目提升了全省高校图书馆在省内外图书馆界的学术地位。

（2）教育部人文社会科学研究专项委托项目：2010年，海南大学图书馆邓玲副研究馆员成功获取"教育部人文社会科学研究专项委托项目"，这是海南省高校图书馆界唯一的一项教育部人文社会科学研究专项项目。

（3）海南省自然科学基金项目共7项，海南省社科联项目共16项，海南省教育厅项目共81项。

（4）校级项目25项。为了培养科研梯队，校级项目作为科研团队得到每个学校极高的重视，学校鼓励青年教师积极申报校级课题，以积累科研经验，逐步提高科研水平，以备申报更高层次的科研项目。因此，申报校级科研项目成为青年教师开展科研工作的第一个平台，其竞争并不亚于省级项目。

详见表4-16。

表4-16　科研立项项目来源列表

项目来源	项目管理单位	项目数量（项）
国家社会科学基金项目	国家哲学社会科学规划办	2
教育部人文社会科学研究专项委托项目	教育部社会科学司	1
海南省自然科学基金项目	海南省科技厅	7
海南省社科联项目	海南省社会科学界联合会	16
海南省教育厅项目	海南省教育厅	81
校级科研项目	海南省各高等学校	25
合计		132

2. 各高校图书馆科研立项项目情况

全省高校图书馆共 19 家，有 12 家有科研立项项目，其中 3 家只有校级项目，3 家只有厅级和校级项目，5 家有省级项目，1 家有部级项目，2 家有国家级项目。

（1）具有厅级课题的，海南大学图书馆居首，共 24 项；第二是海南师范大学图书馆，共 16 项；第三是海南医学院图书馆，共 13 项；第四是海南热带海洋学院图书馆，共 12 项。

（2）省级项目主要集中在海南大学图书馆，共有 11 项，其次是海南师范大学图书馆，共有 8 项，海南医学院图书馆、海南热带海洋学院图书馆、琼台师范高等专科学校图书馆、海南经贸职业技术学院图书馆各 1 项。

（3）具有部级项目的，是海南大学图书馆，1 项。

（4）具有国家级项目的，是海南师范大学图书馆、海南大学图书馆，各 1 项。

科研立项项目主要集中在本科院校。海南大学图书馆王小会研究馆员、李春研究馆员科研立项项目量最大，分别为 8 项、7 项，且所占省级项目比例较高。

详见表 4 – 17。

表 4 – 17 各高校馆科研立项项目情况列表

项目来源 单位名称	国家社科基金项目	教育部社科项目	省自然科学基金项目	省社科联项目	省教育厅项目	校级科研项目	合计（项）
海南大学	1	1	4	7	24	5	42
海南师范大学	1	0	1	7	16	10	35
海南医学院	0	0	0	1	13	0	14
海南热带海洋学院	0	0	1	0	12		13
海口经济学院	0	0	0	0	6	2	8
琼台师范高等专科学校	0	0	1	0	1	0	2
海南经贸职业技术学院	0	0	0	1	5	0	6

续表

项目来源 单位名称	国家社科基金项目	教育部社科项目	省自然科学基金项目	省社科联项目	省教育厅项目	校级科研项目	合计（项）
海南职业技术学院	0	0	0	0	3	0	3
海南软件职业技术学院	0	0	0	0	1	2	3
三亚航空旅游职业学院	0	0	0	0	0	2	2
海南外国语职业学院	0	0	0	0	0	1	1
海南省委党校	0	0	0	0	0	3	3
合计	2	1	7	16	81	25	132

3. 科研项目立项三大模块

在这里将科研项目立项分为三大模块：一是海南本土特色文献收集、整理、建设研究，二是海南地区图书馆事业发展研究，三是非本地化图书馆事业发展研究。

海南本土的特色文献收集、整理、建设研究 45 项，占总立项项目的34.09%；海南地区图书馆事业发展研究 43 项，占总立项项目的32.58%；非本地化图书馆事业发展研究 44 项，占总立项项目的33.33%。

（1）海南本土特色文献收集、整理、建设研究，又可细分为：海南家谱研究（2 项）、海南少数民族研究（3 项）、海南古籍文献整理研究（9 项）、海南历史文化文献整理研究（2 项）、海南特色数据建设研究（29 项）。

具有代表性的课题有：南海及南海诸岛资料数据库构建、晚清民国时期南海文献整理与研究、黎族古代文献收藏分布、海南家谱研究、海南家谱姓氏源流研究、海南明代至民国时期海防类文献研究、海南热带农业文献数据库建设、海南水产养殖数据库建设、海南旅游文献数据库建设、海南历史文献数字资源库建设等。

（2）海南地区图书馆事业发展研究。具有代表性的课题有：海南省高等学校图书馆评估方案（省教育厅委托项目）、海南省高等学校图书馆五年发展规划（省教育厅委托项目）、海南省高职高专网络化建设达标评估实施细则研究（省教育厅委托项目）、CALIS 海南省中心服务模式研究、海南省

CALIS 高校学位论文全文数据库建设、海南省数字资源共享工程建设等。

（3）非本地化图书馆事业发展研究。具有代表性的课题有：视听资料机读目录著录细则与管理模式研究、文献购置费绩效评价体系的构建与实践研究、ISO9000 族标准下高校图书馆的读者服务研究、图书馆与非物质文化遗产保护开发研究、射频识别技术（RFID）在图书馆的应用研究等。

五、图书馆、情报与文献学学科的获奖成果

1. 获奖成果概述

全省高校图书馆（2004 年—2015 年）获奖成果主要来源于"海南省科学技术进步奖"、"海南省社会科学优秀成果奖"和"海南省高等学校优秀科研成果奖"，获奖共计 14 项。其中，海南省科学技术进步奖 3 项，占总获奖数的 21.43%；海南省社会科学优秀成果奖 3 项，占总获奖数的 21.43%；海南省高等学校优秀科研成果奖 8 项，占总获奖数的 57.14%。

详见表 4 – 18。

表 4 – 18　获奖成果来源列表

获奖成果来源	数量（项）	比例（%）
海南省科学技术进步奖	3	21.43
海南省社会科学优秀成果奖	3	21.43
海南省高等学校优秀科研成果奖	8	57.14
合计	14	100

2. 获奖成果等级

从获奖的 14 项成果来看，3 类奖项都没有一等奖获得者，二等奖与三等奖获得者数量比较均衡（二等奖 6 项，三等奖 7 项）。由此可以说明，图书馆员科学研究的深度与在校的科研人员和老师相比还有较大距离，需要图书馆人员在科学研究中不断进取与提高，同时还需要发现、挖掘和激励学科带头人。

获奖情况具体如下：

（1）海南省科学技术进步奖：共 3 项（二等奖 1 项，三等奖 2 项）；

（2）海南省社会科学优秀成果奖：共 3 项（特等奖 1 项，二等奖 1 项，三等奖 1 项）；

（3）海南省高等学校优秀科研成果奖：共 8 项（二等奖 4 项，三等奖 4 项）。

3. 各馆获奖成果情况

从各馆获奖成果量来看，全省 19 家高校图书馆中，有 6 家图书馆有获奖成果，占 19 家图书馆的 31.58%。6 家图书馆中获奖成果最多的是海南大学图书馆，7 项，占总获奖成果数的 50%；其次是海南师范大学，3 项，占总获奖成果数的 21.43%；海南医学院、海南热带海洋学院、海口经济学院、琼台师范高等专科学校各 1 项，各占总获奖成果数的 7.14%。

详见表 4 - 19。

表 4 - 19　各馆获奖成果情况列表

单位名称	海南省科学技术进步奖（项）	海南省社会科学优秀成果奖（项）	海南省高等学校优秀科研成果奖（项）	合计（项）
海南大学	2	2	3	7
海南师范大学	0	1	2	3
海南医学院	0	0	1	1
海南热带海洋学院	0	0	1	1
海口经济学院	0	0	1	1
琼台师范高等专科学校	1	0	0	1
合计	3	3	8	14

4. 获奖成果主题分类

14 项获奖成果可分为"数据库建设研究""服务质量研究""地方文献研究""评估体系与标准研究""著录细则与管理研究""数字资源版权与合同研究"几大类别。

（1）"数据库建设与研究"主要体现在：海南旅游数据库、海南历史文献数据库、海南热带医药文献数字资源库建设、海南少数民族文献数据库建设等。

（2）"服务质量研究"主要体现在：海南省高校图书馆馆际互借服务体系的研究。

（3）"地方文献研究"主要体现在：黎族藏书·方志部、海南历史文化大系研究。

（4）"评估体系与标准研究"主要体现在：图书馆质量评估体系与国际标准研究。

（5）"著录细则与管理研究"主要体现在：视听资料机读目录著录细则与管理模式研究

（6）"数字资源版权与合同研究"主要体现在：版权与合同：图书馆数字资源采购中的博弈与制衡。

详见表4-20。

表4-20　获奖成果主题分类列表

主题	数量（项）	合计（项）
数据库建设与研究	8	
服务质量研究	1	
地方文献研究	2	14
评估体系与标准研究	1	
著录细则与管理研究	1	
数字资源版权与合同研究	1	

5. 获奖成果中针对海南高校图书馆与海南地方特色文献的主题分类

14项获奖成果中，有11项是针对"海南高校图书馆事业发展"和"海南地方特色文献"做研究，占总获奖成果数的78.57%。其中，海南高校图书馆事业发展有3项，海南地方文献研究有2项，海南特色数据库建设6项。

详见表4-21。

表 4 - 21　针对海南高校图书馆与海南地方特色文献研究获奖的主题列表

主题类型	主题内容
海南特色数据库建设	海南旅游数据库建设
	海南历史文献数据库建设
	海南现代文学馆特色专题数据库建设
	海南热带医药文献数字资源库建设
	海经院教学科研成果全文数据库
	海南少数民族文献数据库建设
海南地方文献研究	海南历史文化大系
	黎族藏书·方志部
海南高校图书馆事业发展	海南省高校图书馆中文文献数据库的现状及改进措施
	海南学术网络信息资源导航数据库系统建设
	海南省高校图书馆馆际互借服务体系的研究

六、图书馆、情报与文献学学科的工作业绩成果

1. 工作业绩成果概况

"工作业绩成果"是海南省教育厅委托图工委对图书馆馆员在工作中的创新和业务拓展的认可，是介于工作和科研之间的、具有实际操作意义的，并能激励和鼓励全省高校图书馆馆员在工作中善于思考、勇于探索、勤于奋进的特殊管理手段和良好的工作举措。

全省高校图书馆 2004 年—2015 年间共有 10 所高校图书馆产出工作业绩成果 71 项。

详见表 4 - 22。

表 4 - 22　工作业绩成果在各馆分布情况列表

单位	数量（项）
海南大学	15
海南师范大学	16

续表

单位	数量（项）
海南医学院	6
三亚学院	1
海口经济学院	8
省委党校	6
琼台师范高等专科学校	3
海南经贸职业技术学院	6
海南职业技术学院	8
海南软件职业技术学院	2
合计	71

2. 工作业绩成果主题分类

工作业绩成果主要是馆员们根据本馆或全省高校图书馆实际情况，在业务工作中开展的新举措、新开拓、新突破，并通过试行后推广运行。比如：制定新的图书馆管理制度、新的业务规范或评价标准等。在工作业绩成果中具有代表性的主题内容如下：

（1）制定规章、细则、规范：中文期刊著录细则、海南大学图书馆电子文献资源采集实施细则、海南省教育科研数字图书馆文献传递服务规范等。

（2）编写管理办法、文件：高校图书馆质量管理体系文件（工作手册）编写、海南大学期刊装订质量控制方法、高校义务馆员管理模式研究、学生社团组织参与高校义务馆员管理的新模式等。

（3）期刊建设：ILAS 环境下期刊合订本刊脊的设计、期刊园地等。

（4）采访工作：图书招标采购与采编业务外包模式的变革等。

（5）特色文献建设：海南华侨与东南亚文献室、海南大学图书馆文化人类学实验室地方民俗文化建设、海南家谱数据库、渡海解放海南岛战役史纪实数据库、海南省抗癌药用植物资源数据库、热带（三亚）旅游资源数据库等。

（6）阅读推广工作：深度导读提高学生综合素质的实践、泛信息环境下阅读推广研究、海南省委党校"研究性阅读推广"推广活动、海职院"好书伴我行"阅读推广活动策划与组织等。

（7）学科化服务：海南医学院图书馆社科类学科化服务实践、基于 AISS 模式下的差异化学科化服务的实践与思考——以海南经贸职业技术学院为例等。

（8）馆舍建设：图书馆综合布线方案等。

（9）信息素养教育、文检课教学：海南软件职业技术学院图书馆信息素养教育、高职院校图书馆嵌入式教学实证研究——以海南经贸职业技术学院为例等。

（10）数字化、网络化、信息系统：中共海南省委党校图书馆网络化数字化建设、服务器虚拟化技术在高校图书馆中的应用、网络化建设合格评估验收、海南数字图书馆建设等。

（11）标准：文献资源建设绩效评价指标体系。

（12）情报分析：基于学科评价及学报影响力的情报分析与研究

（13）目录建设：参与编制《海南省普通高校中外文期刊联合目录》、海南师范大学图书馆藏古籍目录、海南文献书目索引、海南师范大学图书馆馆藏地方文献书目。

（14）资源建设：基于 OPAC 的图书馆资源整合创新研究、图书馆资源整合与实践、海南大学图书馆捐赠文献信息建设。

（15）图书馆文化：图书馆组织文化理念创新、图书馆网站创意设计。

详见表 4-23。

表 4-23　工作业绩成果主题分类列表

工作业绩成果主题分类	数量（项）
制定规章、细则、规范	6
编写管理办法、文件	5
期刊建设	6
采访工作	2
特色文献建设工作	12
阅读推广工作	5

续表

工作业绩成果主题分类	数量（项）
学科化服务	3
馆舍建设	2
信息素养教育、文检课教学	2
数字化、网络化、信息系统	11
标准	1
情报分析	1
目录建设	5
资源建设	1
图书馆文化	1

在参加各种学术交流会议的过程中，馆员能获取大量的学术信息，能开阔学术视野、掌握新知识。馆员们通过参加学术交流会议，能够在学术思想上得到更多的激励、激发、启迪，从而产生出"额外的"科学新成果。这是学术交流作用的关键与本质，也是学术交流成为一种"科学活动"的体现，成为"人类知识生产力的一种生产方式"，成为馆员们学术生涯的关键所在。

海南省高校图书馆经历了在2004—2015年间的快速发展建设，不断成长、不断成熟，与国内先进地区高校图书馆的差距不断缩短，这与全省高校图书馆馆员在不断参加各种学术交流活动后所形成的种种新思想、新观点、新创意、新理念及其学术研究成果有着紧密而直接的关系。

海南省高校图书馆学术文化首先突出海南本地学术内涵与特质，着力塑造海南本地学术文化的独特形象，继续为海南高校图书馆事业发展做出独特的贡献。

作者简介

李春，女，本科，信息系统与信息管理专业，海南大学图书馆研究馆员。历任海南大学图书馆副馆长、海南省高校图工委秘书长、海南省图书馆协会副会长、中国图书馆协会阅读推广委员会委员。在学术研究方面共发表学术论文30余篇；专著2部；主持省厅级科研项目7项；获得海南省高等学校优秀科研成果二等奖1项。

第五章

强化培训　开展竞赛
建设一支充满活力的图书馆馆员队伍

◇ 高雯雯　张信文

海南省高校图工委成立于 1992 年 5 月，隶属于海南省教育厅，并受海南省教育厅委托对本省高校图书馆工作进行协调督促与业务指导。1999 年开始，随着全国图工委演变为专家组织，省级高校图工委也陆续转变为专家组织，淡化行政色彩，突出行业指导作用，在高校图书馆的建设发展中显现出重要作用，尤其为高校图书馆行业的人才培养起到了至关重要的作用。

第一节　海南省馆员专业基础知识培训

一、2006 年全省图书情报专业知识培训

2006 年 7 月 22 日—31 日，为适应海南省图书馆事业的发展，提高海南省图书情报专业人员整体素质，海南省高校图工委在海南大学图书馆举办 2006 年全省图书情报专业知识培训班。

培训对象主要来自各市县公共图书馆、各类学校图书馆（含中小学、技校、中专）、高校院系资料室及企事业单位的情报资料机构中的非图书情报专业在职人员，共 30 多个单位 80 多人参加培训。

此次培训安排了"图书馆工作概论""文献编目工作""文献标引工作""计算机检索"4 门课程，共 70 课时，同时安排了上机操作。对考试合格的

学员，在结业典礼上颁发了结业证书。

二、2008 年全省图书情报专业知识培训

2008 年 7 月 10 日—19 日，为进一步提高海南省图书馆非专业人员的工作技能，使其掌握应具备的图书情报理论知识，适应现代化图书馆科技发展的需要，海南省高校图工委在海南大学举办了为期 10 天的全省图书情报专业知识培训班。此次培训共有 30 个单位 97 名学员参加，分别来自教育系统、科研系统、公共图书馆系统、医学系统。海南省高校图工委主任詹长智、学术委员会主任安邦建、海南医学院黄玉华、海南省高校图工委秘书长李春、高职高专建设委员会主任温小明、高职高专建设委员会副主任赵会平、资源建设委员会主任王小会、海南大学地方文献部副主任张敏、海南医学院文检课教研究室副主任林川担任了此次培训的授课和讲座教师。

此次培训体现了三大特点：

第一，信息量大，内容丰富，课程设置合理。

培训课程涵盖了图书馆工作概论、读者工作、分类标引、文献信息检索等 4 门基础理论课程，并穿插了国内外图书馆职业资格要求、图书馆职业道德与岗位职责、现代图书馆的文献资源建设、当代图书馆发展面临的挑战与机遇、图书馆的质量管理与绩效管理 5 个专题讲座。

第二，教师均注重比较研究，以具体事例帮助学员理解。

此次培训历时时间较长有利于学员系统学习，所有授课教师均能针对课时安排，在课前做好大量充分而翔实的备课工作，制作的课件丰富多样，并根据授课要点、重点，具体生动地讲解分析不同时期、不同国家图书馆的实际情况，对比古今中外图书馆的区别与发展。每位学员都可结合自己的工作，实际了解自己的工作岗位，并且重新审视自己的工作，对图书馆的工作也有了更加充分的理解认知。

第三，学员到课率较高，保证了较好的培训质量。

7 月 19 日，"2008 年全省图书情报专业知识培训结业典礼"隆重举行，省高校图工委有关领导、授课教师、全体学员参会。图工委主任詹长智在结业典礼上针对本省图书馆事业的发展做了重要讲话，图工委秘书长李春对此次培训的成绩和不足进行了总结，教师代表张敏在讲话中不断勉励学员，并

对学员提出了更高的期望，吴海丰代表全体学员表态，要将学到的理论知识发挥在今后的实际工作中去。

为期 10 天的培训在图工委秘书处精心组织下、在任课教师辛勤准备下、在学员们自觉努力下圆满结束。

三、2010 年全省图书情报专业知识培训

2010 年 7 月 2 日—11 日，为进一步提高海南省图书馆非专业人员的工作技能，使其掌握应具备的图书情报理论知识，适应现代化图书馆科技发展的需要，海南省高校图工委在海南大学举办了为期 10 天的全省图书情报专业基础知识培训班。此次培训共有 30 多个单位 125 名学员参加，分别来自教育系统、科研系统、医学系统、公共图书馆系统。

图工委为此次培训遴选了几位省内图书情报领域有一定专业引领的馆长担任教师，分别为图工委副主任、学术委员会主任安邦建，图工委副主任温小明、海南医学院副馆长黄玉华、高职高专工作委员会副主任王海，他们分别教授"图书馆工作概论""文献资源建设与管理""读者工作""图书馆现代技术及应用"课程，并邀请了高职高专工作委员会主任赵会平、图工委副主任温小明分别做"图书馆员的职业精神与职业道德"和"当代图书馆面临的挑战和机遇"的讲座。此次培训得到了海南大学图书馆的大力支持和配合。

"2010 年全省图书情报专业知识培训开班典礼"及"结业典礼"分别于 7 月 2 日和 7 月 11 日在海南大学隆重举行，省高校图工委有关领导、授课教师、全体学员参会。

四、2012 年全省图书情报专业知识培训

2012 年 6 月 10 日—30 日海南省高校图工委在海南大学举办了为期 10 天的全省图书情报专业基础知识培训班。本次培训班共有 108 名来自全省教育系统、科研系统、医学系统、公共图书馆系统等从事图书情报工作的学员参加，共开设"图书馆概论"、"读者工作"、"文献资源采访"、"文献分类标引"和"图书馆现代技术及应用"5 个培训科目，并举办"《图书馆服务宣言》解读"和"图书馆员的职业精神与职业道德"2 个学术讲座。

6月30日早上，2012年省图书情报培训班结业典礼在海南大学图书馆举行，海南省高校图工委主任詹长智、图工委副主任赵会平、图工委秘书长李春及本次培训班的授课老师参加了结业典礼。

詹长智主任在总结发言中表示，两年一次的培训班是图书馆工作骨干的摇篮，通过数次培训班的学习，许多刚刚踏入图书馆行业学员的专业知识得以加强，并在本单位工作中扮演重要角色，希望本次培训班的学员在今后的工作中也能传承优良传统，使海南省的图书馆事业蓬勃发展。

五、2013 年全省图书情报专业知识培训

2013年7月1日—9日海南省高校图工委在海南大学举办了为期9天的全省图书情报专业基础知识培训班。为期9天培训，共有59名来自全省教育系统、科研系统、医学系统等从事图书情报工作的学员参加，共开设"图书馆概论""读者工作""文献资源采访""文献分类标引"和"图书馆现代技术及应用"5个培训科目，举办"《图书馆服务宣言》解读"、"图书馆文化"和"《海南省高校图书馆'十二五'发展规划》解读"3个学术讲座，组织参观了海南大学图书馆民族民俗文化博物馆。7月9日下午，2013年海南省图书情报基础知识培训班结业典礼在海南大学图书馆举行，海南省高校图工委主任詹长智、图工委秘书长李春及本次培训班的授课老师、全体学员参加了结业典礼。结业典礼由李春秘书长主持。

第二节 海南省馆员专业知识提升培训

一、2005 年馆员专业知识提升培训

不断提高图书馆员的服务意识和服务技能是海南省高校图书馆近年来一直重视的工作。2005 年，在高校图工委各成员馆和各专业组的共同努力下，海南省图书馆界的业务培训工作取得重大进展。

（1）为了在海南省各高校图书馆试行《音像制品和机读资料著录细则》，2005 年 1 月 13—14 日省高校图工委在海南职业技术学院图书馆举办"电子

文献 MARC 格式著录培训班"。来自全省各高校图书馆的 30 名编目人员参加了培训，收到了良好的效果。

（2）2005 年 3 月 29 日至 4 月 6 日，省高校图工委代表团一行 6 人在海南大学图书馆馆长詹长智的带领下赴杭州参加了由中国图书馆学会图书馆建筑与设备专业委员会举办的"全国图书馆新馆建设高级研修班"。

（3）2005 年 5 月 20 日，在海南大学图书馆举办海府地区高校图书馆馆际互借培训班。海府地区各高校图书馆流通部负责人及馆际互借管理员 30 多人参加了培训。

（4）2005 年 6 月 27 日—7 月 1 日，在海南大学图书馆举办"海南省首届高职高专图书馆图书情报专业高级研讨班"，来自全省 11 所高职高专的图书馆馆长和业务骨干共计 21 人参加了培训。

（5）2005 年 12 月 12 日—16 日，省高校图工委与 CALIS 省文献中心举办中西文期刊编目人员专题培训班。来自全省各高校图书馆的中西文期刊编目员 40 多人参加了培训。

表 5－1　海南省高校图工委 2005 年培训活动一览表

时间	举办单位/地点	培训内容	参加人员	主讲教师
2005 年 1 月 13—14 日	省图工委 海职院图书馆	电子文献 MARC 格式著录	全省各高校图书馆的 30 多名编目人员	赵会平 杨艳红
2005 年 3 月 29 日 至 4 月 6 日	中图学会建筑 分会/杭州	全国图书馆新馆建设	詹长智等 6 人	谭祥金等
2005 年 5 月 20 日	省图工委/ 海大图书馆	海府地区高校图书馆馆际互借	海府地区高校图书馆流通部负责人及馆际互借管理员 30 多人	林　密
2005 年 6 月 27 日— 7 月 1 日	省图工委/ 海大图书馆	高职高专图书馆图书情报专业高级研讨班	全省 11 所高职高专的馆长和业务骨干共计 21 人	王永喜 温小明
2005 年 12 月 12 日—16 日	省图工委/ 海大图书馆	中西文期刊编目人员专题培训	全省各高校图书馆的中西文期刊编目员 40 多人	李丽舒 张　英

二、2006 年馆员专业知识提升培训

不断提高服务质量是海南省高校图书馆发展的宗旨，加强馆员的业务培训，提高图书馆员的服务意识和服务技能是其中有效的途径之一，也是海南省高校图工委一直重视的工作。2006 年，在各成员馆的共同努力下，先后举办 3 次各类培训班。

1. 绩效管理与质量管理研讨班

4 月 1 日—5 日，中国图书馆学会高等学校图书馆分会与海南大学图书馆在海口市共同举办"绩效管理与质量管理研讨班"，来自全国高校图书馆的近 40 位代表参加了研讨班。代表们对质量管理与绩效管理基本思想表现了极大的兴趣，对海南大学图书馆进行了实地考察，并进行了充分地交流与讨论。

2. "CALIS 文献传递服务系统"操作培训班

4 月 14 日，为更好地利用 CALIS 丰富的文献资源为全省高校师生提供文献保障服务，CALIS 海南省文献信息服务中心在海南大学图书馆举办"CALIS 文献传递服务系统"操作培训班。学员们通过培训，较好地掌握了文献传递服务系统的操作技能，通过考核，均获得结业证书。

3. "CALIS 联合虚拟参考咨询系统"培训班

10 月 20 日，CALIS 海南省文献信息服务中心在海南大学图书馆三楼多媒体阅览室举办了关于"CALIS 联合虚拟参考咨询系统"的培训，来自全省 12 所高校图书馆共 30 名学员参加了此次学习。本次培训为海南省高校图书馆规范、有序地开展虚拟参考咨询服务奠定了良好的基础。

三、2007 年馆员专业知识提升培训

5 月 25 日在海经院图书馆举办新任馆长、书记及部主任培训班，参加人员 18 人，其中馆级领导 7 人。由图工委主任詹长智讲授了"图工委的作用和主要工作"，安邦建馆长讲授了"规程与海南省高校图书馆评估标准"，图工委副主任于挽平讲授了"数字图书馆的发展"。

四、2008 年馆员专业知识提升培训

6 月 4 日，由海南省高校图工委学术委员会与高职高专图书馆工作指导

委员会共同举办的图书馆馆长及业务骨干培训班，在海口经济学院图书馆举行。全省高职院校图书馆馆长及技术部主任，本科院校图书馆新任馆长、副馆长及有关部门主任等50余人参加培训。

培训包括两部分，前一段由海南医学院李丽舒研究馆员做"数字资源与期刊工作和管理"的报告，介绍了如何对各种载体期刊进行整合的问题；后一段为高职馆长及业务骨干培训，海医黄玉华研究馆员做"高职高专图书馆网络化建设与评估"的培训报告，安邦建研究馆员做"高职高专图书馆评估方案与实施"的培训报告，最后海经院温小明馆长就"新馆舍建设与功能布局"问题进行了讲解。

当时海南省高职高专院校图书馆全面进入快速发展的新时期，许多馆都面临着新馆舍建设、图书馆评估及网络化建设等一系列新问题。本次培训针对上述急需解决的问题，有的放矢地开展培训。培训内容紧紧围绕省教育厅下发的《海南省高等学校图书馆评估方案（试行）》（琼教高〔2005〕19号）和《关于海南省高职高专院校图书馆网络化建设意见》（琼教高〔2007〕125号）文件精神，逐项进行分析和讲解，使大家对两个评估方案和指标体系有了全面、深入的了解，为今后具体操作和贯彻落实提供了指导。新馆舍建设对馆长们是一个比较陌生的课题，温小明馆长从介绍现代图书馆建筑模式入手，通过大量图片与数据，深入浅出地讲解了新馆的结构特点、功能划分、空间布局，以及构建绿色生态图书馆等问题。

五、2009 年馆员专业知识提升培训

2009 年海南省高校图工委加大培训力度，继续开展多次专业知识提升培训。与高职高专指导委员会联合举办"高职高专图书馆 2009 年度工作会议"。会议于 2009 年 5 月 5 日在海南政法职业学院举行，参加人员有学术委员会委员、高职高专指导委员会委员、高职高专图书馆馆长及技术部和采编部主任等，共 60 人。会议中心议题是：高职高专图书馆网络化建设。会上"省高职高专图书馆网络化建设评估方案"项目主持人黄玉华解读"省高职高专图书馆网络化建设评估方案"，海南政法职业学院图书馆馆长介绍推行全面质量管理的工作经验。

2009 年各项培训内容见表 5 - 2。

表 5 - 2　海南省高校图工委 2005 年培训活动一览表

培训时间	培训内容	培训对象	培训教师	培训地点
5 月下旬	纸质与电子资源整合（期刊、图书）	各馆相关专业人员	李丽舒　王海	海南职业技术学院
6 月上旬	图书采购招标评分要项设计与评分技巧	各馆馆长及文献资源建设工作者	赵会平	海南大学
6 月上旬	图书采购招标模式下的文献采访与编目工作	各馆相关专业人员	李丽舒	海南医学院
6 月上旬	CALIS 系统技能操作培训（编目、流通、期刊子系统）	各馆相关专业人员	黄超云	海南师范大学
6 月下旬	网络安全与设备管理、学科导航	各馆相关专业人员	林维波朱良杰麦笃彪	海南医学院
7 月上旬	撰写论文参考文献著录标准、职称申报	全体馆员志愿者	于挽平	海南大学
10 月中旬	数字化建设标准	数字化工作者	数字化专业委员会	海南师范大学
11 月中旬	高校图书馆文献资源发展政策	文献资源建设工作者	教育部图工委	海南大学邵逸夫学术中心

六、2010 年馆员专业知识提升培训

（1）图工委学术委员会于 2010 年 1 月 19—20 日在海南大学图书馆举办《中图法》第四版使用与主题标引培训班，各高校图书馆 31 个工作人员参加了本次培训。

（2）5 月 6 日—8 日，组织参加由中国图书馆学会高等学校图书馆分会在深圳举办的"全国高校图书馆工作社会化高层论坛"培训班。

（3）组织各高校馆参加 10—11 月西安举办的《中图法》第五版培训班。

（4）组织各高校馆参加 11 月 22 日至 23 日由教育部高校图工委主办，海南省高校图工委承办的全国高校图书馆文献资源发展政策研修班，各高校图书馆馆长、采访人员共 53 人参加。

七、2011 年馆员专业知识提升培训

2011 年 5 月 23 日，由海南省高校图工委信息素质教育专业委员会主办的"海南省高校图书馆首届信息素质教育教学观摩活动及业务培训"在海南医学院图书馆七楼学术报告厅举行，省高校图工委副主任、图工委信息素质教育专业委员会主任、海南医学院图书馆于挽平馆长主持了活动的开启仪式，省高校图工委主任、海南大学图书馆詹长智馆长到会祝贺并致词，图工委秘书长，海南大学图书馆李春副馆长，海南师范大学图书馆李冕斌副馆长，海南科技学院图书馆张兰馆长，海南经贸学院图书馆林岚副馆长以及来自全省 6 所本科院校、12 高职高专院校图书馆的 70 余名专业人员参加了本次活动。

此次活动参与人员多，总共有 18 位老师分别进行了课堂观摩教学、教学课件的演示和讲解，老师们各显身手，各展才华，各具特色又严谨的课程教学、趣味的入馆教育、生动的课件演绎，给与会者留下了深刻的印象。最后大家还围绕活动内容、各馆教学情况进行了交流。

这是一次海南省高校图书馆信息素质教育工作者的盛会，参加人数之多，覆盖院校之广，是图工委专业委员会工作历史上少见的。会议虽然只有短短的一天，但整个会议活动安排紧凑，内容丰富多彩，与会者感觉收获颇多，高度评价本次活动的意义和作用，大家纷纷表示：在这次信息素质教育教学观摩活动与培训中，交流了经验，学到了技巧，提高了水平。

此次活动积极探讨和交流了海南省高校图书馆信息素质教育的有效方法和途径，整体推进了信息素质教育工作的深入开展和教学模式、教学方法的改进，它对海南省高校图书馆信息素质教育工作的深入开展和改革，对各馆从事信息素质教育专业人员的教育教学水平的提高，都起到了一定的促进作用，意义重大。

八、2012 年馆员专业知识提升培训

由海南省高校图工委学术委员会与海南省高职高专图书馆指导委员会联合举办，海南政法职业学院图书馆承办的"图书资料系列专业技术资格申报培训"于 2012 年 9 月 26 日在海南政法职业学院图书馆四楼多功能报告厅顺利举办。

来自琼台师范高等专科学院、海南电视大学、海南省委党校、海南职业技术学院、海口经济学院、海南科技职业学院及海南政法职业学院等院校的图书馆工作人员共 70 余人参加了培训。

会议由海南省高职高专图书馆指导委员会主任、琼台师范高等专科学院图书馆馆长赵会平研究馆员主持，海南政法职业学院图书馆馆长安邦建讲授。安邦建就图书资料系列专业技术资格申报与评审的历史沿革、评审的依据及图书馆工作人员在职称申报过程中应注意的问题等进行了阐述。讲授结束后，与会人员与安邦建进行了课堂互动。本次培训在和谐的气氛中圆满结束。

九、2013 年馆员专业知识提升培训

（1）首次举办英文文献编目培训班。为了适应全省普通高等学校升格转型发展对外文文献的需求，提高全省高等学校的外文文献管理水平和使用效益，于 2013 年 6 月首次举办全省英文文献编目培训班，全省 8 所高校图书馆 25 名专业人员参加为期一周的培训，并获得培训合格证书。

（2）增加《资源描述与检索》（RDA，*Resource Description and Access*）培训内容。培训班按照《CALIS 外文书刊联机合作编目培训教材》内容进行培训以外，又增加了世界西文文献编目最新发展 RDA 的介绍，这为海南省西文文献编目工作与世界最新发展接轨奠定了坚实基础。

第三节　海南省高校图工委举办全国性培训

一、图书馆质量管理与绩效管理研讨班

2006 年 4 月 1 日—2 日，与中国图书馆学会高校分会联合举办了"图书馆质量管理与绩效管理研讨班"，26 所大学的近 40 名学员参加研讨班。中国图书馆学会高校分会两位副秘书长、北京邮电大学图书馆馆长代根兴和中央财经大学图书馆副馆长顾文佳亲临研讨班，并分别做了专题报告，海南大学图书馆馆长詹长智和海南大学图书馆安邦建也分别做了专题报告。

二、全国高校图书馆文献资源发展政策研修班

2010 年 11 月 22 日至 23 日，由教育部高校图工委主办，海南省高校图工委承办的全国高校图书馆文献资源发展政策研修班在海口市千岛海景酒店举行。来自各省区共 96 位高校图书馆代表参加了培训，其中海南高校图书馆馆长、采访人员共 53 人参加。

在开班仪式上，李春秘书长代表海南高校图工委致辞，并介绍了举办此次培训的背景，同时认为此次研修班必将使海南高校图书馆在文献资源建设的合理性方面、系统性方面、科学性方面打下坚实的基础。武汉大学图书馆张洪元副馆长代表教育部高校图工委文献资源建设工作研究小组介绍了文献资源建设工作研究小组近几年开展工作的情况。

此次培训由教育部高校图工委文献资源建设工作研究小组成员 6 位专家担任主讲老师，他们分别是：武汉大学图书馆的张洪元、华东师范大学图书馆的余海宪、南京大学图书馆的陈远焕、北京大学图书馆的陈体仁、复旦大学图书馆的龙向阳、浙江大学图书馆的张军。专家们从"文献资源发展政策及其编制办法""中文图书评价与选择系统""中文图书采访平台""文献采选实践问题探讨""馆藏资源评价""外文图书采选实践研究"等专题，将采访工作的理论与实践相结合，为代表们全面、系统地的做了介绍，并与代表们热烈讨论现代文献资源发展的总体趋势和应对措施。

整个培训紧凑、有序，代表们普遍认为培训内容质量高，可借鉴与可操作性强，专家们对采访工作的理论研究和实际案例分析使各省区高校图书馆在文献资源建设的具体工作方面找到了差距，找到了开展工作的好方法和解决问题的应对办法，各位代表深感受益匪浅。

第四节　加强技能训练　赛事切磋交流

一、2012 年海南省高校图书馆首届馆员技能竞赛

为加强全省高校图书馆服务文化体系建设，提升图书馆第一线读者服务人员的知识水平与业务技能、服务意识与服务质量，建设一支高水平的读者服务专业队伍，推动全省高校图书馆事业可持续发展，为全省高等教育的升格转型和内涵发展提供强有力的支撑，海南省高校图书馆首届馆员技能竞赛于 2012 年成功举办。

1. 组织机构

本次竞赛由省教育厅主办，海南省高等学校图书情报工作委员会协办，承办单位为海口经济学院和海南经贸职业技术学院。

海南省高校图书馆首届馆员技能竞赛组委会成立，组委会下设竞赛办公室、专家组、宣传组、监督仲裁组，具体负责竞赛的组织实施。

2. 竞赛内容

（1）基础知识竞赛：笔试、抢答

（2）业务技能竞赛：图书排序、图书上架、为读者找书

3. 竞赛时间与地点

（1）时间：2012 年 11 月 30 日

（2）地点：海口经济学院图书馆

4. 参赛办法

（1）组队要求

以各院校图书馆为单位组队参赛，每队 3 人（均为本馆流通阅览岗位在

岗人员），每位队员均须参加竞赛每项比赛。

（2）领队与联络员

各参赛队由图书馆主管领导带队，每单位须报领队1人，全权负责参赛事务的协调工作，并指定1名联络员。

5. 竞赛方式

（1）基础知识竞赛（个人和团体赛）

①笔试（满分100分）

由专家组统一命题，其中80分试题于2012年11月初由组委会办公室发到各院校领队的邮箱，其余20分试题不公开。

笔试形式为机考，时间为30分钟，由电脑系统评卷，最后按系统评分得出成绩，决出本单项的个人名次。各参赛队员的个人成绩纳入团体成绩计分。

②抢答（100分）

由专家组统一命题，抢答题赛前不公开，每一参赛单位为一队，并指定一人为主答，分为必答和抢答两种形式，各队抽签排座，每队完成必答题后开始进入抢答环节，最后按各队所获得必答、抢答题总分确定排名。

（2）业务技能竞赛（团体赛，一个参赛选手承担一个项目）

①图书排序（满分100分）

各参赛队抽签选取一组已分编好的图书（100种），在规定的时间内，将图书按索书号排序，以用时多少及准确率决定名次。

②图书上架（满分100分）

将已排序好的图书在规定的时间内，按索书号上架，以用时多少、上架数量及准确率决定名次。

③为读者找书（满分100分）

各参赛队随机抽取若干道题，在规定的时间内，按照题目要求查找图书，以用时多少、查找到图书数量决定名次。

6. 竞赛安排与步骤

（1）竞赛启动阶段（2012年11月上旬）

由省图工委牵头组织召开主、承办单位协调会，研究确定首届馆员技能竞赛实施方案，下发开展技能竞赛活动的通知。

（2）选拔赛阶段（2012 年 11 月中旬）

①各高职高专院校图书馆组织预赛，选拔参加全省决赛的选手，由各院校组织实施；

②11 月 20 日前，各院校将选拔结果及参加决赛的代表选手相关资料，领队及联络员名单报到竞赛组委会办公室。

（3）决赛（2012 年 11 月 30 日）

在海口经济学院图书馆举行决赛。

7. 奖励办法

由省教育厅统一颁发获奖证书。

（1）个人奖：在笔试中评选。根据竞赛成绩，从高到低排列，按参赛人数确定获奖人数。

一等奖占 10%，奖金 600 元；二等奖占 20%，奖金 400 元；三等奖占 30%，奖金 200 元。

（2）团体奖：以参赛院校为单位，按照竞赛各项目的总分从高到低排列，得分相同者以个人一等奖多为先。

一等奖 1 个，奖金 800 元；二等奖 2 个，奖金 600 元；三等奖 3 个，奖金 400 元。

（3）优秀组织奖：竞赛设若干优秀组织奖，奖励在本届竞赛中积极参赛并对竞赛贡献较大的院校。

（4）纪念奖：颁发给为竞赛提供较大赞助的企业和单位。

8. 竞赛经费

本次竞赛所需费用主要由省教育厅负责，不足部分由竞赛组委会筹措解决。各参赛队的交通、食宿费用由所在单位负责。

9. 注意事项

（1）报名者必须为本单位流通阅览部门在职在岗人员，不得弄虚作假，一旦发现问题，将取消其报名参赛资格；在竞赛过程中或赛后发现有严重违反比赛规定的参赛队或队员，将取消其竞赛成绩，收回获奖证书并通报批评。

（2）参赛选手应遵守竞赛规则，遵守赛场纪律，服从竞赛组委会的指挥和安排，尊重评委的评判，爱护竞赛场地的设备和器材。

（3）在竞赛过程中，要严格按照安全规程进行操作，防止事故发生。

二、2013年海南省高校图书馆首届信息素质教育教学讲课比赛

为了积极探讨海南省高校图书馆开展信息素质教育的有效方法和途径，深入推进高校图书馆信息素质教育教学工作的开展，提高信息素质教育课堂教学的质量，由海南省教育厅举办、信息素质教育专业委员会组织及海南医学院承办的"海南省高校图书馆首届信息素质教育教学讲课比赛"活动于2013年10月中旬举行，活动具体安排如下：

1. 比赛宗旨

推动全省高校信息素质教育与培训工作，加强教学实践研究，优化教学过程，探索课堂教学艺术，不断提高馆员承担信息素质教育与培训的水平，从而更好地促进全省信息素质教育的改革与发展。

2. 组织机构

本次比赛活动由海南省教育厅主办，海南省高等学校图书情报工作委员会协办，海南医学院和省图工委信息素质教育专业委员会组织承办。

为办好本次活动，由教育厅牵头成立"首届信息素质教育教学讲课比赛"组委会，组委会成员如下：

主任委员：省教育厅高教处朱双平处长

副主任委员：省高校图工委主任詹长智、省高校图工委副主任及信息素质教育专业委员会主任于挽平（常务）

委员：省高校图工委秘书长李春，学术委员会主任安邦建，信息素质教育专业委员会副主任胡爱民，海南医学院图书馆副馆长缪军、朱良杰。

组委会办公室设在海南医学院图书馆。组委会具体负责活动的方案审定、协调、指导及获奖名次审定等。

3. 参赛对象

全省各高校图书馆近两年承担了纳入学校或馆教学与培训计划的信息检索教学、新生入馆教育等任务的图书馆在职工作人员。

参赛人员产生：由各馆推荐，本科高校每单位2名，高职高专每单位1名。建议有条件的馆可在本馆举行预赛活动，这也是一个相互学习、提高和

锻炼的机会，最终推选出代表本馆实力与水平的工作人员参加比赛。

促赛人员：为了更好地达以比赛促提高的目的，除比赛选手外，欢迎各馆同仁到会观摩助兴。

4. 讲课比赛内容

纳入 2012 面向学生开设的课程教学及培训计划的信息资源检索与利用教学、新生入馆教育及 OPAC 检索培训等内容（需提供 2012 年授课、培训计划）。

5. 活动具体安排

（1）讲课素材提供：参赛者须提前两个星期将讲课比赛内容大纲及课件提交组委会办公室，以备审核。

（2）比赛形式：分本科组、高职高专组分别进行，每人课堂讲授 20 分钟，评委现场打分，并予以点评。

（3）活动时间：2013 年 10 月 16 日至 17 日

（4）活动地点：海南医学院

6. 评比办法与奖励：

（1）评委小组组成：分别设立本科与高职高专院校评委组各 1 个，每组 5 名专家，由各馆具有丰富管理经验或资深的长期从事图书馆信息素质教育的专业人员组成评委小组。具体产生办法：本科院校评委组由学术委员会推荐人选，高职高专院校由高职高专专业委员会推荐人选，原则上要求具有教师资格、承担过信息素质教育教学与培训工作者，本科院校评委应具有高级专业技术职称，高职高专评委应是具有中级以上专业技术职称的资深馆员。

（2）评奖办法：各组专家按照拟定的讲课比赛评分要素，从授课内容组织、讲课人表现、课件制作水平等方面对每一位参赛者进行现场评分（评分要素详见表 5-4）。最后以专家现场评分所计算出的每个选手的总得分进行排名。本科、高职各组分设一等奖 1 名，二等奖 2 名，三等奖 2 名。为确保讲课比赛质量，宁缺毋滥，一、二等奖分别设定得分线，即：一等奖获得者总分不得低于 90 分，二等奖获得者总分不得低于 80 分。

表 5-3　海南省高校图书馆首届信息素质教育教学讲课比赛奖励设置

名次	奖励标准（元）	数量	金额（元）
一等奖	800	2	1600
二等奖	500	4	2000
三等奖	300	6	1800
合计		12	5400

表 5-4　海南省高校图书馆首届信息素质教育教学讲课比赛评分表

序号	评分项目	权重	A+ 95—100	A 90—94	A- 85—89	B+ 80—84	B 75—79	B- 70—74	C+ 65—69	C 60—64	C- 0—59
1	遵时守纪	2									
2	服饰整洁大方，仪表端庄	2									
3	态度从容亲切，表情自然，情绪饱满	2									
4	备课充分，脱稿讲授	4									
5	教学目的明确，符合大纲	7									
6	观点正确，概念清楚	8									
7	重点突出，详略得当	8									
8	内容丰富，反映进展，理论联系实际	8									
9	举例生动、贴切，问题设计合理	6									
10	引用外语专业词汇	3									
11	注意启发和师生交流	5									

续表

序号	评分项目	权重	A⁺ 95—100	A 90—94	A⁻ 85—89	B⁺ 80—84	B 75—79	B⁻ 70—74	C⁺ 65—69	C 60—64	C⁻ 0—59
12	能灵活、得心应手地驾驭课堂	5									
13	能按大纲要求因材施教，教书育人	5									
14	能科学、熟练地运用现代教育技术手段	6									
15	语言生动，语速适中，引人入胜	5									
16	系统性、逻辑性	4									
17	教学效果	20									

比赛选手编号：

三、2014 年海南省高校图书馆阅读推广优秀案例评选

为表彰在全省高校广泛开展全民阅读活动中富有创意的阅读推广优秀案例，特设立阅读推广优秀案例奖。具体评选事项如下：

主办单位：海南省教育厅

承办单位：海南省高校图工委服务创新工作委员会、秘书处

优秀案例评选条件：

在近三年开展的阅读推广中，活动形式新颖，富有创意，收效显著，具有示范和推广价值。

申报材料要求：

（1）填写"阅读推广优秀案例"征集表；

（2）活动总结材料，内容要真实、充分，文字要求主题明确，内容翔实，字数为 800—2000 字；活动图片或影像等实例材料可提供 PPT、视频等，形式不限。

（3）所有案例均需同时提交电子版和纸质版材料。

（4）每馆可报1—2个优秀案例。

表5－5　2014年海南省高校收馆阅读推广优秀案例评选条件

序号	评分标准	比重
1	创新性：活动形式与内容的创新；案例是否新颖；是否他人从未做过，或很少有人做过	40%
2	可实施性：项目开展的难易程度以及工作量；在高校阅读推广过程中取得良好的效果，形成一定的影响力	30%
3	意义价值：是否契合图书馆实际，能够提升阅读水平和图书馆形象；对其他高校图书馆是否具有示范性	20%
4	材料准备：内容是否完整，文字是否流畅，佐证材料是否充分，PPT或视频制作水准是否高，演示效果是否好	10%

征集时间及评选：

各高校图书馆在10月10前将申报材料报送服务创新工作委员会。组委会将组织专家及相关人员共同参与评选。

评选奖项及表彰：

优秀案例各评选出一等奖2个，二等奖4个，三等奖6个，优秀奖若干。在图工委年会上举行表彰活动，由教育厅向获奖优秀案例颁发奖牌，选拔优秀案例在大会做经验交流，并将获奖案例结集出版。

评审时间：2014年11月15日

评审地点：海南医学院图书馆七楼会议室

表5－6　海南省高校图书馆阅读推广优秀案例成绩汇总表

序号	案例名称	选送单位	最后得分	获奖等级
1	丰富渠道 创新形式 注重收效	海口经济学院	90.57	一等奖
2	360°I·悦读	海南医学院	90.12	一等奖
3	"书海夺宝"活动	海南职业技术学院	89.96	二等奖
4	走进图书馆，获取新知识	海南大学	89.59	二等奖

续表

序号	案例名称	选送单位	最后得分	获奖等级
5	"盛享好书"系列读书沙龙活动	海南职业技术学院	88.43	二等奖
6	九维任务驱动下的阅读推广服务——以海南经贸职业技术学院图书馆读者俱乐部为例	海南经贸职业技术学院	87.48	二等奖
7	研究性阅读推广	海南省委党校	87.35	三等奖
8	心智阅读推广"书香琼苑"的品牌打造	琼州学院	85.40	三等奖
9	"阅读圆梦"美文共赏系列读书文化活动	海南政法职业学院	84.55	三等奖
10	海南大学图书文献知识竞赛	海南大学	83.60	三等奖
11	基于 AISS 服务模式下的差异化学科服务	海南经贸职业技术学院	81.90	三等奖
12	真人图书馆	三亚学院	79.80	三等奖
13	书香教师　书香海南	海南师范大学	79.65	优秀奖
14	点燃书香激情、共建书香校园	海南科技职业学院	78.05	优秀奖
15	书友会系列活动	三亚学院	77.60	优秀奖
16	"书香师大"	海南师范大学	76.85	优秀奖
17	海南软件职业技术学院图书馆阅读推广工作	海南软件职业技术学院	74.95	优秀奖
18	手牵手书海泛舟，面对面共沐书香	海南广播电视大学	74.30	优秀奖
19	让图书走进教室	海南外国语学院	72.40	优秀奖

　　为了提升图书馆读者服务一线人员的知识水平与业务技能、服务意识与服务质量，为了提高馆员从事信息素质教育教学的能力与水平和信息素质教育课堂教学质量，为了提升图书馆在建设书香校园文化中的地位和作用，促进高校良好阅读风尚的形成，图工委坚持创新驱动发展战略，自 2012 年起，

首次成功举办"海南省高校图书馆馆员技能竞赛（高职高专组）"之后，又分别于 2013 年、2014 年陆续举行"海南省高校图书馆首届信息素质教育教学讲课比赛"、"海南省高校图书馆阅读推广优秀案例比赛"以及开展"全国高校图书馆阅读推广创新案例大赛"选送案例评比活动。

通过比赛，建设一支高水平的专业队伍，为全省高等教育的内涵发展提供强有力的支撑，将文献优势、技能优势、人力优势最大限度地发挥出来，推动全省高校图书馆事业可持续发展。

省教育厅对每次大赛在工作推动方面和经费方面都提供大力支持，并以省教育厅名义发文落实和实施各项比赛活动。

表 5-7　海南省高校图工委组织的比赛活动信息一览表

时间/地点	比赛内容	比赛情况	举办机构
2012 年 11 月/ 海经院馆	首届馆员技能竞赛（高职高专组）：1. 基础知识竞赛：笔试、抢答　2. 业务技能竞赛：图书排序、图书上架、为读者找书	1. 个人奖（18 名）：一等奖 3 名，二等奖 6 名，三等奖 9 名；2. 团体奖（6 个）：一等奖 1 个，二等奖 2 个，三等奖 3 个；3. 优秀组织奖（2 个）	主办：省教育厅 协办：省图工委 承办：海经院馆
2013 年 10 月/ 海医馆	首届信息素质教育教学讲课比赛：1. 信息资源检索与利用教学　2. 新生入馆教育　3.OPAC 检索培训等内容（需提供 2012 年授课、培训计划）	本科、高职组 1. 一等奖各 1 名 2. 二等奖各 2 名 3. 三等奖各 2 名	主办：省教育厅 协办：省图工委 承办：海医馆；信息素质教育专业委员会
2014 年 11 月/ 海医馆	全省高校图书馆阅读推广优秀案例评选	1. 一等奖 2 个 2. 二等奖 4 个 3. 三等奖 6 个 4. 优秀奖若干	主办：省教育厅 承办：服务创新委员会；秘书处

续表

时间/地点	比赛内容	比赛情况	举办机构
2015 年 5 月/ 海医馆	全国高校图书馆阅读推广创新案例大赛　选送案例评比 活动： 1. 案例内容：近三年阅读推广实践活动中的精彩案例 2. 案例材料：按《全国高校图书馆阅读推广创新案例大赛方案》提交材料要求	一等奖 2 个（海大、海医）选送到华南地区参加比赛	主办：秘书处；服务创新委员会

第五节　海南省高校图工委馆员队伍建设分析

教育部《普通高等学校图书馆规程（修订）2002 年版》在"总则"中阐述："高等学校图书馆是学校的文献信息中心，是为教学和科学研究服务的学术性机构，是学校信息化和社会信息化的重要基地。高等学校图书馆的工作是学校教学和科学研究工作的重要组成部分。高等学校图书馆的建设和发展应与学校的建设和发展相适应，其水平是学校总体水平的重要标志。"为了配合高校教学和科研质量的提升，为了适应高校教学和科研的发展需求，高校图书馆近几年从资源建设和服务类型方面不断改革创新，已发展成现代数字信息网络型图书馆，文献资源建设不断数字网络化，服务类型已提升到科技查新服务、学科服务、信息素质教育服务等全方面服务。随着海南国际旅游岛建设的全面启动，全省各高校尤其是海南大学重点学科、重点专业的教学和科研对图书馆的需求不断提升，这对高校图书馆馆员的职业道德和业务素质提出了更高的要求和标准。对馆员的业务培训是达成更高标准的有效途径，是高校图书馆提高服务水平的科学之路。

一、海南省高校图书馆馆员业务素质现状

海南省高校（含高职高专）图书馆的发展起步和水平各不相同。

各学校对图书馆的经费投入也各有差异，图书馆馆员队伍组成和建设存在较大差异。由于经费的欠缺，各高校图书馆对现有人员没能形成规范的系统培训计划，造成人才队伍建设得不到保障。专业人才的缺乏大大阻碍了本省高校图书馆的发展进程，使本省高校图书馆建设远远落后于国内同等同类高校图书馆。

二、海南省图工委业务培训计划

我们认为，馆员的业务培训应纳入学校和省图工委的每年业务计划之中。通过参加中国图馆学会、教育部高校图工委举办的全国重要学术会议和重要的不同专业培训，以及本省举办各种培训班对所有馆员进行培训。针对不同部门、不同岗位、不同学历的馆员设计不同的学习、进修内容，可以是短期和中长期相结合，可以请师资上门培训和走出去到国内高校图书馆跟班学习相结合，做到形式多样化、内容系列化、效果明显化。

总之，各图书馆的领导要从本馆的实际出发，切实了解每个馆员的提升素质的需求。同时根据全省高校图书馆行业的发展趋势，加强各馆业务部门的对口交流，夯实业务基础。真正实现教育部《普通高等学校图书馆规程（修订）2002 年版》中对图书馆的职能要求。

作者简介

高雯雯，女，硕士，东北师范大学图书馆学专业，海南师范大学图书馆副研究馆员。发表学术论文 10 余篇，专著 1 部；主持省厅级科研项目 2 项。

张信文，男，硕士，动物生理学专业，博士生导师，享受国务院特殊津贴专家。历任海南师范大学图书馆馆长，海南省图工委副主任。发表学术论文 80 多篇，SCI 收录论文 25 篇，主持完成 9 项国家自然科学基金项目，获得国家教育部科技进步二等奖 2 项、海南省科技进步三等奖 2 项，海南省高等学校科研成果一等奖 1 项，2012 年获"全省优秀科技工作者"。

第六章

海南省高校图书馆联盟的历史演进

◇ 王小会

20 世纪 90 年代以来，计算机、网络及通信技术的飞速发展，使国内外信息服务业的基本格局受到极大的冲击。以 Google 为代表的数据商以全新的服务理念与模式开创了信息服务的新纪元。图书馆的发展深受网络技术和信息技术的影响。新技术，特别是 IT 技术的广泛应用带来的新环境和新需求是图书馆发展的驱动力，但同时也带来了巨大的压力。在这样的背景下，图书馆生存空间日趋狭小，新技术对图书馆的影响力日趋明显，不仅给业界同仁带来了诸多困惑，也引导着他们开始了新的思考。日新月异的新技术环境不仅改变着图书馆的模式，也冲击着图书馆的理念，拓展了图书馆的服务功能：

（1）图书馆正向一个基于因特网架构的信息中心发展；

（2）数字资源逐渐成为提供服务的主体；

（3）围绕着数字资源开展的新型业务日益增加，某些传统业务正在弱化和消失。

有鉴如此，改变图书馆运行模式，建设各种类型的图书馆联盟（即数字图书馆等）已经成为国内外图书馆界同仁们的共识。

本章节讨论的"图书馆联盟"系指某地域或某行业、系统范围内，基于计算机网络技术，以实现资源共享、利益互惠，接受共同认可的协议和合同制约的图书馆联合体；拥有丰富信息资源的图书馆则为联盟建设的主力军。区域高校图书馆联盟是其中的一种形式。其主要特性都是网络环境下馆际之间广泛的多边协作，以形成高度开放的文献信息资源的共建、共享体系。本章节拟讨论的海南省高校图书馆联盟就是其中一个范例。在此，拟以海南省高校图书馆 20 年（1995—2015 年）发展历程为背景，探讨其高校图书馆联盟建设的历史路径。

第一节　海南省高校图书馆联盟建设背景

一、国内外图书馆联盟的源起

随着计算机、通信技术的飞速发展，国内外图书馆的业态发生了颠覆性的变化。在新的技术生态环境下，如何使馆藏资源从有限走向"无限"，使资源获取从局部走向广阔，成为图书馆界尤其是高校图书馆同仁面临的重大问题。20 世纪 80 年代之后，国外图书馆界与政府部门高度重视以用户需求，开始致力于构建信息资源共享体系。美国在世界上最早进行数字图书馆研究和建设。1993 年 9 月，克林顿政府实施国家振兴计划"国家信息基础结构：行动纲领"。数字图书馆建设作为美国国家信息高速公路建设的重要内容，迅速在美国蓬勃发展起来。1995 年，美国创建国家数字图书馆联盟，克林顿政府又宣布将"NII 计划推向全球，形成全球信息设施计划，呼吁世界各国加入这一计划。1996 年美、英、法、日、德、加、意、俄等 8 个国家的国家图书馆组成 G8 数字图书馆联盟，开始实施全球信息社会示范计划（Global Information Society Pilot Project）。欧美国家的数字图书馆与信息高速公路建设的影响很快波及全球，从发达国家到发展中国家和地区，各级政府都在积极推动国家与地区的信息化建设。

20 世纪 90 年代，我国图书馆界借鉴国外经验开始了信息资源共享建设。1994 年 3 月，北京图书馆负责召集了全国公共图书馆、高校图书馆、情报信息所等共 122 家单位参加的全国文献信息资源共建共享协作会议。会议就建立文献信息资源共建共享协作网络达成共识，签署了《全国文献信息资源共享倡议书》和《全国图书馆馆际互借公约》。同年，教育部正式启动了高等教育文献保障系统（CALIS），随后 NSTL、CADAL、CASHL 等相继成立，奠定了我国信息资源共享的多元化格局。

"十五"（2001—2005 年）期间，文化部实施旨在传播中华优秀传统文化、不断提高全体公民文化素质的"全国文化信息共享工程"。该工程以项目建设的形式推进全国公共图书馆联盟建设。2002 年 5 月 16 日，中国高等学校数字图书馆联盟（CDLF）成立大会在厦门大学召开，制定了《中国高等学校数字图书馆联盟章程》。2005 年 7 月 8 日，在武汉大学召开的"中国大学图书馆馆长论坛"上发表的《图书馆合作与信息资源共享武汉宣言》积极倡导建立不用类型的图书馆联盟，构建全方位、多层次的信息资源保障体系，成为数字时代图书馆合作的行动指南。上述一系列活动国内业界图书馆联盟建设进入了一个快速发展历史时期。

二、国内高校图书馆联盟发展轨迹

进入 21 世纪，我国高等教育正在发生着深刻的大变革，国家科教兴国战略和《面向 21 世纪教育振兴行动计划》对高等教育全面发展提出了更高的要求，高等学校担负着培养高级专门人才和发展科学技术文化事业的重大任务，以及面向社会，服务于现代社会经济即产学研一体化的世界高等教育改革大趋势，都在呼唤着作为教育支柱之一的高校图书馆必须担当起为高等教育服务、为教育腾飞插上翅膀的重任。而现有的基础条件与服务水准与高校图书馆肩负的责任和义务相去甚远。因此，在新的历史环境下，图书馆只有通过开拓创新来寻求新的发展机遇。

1998 年，在教育部的推动下，中国高等教育文献保障系统（China Academic Library & Information System，简称 CALIS）正式启动运行。CALIS 的宗旨是：在教育部的领导下，将现代图书馆理念、先进的技术手段、高校丰富的文献资源和人力资源整合起来，建设以中国高等教育数字图书馆为核心的教育文献联合保障体系，实现信息资源共建、共知、共享，以发挥最大的社会效益和经济效益，为中国的高等教育服务。CALIS 管理中心下设了文理、工程、农学、医学四个全国文献信息服务中心，华东北、华东南、华中、华南、西北、西南、东北七个地区文献信息服务中心和一个东北地区国防文献信息服务中心。至此，一个自上而下的高校图书馆联盟建设热潮逐步推向全国各地。通过 CALIS 一、二、三期工程建设，各省高校图书馆陆续设立了 CALIS 省级服务中心。

与此同时，在当地政府的支持下，国内经济发达地区高校图书馆界先后成立了一系列的省域高校图书馆联盟（后者通常承担了 CALIS 省级中心的职责和功能）：江苏省高等学校文献资源保障体系暨江苏省高等学校数字图书馆（1997 年）、上海教育网络图书馆（2000 年）、河北省高等学校数字图书馆（2002 年）、天津高等教育文献信息中心（2004 年）、北京地区高校图书馆文献资源保障体系（2007 年）、湖北省高等学校数字图书馆（2007 年）、海南省高等教育科研数字图书馆（2009 年）、湖南省高校数字化图书馆（2010 年）、浙江省高校数字图书馆（2010 年）、重庆市高校数字图书馆（2010 年）、四川高校文献保障体系（2011 年）、安徽省高校数字图书馆（2011 年）等。除此之外，诸如广东省的珠江三角洲数字图书馆联盟和宁波市数字图书馆则是囊括高校图书馆、公共图书馆以及专业信息服务机构等组建的本地区跨系统数字图书馆联盟。在这类图书馆联盟建设与发展进程中，高校图书馆通常在其中发挥主导作用。

纵观上述省市各类图书馆联盟各具特色，其主要从以下几个方面开展协作共建：

（1）联盟平台一站式服务

各高校图书馆联盟均建有服务平台，大多数为集学科导航、资源导航和服务项目等为一体的综合性服务平台。网站均内嵌有 CALIS 的 E 读学术搜索引擎、万方学术搜索引擎、读秀学术搜索引擎或自行研发的统一检索平台，可以提供一站式、无缝集成的、个性化的文献传递服务、参考咨询服务、教学和科研支持服务及其他相关服务。

（2）图书馆集成管理系统

迄今为止，从共建共享的角度来考察，图书馆集成管理系统选用方面最为成功的是江苏省高等学校数字图书馆和天津高等教育文献信息中心。二者的成员馆均采用了各自统一的自动化集成管理系统。江苏省高等学校图书馆采用本地高校图书馆联合开发的"汇文"系统；天津高等教育文献信息服务中心使用美国 Sirsi 公司开发的 Unicorn 系统。而其他联盟内部的集成管理系统尚未统一。

（3）在组织管理模式

各地高校图书馆联盟的组织管理模式因运行机制的差异而各不相同。其管理模式通常分为中心馆管理模式和多层管理模式。中心馆模式即联盟把管理中心设在条件较好的图书馆，管理中心接受联盟领导机构的领导下承担联盟日常的运行管理、协调工作。由管理中心先搭建好平台，再吸纳成员馆加盟。如北京、上海、河北、重庆、四川等地区联盟。多层管理模式是采用"管理中心—分中心—基层图书馆"的形式。如江苏、浙江、天津、安徽等地区联盟。两种模式各有所长，均有借鉴意义。

（4）在服务内容与形式上，联盟合作以联合购买数据库、联合目录、馆际互借、文献传递为主，其他合作项目包括学科导航、特色数据库、科技查新、联合参考咨询、馆员交流与培训等。

三、海南省高校图书馆联盟建设的区位环境

长期以来，海南省经济发展落后于国内发达地区，影响着海南的社会进步、制约了海南文化教育事业发展。海南作为经济基础薄弱地区，对信息资源的需求处于一个相对较低的水平。省内教育、科技、文化系统文献信息服务机构整体状况堪忧。而图书馆界长期处于一个相对封闭的状态，运行水准低下；省内高校图书馆无法形成一个功能相对完善的文献信息保障体系。

进入 21 世纪后，国家对海南的发展给予了更多的关注和支持，海南的高等教育和职业教育得到了快速的发展。无论是本科院校的教学改革还是高职院校为培养高素质技能型人才的努力，都极大地激发了教学对信息资源的渴求。与此同时，伴随着国际旅游岛的建设步伐，一批涉及电子信息、热带农产品深加工、油气化工、生物医药、塑料光纤、太阳能电池、风力发电等高新技术产业、新能源、新材料等重点项目将陆续投放、启动建设，海南全省科技、经济、社会进入新一轮快速发展。社会各个层面对科技文献资源需求量也将迅速增加。有鉴如此，为落实海南省委、省政府"科教兴琼"战略方针，改善海南整个社会的文化氛围和软环境，推动我省经济、教育、科技事业的迅速发展，海南省高校图书馆界必须有所作为。海南省不仅整体教育基础薄弱，而省内各高校图书馆建设水准也很不平衡。在现有基础条件下，高校图书馆如何走出困境，为高校教学科研乃至于全省社会经济文化事业发展做出应有贡献是高校图书馆同仁面临的严峻问题。因此，通过有效机制推进我省高校图书馆资源共建共享体系建设——图书馆联盟，从而提升高校图书

馆建设与服务的整体水准成为一种历史的选择。以下就近 20 年来海南省高校图书馆联盟演化进程进行总结与梳理。

第二节　单馆时代的协作共建（1995—2004 年）

随着信息的社会化和社会的信息化程度加快，文献信息资源的内涵和需求形式也在发生着深刻变化。高校图书馆传统的单馆服务模式，已然无法适应因为扩招导致的人均文献比例下降，无法满足学科建设的基本要求。通过网络共享环境获取更多资源，成为各级政府主管部门以及国内图书情报界的一种共识。在当时的业态环境下，资源共享体系的建立主要是通过单一项目的馆际合作方式加以推进的。也可以称之为单馆时代的协作共建模式。

1995—2000 年期间，在省教育厅的大力支持下，我省高校图书馆相继完成自动化、网络化建设阶段。1995—1997 年期间，各高校馆开展了自动化建设，实现全计算机集成系统管理；1998—2000 年各馆完成网络化建设。在此过程中，省教育厅每年给各馆下达建设经费，同时要求各校等额配套，故保障了该项建设任务的顺利完成。该项建设任务的完成不仅使各馆"自我保障"初具雏形，同时也为馆际间协作共建奠定了基础。

一、省域"联合保障体系"——"海南省高等教育文献信息资源保障体系"理念的提出

为了推进高校图书馆网络化环境下的资源共享，省教育厅成立了全省高校图书馆自动化网络化建设领导小组，并以琼教高〔1999〕01 号文件下发了《海南省高教文献信息资源保障体系共建协作方案》（下称规划方案）。该规划方案核心要素就是提出了当时国内业界颇具前瞻性的四个联机（联合采访、联合编目、联机检索、联机借阅）为目标，构建全省高校图书馆资源共享体系——"海南省高校文献保障体系"。这在当时国内业界无疑是颇具前瞻性的。1998—2000 年，在省教育厅领导下，海南省高校图书馆以"统一规划，分步实施，协作共建，注重效益"的模式完成了网络化建设。全省高校图书馆在完成网络化建设的基础上，统一安装了馆际互借服务软件；由此，

实现了文献信息资源的联机检索、联机协作采访、联机借阅和馆际互借服务；随后又与 CALIS 编目中心实现了联机编目业务。海南省高校图书馆文献信息资源服务由此跨入了"联合保障"的新阶段。

二、馆际互借

在国内高校图书馆界，海南省高校师生率先实现了各校之间（百分之百普通高校参与）的网络互查互借和"一卡通用"的借阅服务。全省高校师生利用文献不再分馆际，图书馆接待读者不再分校际，实现了真正意义上的资源共享。这一服务模式的主要特点如下：

1. 馆际互借服务模式

省教育厅高教处、省高校图工委、各馆馆长经过多次讨论，确定了馆际互借服务模式"馆际互借"服务模式的基本框架：依托校园网和 CERNET 网，使用统一的图书馆管理软件和 Z39.50 信息交换标准协议，参与 CALIS 编目中心开展联机编目，遵循统一的管理办法和运行机制，采取"数据库分布式，查询检索广播式"开展区域性横向网络共知共享与馆际互借服务。这种服务模式的主要特征是：各高校图书馆统一使用 ILAS 网络版管理软件；按照机读目录著录格式的规范要求，各自建设和维护好本馆的文献资源书（刊）目数据库和读者数据库；开发并统一安装馆际互借公共服务软件；采用广播式查询"分布式数据库"的办法；发放统一的"通用借阅证"，以读者或"通过网络借还，实物由图书馆传递"，或者到任意馆现场借阅等不同方式开展服务。

2. 制定并遵守馆际互借"协议""规则"

总的来说，制定并严格遵守相应服务"规则"和"协议"是我省高校图书馆馆际互借服务可持续性发展的关键环节之一。在全面启动馆际互借服务时，省高校图工委发布了《海南省高校图书馆馆际互借规则》（以下简称《规则》），具体规定了馆际互借服务的操作细则，各高校图书馆都按照《规则》进行操作。2003 年 6 月，根据际互借服务出现的问题，高校图工委对《规则》进行了修订；各馆又订立了有关"公约"，这些举措进一步增强了《规则》的可操作性。

3. 建立组织管理保障系统

在工作实践中，各高校图书馆逐步认识到建立稳定和有效的服务保障系统是馆际互借服务的有力保证。如何实现各高校成员馆通力协作与整体推进，建立有效的组织管理系统尤为重要。海南省高校图书馆的基本思路是建立三级管理的保障体系：

第一，由各馆馆长参加的管理机构——省高校图书馆馆际互借领导小组；主要职责是制订、修改和发布馆际互借服务的有关"协议"、"规则"，并发挥组织协调作用。

第二，由各馆馆际互借和系统管理员组成的省馆际互借运行馆际互借运行管理小组。由省高校文献信息中心负责日常工作，主要职责是具体组织协调各馆履行馆际互借"协议"、"规则"，做好各项服务工作。

第三，由各馆馆际互借管理员与系统管理员组成的管理小组。主要职责实施馆际互借服务与维护系统的正常运行；其中，实体文献传递要求迅速、高速、准确、责任明确。由以上三个不同管理层次组成的职责分明服务保障系统，才能保证"馆际互借"服务工作持续正常的开展。

4. 成效与评价

实际运行中，"馆际互借"模式运行达到预期效果。虽然当时很多图书馆都能开展馆际互借服务，但均未能以通借通还的服务模式开展服务。因此，这种服务模式得到教育部高等学校图书情报指导委员会和全国 CALIS 中心领导的高度评价。我省高校图书馆代表多次应邀出席全国性和区域性学术研讨会上推介这一服务模式，受到广泛关注和好评。应该指出的人是：其借阅量一直都未能达到预期的规模，遂使这项服务的综合效益受到影响。尽管运行模式先进，如果借阅量达不到一定规模，仍然是一种明显的缺憾。

三、组建省高校文献信息中心

2002 年，海南省教育厅下发了"海南省高校图书馆数字化建设规划"。该规划提出：2002—2005 年是我省高校图书馆数字化建设的第一阶段。在这一阶段，数字化建设的具体目标是：在省教育厅的领导以及省高校图书情报工作委员会的组织下，各高校图书馆的协作共建，逐步形成结构科学、布局合理、能长期提供保障服务的资源共享系统。

2002年4月，根据各省高校图书馆开展资源共享建设的经验和我省高校图书馆文献资源保障体系建设的需要，省教育厅依托海南大学图书馆组建了海南省高校文献信息中心。该中心受省教育厅和海南大学双重领导，投入资金以省财政为主，学校按30%比例配套。省高校文献中心在省厅高教处、省高校图工委的领导下，开展了以下几个方面的建设工作：

（1）资源协调采购。根据本省高校学科特点以及各馆均无能力购置外文期刊的实际状况，中心数字资源建设方面主要侧重于外文数据库订购。根据海南省高校学科建设特点，从2002年开始订购置了化学文摘CA、生物数据库BP；参与CALIS华南中心集团采购，订购了可供全省高校用户共享的综合性外文期刊数据库Spinger。在为全省高校师生提供外文数字文献资源保障服务方面奠定了一定的基础。

（2）组织开展了外文文献代检代查和文献传递服务。

（3）负责组织实施全省高校馆际互借工作。

四、特色文献数据库建设

图书馆数字化建设的主要任务是开发具有自主知识产权的数字资源库和应用系统。根据海南省高校图书馆数字化建设规划，在省教育厅统一组织和领导下，我省高校图书馆统一启动了我省高校图书馆资源共享体系的重点项目——"海南地方特色数字资源库"的开发建设工作。

2002年9月，省高校图工委组织召开了"数字化图书馆和特色文献资源建设方案"会议，讨论关于选择特色文献资源建设系统软件平台，对北大方正Apabi数字图书馆系统及方正德赛自有资源建设系统进行了科学论证，最终一致认为北大方正Apabi数字图书系统和方正德赛自有资源建设系统是一套比较完整、技术领先、功能优化、前瞻性强的数字化图书馆建设系统平台。有鉴如此，各高校馆现统一购置了北大方正德赛（DESi）数据库创建及安全发布软件组群，以及相关的一些设施和软件系统。该项目以该系统为平台，以统一的标准和规范对多媒体资源进行整合、加工、管理与发布；并实现以下功能：①建立网络环境下分布式、可扩展的地方特色数字资源库的建设框架；②实现文献资源的深层次标引；③实现分布式资源库的跨库链接，使用户能够实现跨校、跨库检索。各子课题组利用该系统完成相关研究工作，基本达到预期效果。

通过两期建设，基本形成了海南地方历史文献特色库、海南旅游资源特色数据库、海南热带农业文献数据库、海南热带医药数据库、海南少数民族文献特色数据库等为主导海南省地方特色库群建设。

五、覆盖全省高校重点学科的"海南学术网络信息导航数据库系统"

基于海南省高校教学科研发展的需要以及学科分布的实际状况，若干高校图书馆联合组织课题组来开发建设涵盖各校重点学科的"海南学术网络信息导航数据库系统"。该项目制定了以国家及省重点学科为主，校级重点学科为辅的导航库学科建设范围和资源收集有关标准和原则范围，采用布尔逻辑法检索，收集网络资源，以大学科为纲，二级学科为目与资源类型分类并行的资源组织构架。

其基本设计思想是建立基于网上相关学术信息进行搜集、筛选、建立起来的目录式资源组织体系；它运用了 B/S 结构模型的设计思路，采用功能较强、彼此配合较好的 Apache 服务器、PHP 编程语言和 MySQL 数据库，在WINDOWS 2000 SERVER 平台，建立了基于 WEB 服务器的海南省高校学术网络信息导航系统。

与国内高校图书馆开发的同类系统相比，该系统是一个跨校的导航系统。其设计主旨中体现出的区域性信息资源组织系统共建、共享特性及其所特有的远程管理功能等方面具有明显的特色和优势。所涉及学科涵盖全省高校中30 个省、校级重点学科。因此，功能设计和实现方式与一般学科导航系统有所不同。其远程管理功能在全国同类系统中未见报道；这一功能使该系统在便于各高校维护及更新数据、提高管理工作效率、保持数据库系统的有效性等方面均独具特色。

该项目的成功开发，填补了海南省高校图书馆在学科导航建设方面的一个空白，使我省高校文献资源共享体系建设在网络资源导航方面也取得了可喜的进展；并获得 2004 年海南省科技进步二等奖。这是海南省高校图书馆界获得唯一一个海南省科技进步奖二等奖。

六、资源共享系统的延伸开发

毋庸置疑，各高校的院部资料室（二级馆或专业分馆）的藏书通常具有很高的专业学术价值。如果能使其实现资源共享，既有创新意义，也有很强的实用价值。然而，其书目数据库建设大都非常滞后，遂使这些分馆的专业藏书远远发挥其应有的使用价值。在基本实现省内高校图书馆馆际互借以后，部分高校馆启动了二级馆或专业分馆的网络化建设。也就是在网络环境下开展其书目数据库建设。应该说，这项工具有非常重要的意义，它与前述省际高校图书馆合作层面开展馆际互借和文献传送服务项目一样，从两个不同的新层面上拓宽了文献资源共建、共知、共享体系的建设空间。

二级馆或专业分馆的网络化建设应被视为各校图书馆网络化、数字化建设向下延伸部分，它的实施意味着在向下延伸的维度上拓宽了全省高校图书馆文献资源共建、共知、共享体系的建设空间，对现已联网的各高校馆的馆藏资源有着很强的互补作用。近年来，海南大学图书馆已在校内全面启动"二级馆"（各院系资料室）建设，分期分批建立各资料室的书目数据库，力争实现全校文献共建、共知、共享；一旦时机成熟。亦进入全省高校图书馆的馆际互借系统。华南热带农业大学图书信息中心也在校内开展了建立文献资源三级保障体系（校图书馆、院系资料室、各学科学术带头人）的工作。

海南大学图书馆与各院系合作开展共建，开展了一批院系资料室的网络化建设。通过图书馆从各个方面的推动和支持，达到预期目标。不仅从改善院部二级图书馆存量文献信息资源的使用价值，而且使全校的文献信息资源保障服务体系建设跨上一个新的层面。

这一阶段，海南省高校图书馆在本馆"自我保障"的基础上，通过推进若干项目的协作共建，初步形成了省内高校馆"联合保障"的雏形；为日后实现多层级的文献保障体系奠定了坚实的基础。

第三节　基于联盟的多层级文献保障体系（2005—2011 年）

一、CALIS 工程

在数字化浪潮的推动下，国内外图书馆界业态发生了深刻的变化；建设各种类型、多层级的图书馆联盟成为一种主流趋势。2005 年，教育部组织实施的中国高等教育文献保障体系（CALIS）启动了二期工程建设。在省教育厅大力推动下，省高校文献信息中心纳入 CALIS 系统的省域中心建设系列。海南省高校图书馆联盟由此从省内联合保障进入了 CALIS 主导下的多层级文献保障体系。

1. CALIS 二期工程

2005 年 5 月，CALIS 管理中心批准海南大学实施 CALIS 中国高等教育数字化图书馆建设子项目，即省高校文献信息中心承担 CALIS 海南省文献信息服务中心（简称 CALIS 省中心）的职责和功能。该中心的组建将海南地方文献保障体系建设与 CALIS 建设有效地联结起来。CALIS 省中心遵循 CALIS 管理中心提出的"统一平台，统一标准，合作建设，联合服务，全国共享"的原则，严格按照 CALIS 的技术标准和规范实施建设。在 CALIS 统一部署与推动下，海南省高校图书馆资源共享体系建设跨入了一个新的历史阶段。在 CALIS 管理中心的统一部署下，CALIS 海南省中心组织完成了以下工作：

（1）若干应用服务软件系统（馆际互借与文献传递、虚拟参考咨询）的部署；

（2）将本省高校馆书目数据纳入 CALIS 中央书目数据库。至此，海南省高校图书馆文献资源获取途径与范围已从本省高校扩展到全国高校图书馆。其文献保障体系由本省"联合保障"进入"CALIS 管理中心——CALIS 省中心——各高校馆"三级文献保障体系。

（3）在 CALIS 省中心组织与推动下，省内各高校馆成为中国高校人文社科文献中心（CASHL）的成员馆，使困扰省内高校馆多年的人文社科领域外文文献奇缺的状况得以根本改观。

（4）为了使科技类外文文献保障服务能力得以实质性提升，CALIS 省中心与海南省信息研究所联合组建了科技部下属国家科技文献中心（NSTL）海口服务站。通过这一跨系统的合作，填补了省内高校外文科技文献保障服务方面的空白。

（5）CALIS 二期工程省级中心建设过程中，省文献中心建设重心实现重大转型。2005 年年底，CALIS 海南省中心在七仙岭召开工作会议。各主要高校馆馆长参加了会议。与会者就 CALIS 省中心建设达成共识：加入 CALIS 系统以后，可资利用的文献资源系统与过去完全不能同日而语，特别是外文文献的保障能力得到明显提升。因而省文献中心大幅度减少资源建设的投入，而将有限的经费主要投入到提升省中心服务效能方面。由于 CALIS 省中心重心从资源建设转向提升文献资源获取能力，遂使有限的资金的使用成效得到明显改观，从而提高了整体服务能力。

（6）在通过多层级的资源共享体系加强基础文献的获取能力的同时，我省高校图书馆进一步加大了特色文献建设力度，在原有地方特色数据库群的基础上启动了二期工程。通过几年的努力。二期工程已建成海南地方文献百科全书——"海南记忆网""海南热带海水养殖特色数据库""海南低碳数据库""海南琼台书院数据库"等新的特色数据库。这些特色资源上线服务后在很大程度上丰富和提升了我省地方文献特色资源数字资源库的建设水准。

基于若干年来我省高校馆区域共建共享体系建设取得的成效，在 CALIS 二期工程验收时，CALIS 海南省中心获得省中心建设二等奖。

2. CALIS 三期工程

自 2010 年 4 月 CALIS 三期项目建设正式启动以来，在 CALIS 管理中心的统一组织实施下，各省中心在 CALIS 项目建设本地化上方面均取得了明显成效。具体如下：

（1）CALIS 省中心按照建设计划全面部署全省共享域系统租用工作，积极开展相关的 CALIS 应用服务。全省 16 所高校（6 所本科、10 所高职高专）均成为 CALIS 应用软件系统的使用单位。

（2）海南大学图书馆的海南及南海文献资源数据库、琼州大学图书馆的海南少数民族文献数据库被纳入 CALIS 三期特色库建设。

（3）海口经济学院图书馆、海南师范大学图书馆、琼州大学图书馆入选 CALIS 示范馆（E 读）。

经过二年多的建设，2012 年，CALIS 省中心三期建设工程、琼州大学图书馆的海南少数民族文献数据库和省 E 读示范馆建设均验收合格，海口经济学院图书馆的 E 读示范馆项目获三等奖。

3. CALIS 工程建设本地化项目——海南省教育科研数字图书馆

进入 21 世纪以来，云计算和大数据的相继问世有力推动国内数字图书馆事业的发展。各地高校图书馆将 CALIS 系统的资源与服务优势与本地区的区位优势结合为一体，大力推进区域数字图书馆成为一种热潮。沿海发达地区高校图书馆借助区域经济优势，利用先进的技术手段和开拓创新意识引领各类数字图书馆建设浪潮。

省教育厅战略决策。不言而喻，海南省由于经济基础较为薄弱，文化教育事业乃至图书馆建设相对于内地发达地区仍明显处于落后态势。但是，在当时的历史条件下，如果不能因势利导，有所作为，与内地高校图书馆的差距会急剧扩大。为了从整体上提升海南高校图书馆建设水平，省教育厅在"海南省高校图书馆'十一五'建设规划"提出"十一五"期间将依托省中心建成海南教育数字图书馆的建设任务。

根据海南省教育厅关于"十一五"规划中建立"海南省区域性联盟为主导的数字图书馆"的战略决策，在省教育厅高教处的领导下，海南省高校文献信息中心（简称省中心）经过广泛调研并结合海南省高校图书馆及教育系统文献保障服务的实际，提出了海南省教育科研数字图书馆建设的可行性报告和建设规划。经过多次认证后由 CALIS 省中心付诸实施。

二、省高校图工委大力推动

（1）为了推进省教育科研数字图书馆筹建工作，省高校图工委多次组织省高校文献中心和数字化建设工作委员会召开数字图书馆建设方案专题讨论会。为了推进海南省高校数字图书馆建设进程，省高校文献中心与超星公司在三亚共同举办了"区域性数字图书馆建设与发展研讨会"。并就拟建海南省高校数字图书馆是否选用超星公司的"区域性数字图书馆系统"进行了论证。

（2）省高校图工委多次组织我省高校图书馆有关馆长和专业技术人员赴广东、浙江、上海等数字图书馆建设较成功的内地高校图书馆进行考察学习和参加培训班。考察团成员与国家图书馆中数图公司的专家组一起针对数字图书馆建设的相关问题进行集中开会交流和探讨。参观考察了宁波数字图书馆，广州市图书馆、华南师范大学图书馆、中山大学图书馆、华南理工大学图书馆、深圳市图书馆、深圳大学图书馆、上海图书馆的数字化建设。

（3）组织馆长及专业技术人员参加全国高层次的"中国数字图书馆可持续发展研讨会"、"全国数字图书馆标准与规范化建设培训班"、"中美数字图书馆高级研讨班"等培训学习。对数字图书馆产业的发展方向、数字图书馆建设的框架设计、数字图书馆建设过程中的资源整合、服务创新、数字图书馆标准、基本元数据规范、专门元数据规范、资源集合元数据、数据检索与应用规范等专业技术进行学习提高，为我省数字图书馆建设作好人才与技术的储备。

经过近三年的筹备，2009 年 9 月 30 日，海南省教育科研数字图书馆在海南大学图书馆举行隆重的揭碑仪式；并于当年 11 月 23 日正式对外开展服务。

三、海南省教育科研数字图书馆总体框架

（1）基本建设思路和模式

以资源共建共享为宗旨，集地方政府、中国高等教育文献保障体系（CALIS）、海南大学 211 工程公共服务体系建设项目、各高校图书馆等各种优势资源为一体，参照天津高校文献信息中心的"中心馆——成员馆模式"，通过机制创新与技术创新，分步实施，滚动发展，形成一种一体化的区域性多馆协作的运行机制，最终建成一个以省高校文献中心为总馆，全省 18 个高校图书馆为分馆，主要服务于高校教学科研，同时根据全省教育系统各类教学单位需求提供相关数字文献资源保障服务的区域性数字图书馆。

在其建设进程中，需借助海南省高校馆致力于共建共知共享体系的思想传统，优化协作共建的顶层设计，形成充分发挥总馆和分馆的优势的运行机

制，才能卓有成效地推进省教科数图的建设进程。

（2）共享服务平台

经多方论证，省教育科研数字图书馆引进北京超星公司区域性数字图书馆系统购建了海南省教育科研数字图书馆共享服务平台。

①该平台门户界面简洁、功能强大，具备了统一认证、统一检索、文献传递等诸多功能。

②该平台不仅可以快捷地进行全方位一站式检索全省各高校图书馆的电子和资质文献资源，而且还嵌入了 CALIS \ CASHL 资源系统以及各类利用中外文献应用服务平台为用户提供服务；使省内高校用户可资利用的资源呈几何倍数的增长。

③通过省数图共享平台，全省高校用户联机检索、凭通用借阅证在省内任意高校馆直接享受借阅服务。CALIS 省中心还与国家图书馆、厦门大学图书馆、中山大学图书馆建立合作关系，根据特殊需要，为师生提供省际馆际互借服务。

④从 2009 年开始，省中心已每年开展了省教育科研数字图书馆知识宣传培训月活动，各分馆均精心组织，确定进度与目标，并积极配合省中心的走基层宣传培训工作。通过数图服务功能培训、问卷调查、知识竞赛等丰富的形式，让读者走近省数图，了解省数图平台，进而更好地利用省数图平台的各类资源。

（3）技术平台架构

海南省教育科研数字图书馆在 CALIS 省中心原有系统架构的基础上，根据建设目标和功能要求实现对软硬件系统（存储系统、主机系统和应用软件系统）进行合理配置，即从系统架构上实现服务平台在软硬件系统和存储设备的整体配置，为服务平台信息发布、数据导入和数据转换平台及文献资源跨库检索平台提供系统基础环境的支撑。上述应用系统平台采取分步投入、逐步完善的方式进行建设，始终坚持所有软硬件系统的技术和应用的先进性、可靠性、可用性与可扩展性；逐步形成不断完善和拓展的数字图书馆。详见下图：

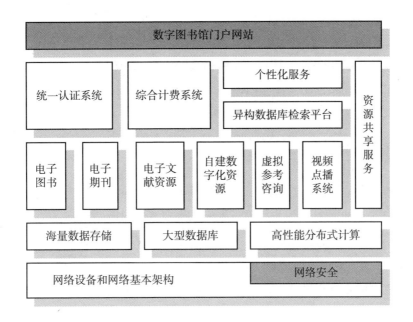

（4）省数图起步阶段（2010—2011 年）的服务效益

省数图共享平台资源丰富，使用便捷，宣传培训到位，故使其使用效益在起步阶段就显示出良好的发展势头。2010—2011 年统计数据表明：在文献传递与馆际互借上，通过数图检索平台，用户的访问量和文献传递量大幅度上升。用户年度访问量分别是 66 万人次、111 万人次；文献传递量分别为22909 篇、34679 篇。通过各馆数图团队的努力，海南大学图书馆、海南医学院图书馆、琼台师专图书馆、海南师范大学图书馆等已跻身文献传递的大户单位。

省教育科研数字图书馆的建立使 CALIS 海南省文献信息服务中心服务效能上了一个新台阶。且经费投入规模并没有实质性的变化。与经济发达地区同类项目相比，其投入产出比有明显优势。与经济发达地区的数字图书馆建设相比，对基础相对薄弱的中西部地区高校数字图书馆建设有借鉴意义。因省中心建设与发展成绩显著，在 CALIS 管理中心于 2012 年底组织的 CALIS 三期工程验收时被授予 CALIS 省中心建设一等奖。31 个参评单位仅吉林省中心和海南省中心获此殊荣。

第四节 基于协同创新理念的区域数字
图书馆（2012—2015年）

2012 年由教育部、财政部联合启动了《高等学校创新能力提升计划》，即"2011 计划"。

"2011 计划"核心理念就是以协同创新机制建设作为抓手，突破现有高校体制中的各种壁垒，促进创新实体和机构实现由自我封闭方式向流动、开放的方向转型；将各类创新要素由离散状态导向汇聚、融合状态；以促进知识创新、技术创新、产品创新的相互分割状态向联合、融通的方向转变。协同创新机制能否真正确立取决于两大因素。其一，要依托高校，通过多种模式的广泛协作来建立协同创新中心这一载体。其二，科学、合理地平衡各方责任权利关系，最大限度地发挥相关各方的积极作用。

不言而喻，上述理念为建设中的省教科数图开启了一个新的视域，也为其寻求可持续发展路径提供了新的机遇。在协同创新背景下，省教科数图借鉴上述协同创新中心的注重"开放与协作"的发展机制，更新观念，开拓进取，注重营造良好的协同创新文化氛围，力求利用有限资源创造最大的社会价值。通过近几年的努力，初步建成了基于协同创新理念的区域数字图书馆服务网络，在政府投入有限而服务规模不断扩大的前提下走出了一条公益性服务平台可持续发展的路径。

一、基于协同创新理念的开放型办馆模式

在省教育厅领导与支持下，在充分利用 CALIS 系统资源，同时充分发挥海南教育科研数字图书馆承办单位——海南大学作为 211 工程学校的各种资源优势（高端数字资源及硬件设施的共享等）以及省内其他高校图书馆协作共建作用（协同服务）；注重吸纳软件商和数据商积极参与；最大限度地发挥上述各方积极作用，形成公益与商业运作相融合滚动发展的模式。在协同创新理念的指引下，省教育科研数字图书馆主要通过四个层面推进协作共建。

二、高校图书馆系统的协作共建

近年来，省教科数图非常注重充分体现高校图书馆系统在协同创新过程中的价值和作用，使 CALIS 系统、承建馆——海南大学图书馆以及省内各高校馆在推进基于协同创新理念的区域数字图书馆服务网络充分发挥各自的作用。

1. 运行机制

基于协同创新的理念，省教科数图对其运行管理机制进行了重大调整。按照惯例，管理机构由管理委员会和日常管理机构两个层次构成。但在运行之中，改变原来主要承建馆——海南大学组织实施各项工作的传统思路，组建基于各成员馆全面参与协同共建的决策与执行专业团队，以充分发挥 CALIS 省中心组织协调作用以及海南师范大学、海南医学院等主要高校图书馆与示范性高职院图书馆的骨干作用：

（1）组建 CALIS 省中心牵头，主要高校馆馆长参加的资源、设备采购专业委员会，确定经费使用计划并具体实施；

（2）文献保障与服务的协同机制，经过若干年的努力，省教科数图各成员馆形成了运行稳定且卓有成效的文献保障与服务的协同机制：

①通过自建与共建的有机结合，使成员单位基础性文献资源体系化；

②通过协同服务体系，获取本单位没有的文献。

③通过协调采购，降低各成员单位资源同质化程度，力求做到各具特色，优势互补，为建立省内高校馆学科中心奠定了基础。

（3）调集各馆骨干馆员，形成多梯次、常态化的协作服务及宣传培训团队。后者基于区域馆平台的功能设置，各高校馆馆员组成一体化服务团队流程化地开展馆际互借和文献传递服务以及专题宣传培训等项工作。

（4）根据不同的工作项目与主题，组建由各馆分管领导和高层次业务人员组成的专项工作团队。负责推进全局性的协作共建项目。例如机构知识库建设小组等。

（5）根据各成员馆在协作共建进程中的作用与贡献，统一组织各馆骨干馆员赴省外参加各类学术交流活动和系统专业素养培训。既体现了利益平衡原则，又提高了各馆馆员整体水准。

（6）其硬件系统配置投入资金甚少。硬件系统配置主要通过与承建馆——海南大学图书馆共享的方式解决来保障技术支持系统稳定运行。遂使省教科数图在资源建设与硬件系统降低到最低程度。因而省拨专项资金可以主要投向服务体系建设。即主要用于搭建服务平台。后者主要包括应用软件（区域数字图书馆系统平台）年服务费、服务平台运行费用、宣传培训、业务交流等等。正因为如此，才使为数不多的经费发挥了显见的使用效益。

2. 数字文献资源体系建设

与沿海发达地区相比，省财政、省教育厅每年下拨省教科数图专项运行经费差距较大。在资金紧缺的情况下，如何最大限度地突显协同共建的优势，对于省教科数图能否可持续发展至关重要。经过几年的努力，省数图构建了面向全省高校师生提供共享服务的数字文献资源系统。

（1）通用型商用文献资源系统

就资源建设而言，即便将其中大部分用于购置全省高校共享的数字资源，也只能是杯水车薪。故只以少量资金用于购置全省可共享的通用型中外文文献资源，如省数图相继独资购买了综合性外文数据库 EBSCO、方正教参电子图书等数据库在省内高校的使用权；与此同时，以部分资金作为补贴，吸引各馆参加各类集团采购，以体现省教科数图在全省高校馆电子资源建设体系化方面的引领作用。即通过众筹的方式，即省数图组织各高校馆以联合采购形式购置了万方资源平台（论文库、专利库、视频库等数字文献资源）、维普资期刊数据库等；与国内其他省高校数字图书馆相比，省数图以很少的投入搭建了可供全省高校师生共享的商用教学文献资源系统；其中，薄弱高校图书馆仅需很少的投入（不足五万）参与众筹就足以保障其师生对数字文献资源的基本需求。与此同时，组织实施本科高校馆集团采购 SPRINGER、中国知网等重要数字资源的集团采购。

（2）CALIS 系统的共享资源

作为 CALIS 系统省域中心节点的省数图可以为全省高校师生提供诸多教学文献资源：主要包括中外文学位论文、外文期刊网、电子教参图书、特色资源数据库、百万图书等各类电子文献。上述文献极大丰富了省数图教育文献资源体系的资源构成。此外，通过多种途径（如邀请 CALIS、CASHL、NSTL 系统专业宣传培训团队来琼推介以及加大补贴力度等）促使 CALIS、CASHL、NSTL 等国家层面资源共享系统使用的规模效益最大化。

（3）自建优质教学资源系统

本省高校及国家层面公共教学资源展示。省数图自建优质教学资源主要包括"海南省优质教学资源共享平台"以及"优质教学资源（OA）"等。"海南省优质教学资源共享平台"展示了历年来我省国家级及省级高校精品课程、教学名师等。"优质教学资源（OA）"提供了大量开放获取高校优质教学资源获取途径：各类高校教学资源库/平台、国家级精品了课程、网络教学综合平台、国家数字化学习资源中心/开放联盟、国家开放大学系统等。其覆盖面甚广，立体化地提供了一个全面系统"优质教学资源（OA）"。这类专题"优质教学资源（OA）"在国内业界尚不多见。

（4）地方特色文献数据库

为了进一步拓宽高校师生可共享教学资源的规模和容量，已将省数图各分馆开发建设的地方特色文献数据库（"海南记忆网""海南旅游数据库""海南热带农业文献数据库""海南地方文献""海南少数民族文献数据库""海南热带海水养殖特色数据库""海南低碳数据库"等）集成到省数图这一公共平台。这一特色资源库群上线后在很大程度上丰富和提升了我省高校自建教学资源库的整体水准。

3. 服务体系的提升

省数图平台为全省高校师生提供文献获取、在线教学、评测等方面的全程服务：

（1）省数图平台通过元数据整合建立了为全省高校用户提供统一认证、统一检索、浏览与下载、文献传递等基础信息服务系统。

（2）引导师生充分利用 CALIS 系统的应用服务平台——虚拟参考咨询、重点学科导航、学位论文系统、教参资源数据库、外文期刊网等。

（3）2016 年以来，省数图在全省高校范围内实现了纸质图书馆际互借。即异地（如海口—三亚等）高校图书馆之间也可以实现馆际互借。上述服务使全省高校图书馆实现了省域范围内的充分共享；不仅将薄弱高校图书馆从文献资源匮乏的困境解脱出来，同时在国内业界创立了一个服务品牌。

（4）购置维普考试系统为用户提供在线学习、考试的服务平台。该系统集日常学习、考前复习、在线测试等功能为一体；系涵盖职业资格、公务员、工程类、计算机类、语言类、经济及金融类、法律类、语言类、医学类等领域大型教育资源库。

（5）为了满足高校师生撰写各类论文过程中需作中间检测（论文查重）的需求，省数图引进了维普论文检测系统为全省高校师生提供免费服务。

省数图共享平台提供上述线上线下一体化的全程服务为高校师生提供一个功能齐全的服务空间。

三、与数据商、软件商合作搭建资源——服务一体化的平台

（1）省数图与数据商合作搭建服务平台。其主要功能包括：遵循知识产权的元数据集合；高品质的学术搜索引擎技术；强大的检索功能；本地化的全文链接；智能化原文传递服务；异构集成管理系统环境下的馆际互借。

（2）合作商家不仅提供具有上述功能的服务平台，而且还提供基于云服务体系的多项增值服务：如服务系统后台管理、文献传递协作服务以及门户网站升级及运行与管理等，以及若干应用服务系统（馆际互借模块、机构知识库联盟系统平台等）开发。这种嵌入式的深度合作使省数图专业团队可以无需旁顾技术支撑体系的更新与维护，而主要专注于其核心业务，以不断提升省数图平台的服务效能。

（3）合作开展海南省高校机构知识库联盟建设。联盟式机构知识库在国外及港台业界成功案例较多，但国内目前仅中国科学院系统的机构知识库联盟投入运行。在考察国内业界同行建设实践，特别是中国科学院机构知识库"分布式"联盟（分布建设、集中发布与服务）运行状况基础上，依据海南省高校及其图书馆的实际运行状况，省教科数图启动了以"集中式"联盟（统一建库、集中采集和发布）为主旨的机构知识库联盟项目建设。首先，根据集中式建设模式总体要求，与数据商合作开发统一建库、集中采集和发布、长期保存、开放共享的软件平台：包括全省高校机构知识库（总库）公共平台和二级库（各高校机构知识库）。其总库公共平台主要功能达到中科院机构知识库服务网络水准；二级库达到国内高校机构知识库主流水准。同

时，数据回溯以及常规化更新与维护均委托合作方完成。该项目现已完成实施过程之中。如能达到预期目标，将为国内高校图书馆，特别是中西部地区高校图书馆的机构知识库项目建设提供一种全新的建设范式。

四、省数图的建设成效

海南省教育科研数字图书馆不断通过机制创新取得了令人瞩目的发展势头，打造了高度集约化的服务平台。其建设成就主要体现在以下几个方面：

（1）整体服务成效显著

该共享体系运行稳定，取得了非常可观的服务效益。几年来，文献传递量呈跨越式递增。据统计：该平台2015年主要服务效益指标（访问量、下载量、文献传递、馆际互借、师生在线量等）令人瞩目。其主要服务项目——文献传递服务量成倍增长；大幅度提升了各类高校师生所需教学文献的满足率，从而提高在很大程度上提高了资源共享建设整体水准。2015年11月，省教育厅组织专家组对全省高校图书馆"十二五"期间建设与发展状况进行了审核评估。其评估报告对该平台运行服务成效给予了充分的肯定："各馆积极参与海南省教育科研数字图书馆资源共建共享，充分利用数字图书馆资源，开展以文献传递服务为主的信息推送服务，极大地弥补了各校文献资源的不足，文献资源满足率达到了90％。"

（2）建设水准

省教育科研数字图书馆作为欠发达地区区域数字图书馆联盟在资源条件、经费投入与发达地区同类建设项目差距甚大的情况下，仍取得了可观的建设成效。这些不同寻常的建设成效引起了国内高校图书馆界的关注，也为同类地区的数字图书馆联盟项目建设提供了可参照的建设思路与模式。

（3）业界充分关注和肯定

除CALIS管理中心授予CALIS海南省中心暨省教育科研数字图书馆省中心建设一等奖以外，省内主流媒体——海南电视台、海南日报多次跟踪报道省数图的建设成就，彰显高校的社会影响力。

（4）对薄弱高校图书馆支撑作用成效明显

①高教处及省数图负责人专题调研

除了关注整体服务效益以外，省数图非常关注该平台对薄弱学校教学科研活动的支撑作用及成效。去年下半年，省教育厅高教处副处长邓昌清及省数图馆长、副馆长一行专程赴地处三亚、文昌、琼海的三亚学院、海南软件职业技术学院、海南外国语学院、三亚航空旅游职业学院、三亚城市学院等院校调研。上述院校在省内各层次高校中尚属于基础相对薄弱的高校。此行重点调查了省数图平台对薄弱高校的支撑作用总体状况；同时根据相关高校用户及馆员的意见与建议调整后续工作部署。

②支撑薄弱高校图书馆开展信息服务成效突出

海南软件职业学院是一所地处海南省琼海市的公办高职院校。校生 6000 多人，教职工 390 人，专任教师 280 人。由于经费紧缺，该校图书馆文献资源匮乏；其数据库购置处于全省高校下游水准。但该院图书馆扬长避短，通过各种途径宣传培训引导师生最大限度地利用省数图平台资源，成效十分突出。其历年使用量一直位居全省高职院第一。而正是这样一种态势支持该校教学科研取得了令人瞩目的进展。2013—2015 年期间，该院教师共获 40 余项省级以上研究项目立项。其中包括：国家级课题 1 项、海南省"十二五"教育科学规划课题 14 项、省自然科学基金项目 23 项、省社科基金项目 7 项、省教育厅科研立项 25 项。同时，学院教师在各类省级成果评比中获得多项奖励。桂占吉教授主持完成的科研成果获 2013 年度海南省科学技术进步奖二等奖；杨亚辉老师创办的琼海在线被评为"全国人文社会科学普及基地"。作为一个专任教师不足 300 人的专科高职院校能取得上述成绩实属不易。

（5）推动社会协同创新

近年来，基于开放与协同创新服务的理念，省数图教育资源平台的服务空间也在进一步扩大；这一过程提升地方信息服务业整体水准，凸显省数图在省内信息服务业的引领作用；同时也为建立以高校馆为主体的跨系统的省域数字图书馆联盟奠定了基础。同时为同类地区的教育资源公共服务平台建设提供了可参照的思路与模式。

①与海南省情报所共建 NSTL 海南服务站，为高校和社会用户提供外文科技文献服务。

②与省电教馆合作，作为教育部信息化试点共建单位完成了建设任务；其整体建设成效与省内其他试点单位相比十分突出。日前，根据教育部教育管理信息中心（教信息中心〔2016〕12 号文）评选教育管理信息化优秀案

例的工作部署和要求，省教育厅从我省 16 个信息化试点项目中遴选 3 个项目作为备选案例推荐到教育部教育信息管理中心。其中包括省数图平台。

③近年来，省华侨商业学校、省工业学校、三亚公共图书馆、国兴中学、省疾病预防控制中心、海口市中级人民法院、海南双成药业股份有限公司等一批其他系统、行业的社会机构相继加盟为成员馆。与高校图书馆相比，省内其他系统和行业文献信息服务的水平尚有很大差距。省数图服务覆盖上述单位和机构在很大程度上改善了其文献信息服务相对滞后的状况；也凸显省数图在省内业界的引领作用。

五、问题与展望

尽管资源条件匮乏，但对于长期以来对图书馆联盟事业孜孜不倦且敢为人先的海南高校图书馆界来说，建设图书馆联盟是缩小与发达地区图书馆建设整体水准差距的历史选择。同时，海南高校图书馆界也清醒地认识到：鉴于地方政府投入甚为有限，海南教育科研数字图书馆的建设模式不宜沿袭发达地区的既定模式；应该形成适合欠发达地区的区域图书馆联盟建设发展模式：自 1995 年以来，在省教育厅的领导支持下，通过全省高校图书馆同仁的共同努力，海南高校图书馆联盟建设经过上述几个历史阶段的努力，取得了令人瞩目的成就；在国内业界赢得了声誉。同时也应该看到，与内地经济发达地区高校图书馆联盟相比，海南省高校图书馆联盟建设还有很大的提升空间：

（1）服务效能和品质的整体水平还有差距；

（2）大数据、新技术、新媒体应用相对滞后；

（3）诸多内地经济发达省市都建立了区域内跨行业、跨系统数字图书馆联盟。如广东省珠江三角洲数字图书馆联盟、江苏省工程技术文献信息中心、宁波市数字图书馆等等。海南省高校图书馆联盟由于自身资源条件所限，对于本地区数字图书馆建设的推动力度不够，以至于我省跨行业、跨系统数字图书馆联盟迟迟没有进展。

"十三五"期间，省教科数图一如既往地秉承协作创新理念，从纵向和横向两个维度提升联盟的服务效能和服务品质；积极促进高校图书馆与信息产业界的开放协同发展体系建设，促进信息服务界的分工与重组，促进相关领域大数据环境与应用的形成，建立一个面向全省各类用户服务，且与国内业界主流同步的全省数字图书馆联盟。基于上述目标，重点开展以下几方面工作：

（1）提升服务品质，为贯彻落实高校"双一流"建设战略提供支持

基于国家提出高等学校"双一流"建设战略及"十三五"期间全省高校学科建设的总体布局，结合海南省高校图书馆现有文献资源现状，省教科数图（CALIS省中心）组织协调主要本科高校图书馆建成4个全省高校学科文献中心。具体如下：

序号	各学科文献中心	承建图书馆
1	热带农林和理工学科文献中心	海南大学图书馆
2	人文社会科学文献中心	海南师范大学图书馆
3	热带医学文献中心	海南医学院图书馆
4	热带海洋科学文献中心	海南热带海洋学院图书馆

各学科文献中心集相关学科纸质文献、商用数字文献资源及OA资源、自建特色数字文献资源（机构知识库）为一体，为全省高校师生及社会用户服务提供多层次的专业文献共享服务。在此基础上，依托各学科文献中心建成4个基于CALIS学科评估系统的学科评价平台，分别面向全省高校开展相应学科领域的学科评价服务。

（2）构建面为社会机构用户专业信息服务平台

按照教育部新颁布的《高校图书馆规程》提出的开展社会服务的要求以及内地发达地区高校图书馆的成功经验，省教育科研数字图书馆多途径、多层面地推进社会服务。除了原有的基础性信息服务以外，大力推进面向我省优势产业——医药、热带农林、热带海洋、旅游等领域的公共信息服务平台建设，为社会机构用户提供服务。通过横向项目合作，"十三五"中期完成海南药物创新信息服务平台项目建设。以该平台为样板，探索集成和整合省内高校优势资源为地方优势产业提供服务的路径；"十三五"末期完成2—3个同类专业性公共信息服务平台建设。

（3）利用新媒体、新技术构建泛在化服务体系

近年来，随着大数据、云计算及移动通信技术的飞速发展，业界不断推出新的应用平台，用户利用图书馆的方式与途径已经发生了颠覆性变化。"十三五"期间，高校图书馆联盟建设应以微信、APP 等新移动互联新技术为依托，结合新媒体、新技术创建和拓展图书馆虚拟服务空间，构建为读者提供泛在化服务的全时空服务体系。

（4）大力推进全省跨系统数字图书馆联盟建设

在现有的海南省教育科研数字图书馆的基础上，以全省高校图书馆、省科技情报所、其他科研院所情报室等各类结构化和非结构化数字资源或非数字资源为中心，建设一个实用、高效的公共信息服务平台——海南省数字图书馆联盟，为海南省经济文化、科技创新、提供数字化文献保障支撑服务。为提升企业核心竞争力提供知识服务，为政府决策提供支持。

作者简介

王小会，女，四川人，博士，海南大学图书馆研究馆员，现任海南大学图书馆副馆长，海南省教育科研数字图书馆常务副馆长，海南省高校图工委秘书长，海南省图书馆协会副会长。在学术研究方面共发表学术论文 30 余篇，出版学术专著 1 部，主持省厅级科研项目 8 项；获得海南省高等学校优秀科研成果二等奖 1 项、三等奖 1 项。

第七章

以评估为抓手　实现高职高专图书馆快速发展

◇ 赵会平　吴海春

第一节　分析现状　海南省高职高专图书馆建设背景

海南省高职高专图书馆起步较晚，"十五"期间共有 11 所高职院校，其中新建院校 5 所，中专升格的 6 所；2000 年开始招生 2 所，2001 年和 2003 年招生的各 1 所，2004 年招生的 2 所，2005 年招生的 5 所。2005 年 12 月，海南省教育厅组织专家组对全省 11 所高职高专图书馆进行摸底调查，掌握了高职高专图书馆的基本情况、发展趋势和存在问题，形成调研报告如下：

一、2005 年海南省高职高专图书馆基本情况

1. 体制建设

全省 11 所高职高专院校中，已有 6 所院校依据《普通高等学校图书馆规程》实行了由院长领导下的馆长负责制，明确了图书馆为学院二级机构的地位，并成立了院校图书馆工作委员会。

2. 馆舍面积

11 所高职高专院校图书馆馆舍规模不等且悬殊甚大，馆舍面积共有 44682 平方米。2005 年建成的"海口经院"图书馆馆舍面积有 2.5 万平方米，为全省之最。其他 10 所高职院校均没有面积达标的独立馆舍，且 1000 平方米以下馆舍的图书馆有 5 个。在建和 2006 年拟兴建的图书馆有 5 个。

3. 文献资源藏书数量

11 所高职高专院校图书馆共有纸质藏书 134.3 万册、电子图书 27.4 万

册。"海口经院"藏书最多，纸质藏书达 56 万册，占全省高职院校总藏书量的 42%。新创办的 3 所和由中专升格的 5 所共 8 所院校的有用藏书实际上平均只有 3 万册（原有藏书大多属于中专层次且内容陈旧）。

4. 职工队伍

11 所高职高专院校图书馆共有职工 152 人，其中专业技术人员 35 人，占职工总人数的 23%；大专以上学历达到 104 人，占总人数的 68%。"海口经院"图书馆职工人数 46 人，占全省高职院校图书馆职工总人数的 30%；职工人数最少的两个图书馆各只有 2 至 3 人；专业知识结构比较合理精干的图书馆只有 3 个。没有图书信息专业人员的图书馆有 6 个，没有计算机专业人员的图书馆有 5 个。

5. 自动化建设

11 所高职高专院校图书馆共有电脑 744 台，实现计算机管理的有 8 个馆，在当时即将实现计算机管理的有 2 个馆。在已实现和即将实现计算机管理的 10 个图书馆中，有 8 个馆使用了与全省本科高校图书馆相同的 ILAS 管理系统。

表 7 - 1   2005 年海南省高职高专图书馆基本情况一览表

项目		海口经济职业技术学院	海南职业技术学院	海南广播电视大学	海南政法职业学院	琼台师范高等专科学校	海南经贸职业学院	海南软件职业技术学院	海南外国语职业学院	三亚航空旅游职业学院	三亚卓达旅游职业学院	万和信息职业技术学院
招生起始年		2000	2000	1983	2004	2004	2005	2003	2005	2005	2001	2005
在校生人数		11400	7355	2999	1700	4266	830	4826	2228	661	926	254
年经费	购书费（万元）	627.0	108	8.2	28.0	30.0	45.4	24.0	60.0	49.5	30.0	16
	设备费（万元）	390.0	1.8	20.0	24.0	30.0	15.0	30.8		59.0		2.0
藏书（万册）		56.0	18.2	7.7	7.0	13.0	5.0	13	9.5	1.6	2.5	0.8

续表

项目	海口经济职业技术学院	海南职业技术学院	海南广播电视大学	海南政法职业学院	琼台师范高等专科学校	海南经贸职业学院	海南软件职业技术学院	海南外国语职业学院	三亚航空旅游职业学院	三亚卓达旅游职业学院	万和信息职业技术学院
电子书（万册）	10.0	12.3	3.8	0.8					2.3		0.2
电子刊（种）	5005	2106	1300						9000		
期刊（种）	1405	1371	354	416	251	463	326	210	187	285	12
馆面积（m²）	24900	4790	600	1800	2500	971	4036	2986	700	1000	400
阅览座位	2090	660	100	242	738	180	906	490	150	200	120
微机（台）	244	95	8	34		43	278		39	1	2
服务器（台）	9	3	3	2	2	2	3		2		
防盗仪（台）	2	2	1				1		1		
周开放时间（小时）	101.5	105	60		77	73.5	70	70	70	77	70
职工 人数	46	25	4	12	20	12	14	8	6	3	3
职工 大专以上	36	15	2	6	11	9	8	6	6	3	3
职工 信息专业	17	8	1	2	3		0	0	2	1	1

海南省高校图工委高职高专指导小组编制　　2005年12月16日

二、海南省高职高专图书馆面临的主要发展瓶颈

（1）经费投入严重不足，是海南省高职高专院校图书馆馆舍建设、文献资源建设和自动化、网络化建设最主要的制约因素。按教育部颁发的高等学校基本办学条件生均占有80册藏书指标的要求，除"海口经院"1个馆外，其他10所院校藏书量距合格藏书指标均存在比较大的差距，藏书数量不达标院校占91%，甚至有一个馆的纸质期刊仅有12种。据统计，2005年8所新建院校共投入购书经费283万元、购书10.4万册。按此购书速度计算，尚需要4年时间才能达到国家教育部批准招生院校起码应有8万册的藏书标准。但4年后新办院校又面临人才培养水平的合格评估，那

时刚刚达到的招生最低藏书指标却只有评估合格藏书标准的二分之一。总之，大多数馆由于起步晚，原本底子薄，加上投入不足，办馆条件还处于较薄弱和落后的阶段。

（2）专业人员队伍的学历结构、专业结构、职称结构和业务水平与我省高职高专院校图书馆的建设与服务需要很不相适应。全省 11 所高职高专院校图书馆中，没有图书信息专业人员的图书馆有 6 个，没有计算机专业人员的图书馆有 5 个。11 所高职高专院校图书馆馆长中，有 5 个馆的馆长只有中级职称，4 个馆的馆长虽有副高职称，但都是从其他部门调整来图书馆的非图书信息专业人员。总之，由于专业人力资源缺乏，80% 的高职馆的服务水平停留在较低水平的借阅服务上。

（3）缺少符合达标的独立的图书馆馆舍。除"海口经院"馆外，全省有10 个馆没有符合标准的独立的图书馆馆舍。

"十五"期间，海南省高职高专图书馆建设水平较低，应该加快发展。但又由于高职高专院校管理体制的多样性和发展水平的悬殊性，因此在发展策略和发展模式上应因校制宜、因馆制宜，在尊重个性的基础上，需形成合力，使之朝整体化方向协调发展。为此，2005 年海南省高校图工委高职高专建设指导委员会成立，指导和推进全省高职高专图书馆建设步伐。

第二节　以评促建　海南省高职高专图书馆建设路径

海南省教育厅对高职高专图书馆建设非常重视，在"十五"中后期每年组织专家对高职院校图书馆建设进行检查，2003、2004 年，分别对海南职业技术学院和海口经济职业技术学院开展数字化建设工作的检查。自 2006 年起，在省教育厅和海南省高校图工委的领导和推进下，根据 2005 年全省高职高专图书馆办馆条件检查的结果和有关数据，海南省高校图工委高职高专建设指导委员会的制订了《海南省高职高专图书馆"十一五"建设发展规划》，以评估为导向，明确建设目标，指明建设路径，使全省高职高专图书馆办馆条件和办馆水平实现跨越式大发展。

一、"十一五"规划与网络化合格评估

1. "十一五"发展规划和网络化建设规划

2006 年初，在摸清了海南高职高专图书馆的家底，掌握事实数据的基础上，海南省教育厅出台了高职高专图书馆发展的纲领性权威文件——《海南省高职高专院校图书馆"十一五"发展规划》。该规划提出了馆舍建设、文献资源建设、设备设施及"三化建设"、人才队伍建设等方面的详细建设目标，提出了以评促建等具体的工作方针和措施。同时，在"十一五"期间，90%的海南省高职高专院校将接受人才培养工作水平评估，借此东风，各馆抓住发展机遇、苦练内功，极大改善了办馆条件、提升了办馆水平。

同年，海南省教育厅出台文件《海南省高职高专院校图书馆网络化建设规划（2007—2009）》（琼教高〔2007〕125 号）。该规划的建设目标是在省教育厅的统一领导下，以各院校园网和 CERNET 为依托，以文献信息资源共享为出发点，采取"整体规划、合理布局、协作共建、联合保障"的建设方针，通过三年时间的自动化、网络化建设，完成"海南省高职高专图书馆网络化建设评估方案"的各项指标建设任务，与全省高校图书馆实现文献信息资源的联机检索、联机协作采购、联机编目和馆际互借（含文献传递）等网络化服务，成为 CALIS 和 HALIS 的重要组成部分，使全省高职高专院校文献信息资源初步达到新办高职院校"教学水平评估"的合格标准，网络化建设整体效果达到全国各省高职院校的先进水平，其中 1/3 的高职院校的信息服务水平接近或达到本省本科院校的水平，从而，增强为快速发展的全省高职院校的教育提供文献信息服务保障的能力。

根据"积极稳妥、目标适宜、定位合理、重点突出、建设有序、注重效益"的原则，本规划的具体建设内容：

（1）实现馆藏文献自动化管理。选用 ILAS Ⅱ 或网络版管理软件，依据规范的数据著录格式和标准，各馆完成馆藏书刊文献的书目数字化建设，建设好馆内局域网，并实现馆内文献信息的采、编、检索、外借的自动化管理。

（2）文献资源数字化建设。在加强纸质文献建设的同时，按全省数字化建设规划的要求，用不低于 20%的经费购置电子文献资源，包括电子书刊、

VCD、DVD 和多媒体教学软件；充分共享省文献服务中心信息资源；建立 Internet 导航系统，形成网上虚拟图书馆；整合馆藏文献信息资源，形成网上统一的检索平台。

（3）文献信息服务网络化建设。按照 CALIS 构建的"全国中心—地区中心—省级中心—各高校图书馆"的四级保障体系的框架，按"海南省高职高专图书馆网络化建设评估方案"的要求，建设好各馆网络站点，包括馆主页、不低于 30 台微机的电子阅览室、配置馆际互借（文献传递）服务软件等。

（4）建好各院校校园网，并以宽带通道连入 CERNET 网或互联网。

（5）全省高校图书馆整体化发展体制的建设。推动建设"以省文献服务中心为中心，各高校图书馆积极参与、协作共建，实现资源共享网络化的整体发展新模式"，逐步实现由一校一馆自我保障向共建、共知、共享的整体保障模式的转变。

2. 网络化合格评估背景

2002 年，海南省教育厅下发《海南高校图书馆数字化建设规划（2001—2005）》（琼教高〔2002〕47 号），海南省本科院校图书馆开始数字化建设，率先在全国创建了具有海南特色的文献信息共建共享服务体系，用"三化建设"带动全省高职高专图书馆发展成为了业界人士的共识。海南省教育厅和海南省高校图工委通力合作，参照本科馆网络化评估指标体系，结合高职高专网络化基本情况，制定出指导性文件——《海南省高职高专图书馆网络化建评估指标内涵及合格标准》，2009 年 3 月海南省教育厅下发《关于印发海南省高职高专院校图书馆网络化建设评估实施细则的通知》（琼教高〔2009〕22 号），全省高职高专图书馆的网络化建设得以有序、科学地建设发展。

3. 网络化合格评估基本框架

网络化评估体系由网络化的基础设施与软硬件环境建设、专业人员与制度保障和效益及建设水平评价三部分组成。设有 3 个一级指标，16 个二级指标（其中 9 各位核心指标），具体如下：

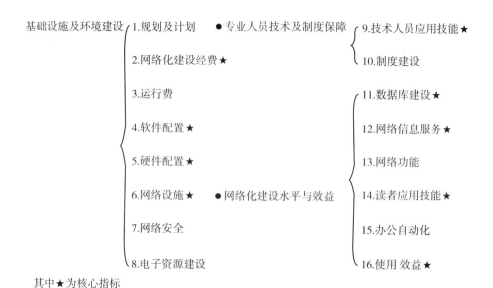

其中★为核心指标

4. 网络化建设验收评估方法与步骤

（1）各院校自评。各院校对照网络化建设评估实施细则进行自评，撰写自评报告，准备好相关佐证材料。

（2）各院校向教育厅申请评估，并提交自评报告。

（3）省教育厅组织高职高专网络化建设评估验收专家组对各院校图书馆进行实地考察，主要包括以下几个方面：

①听取各院校网络化建设工作进展汇报；

②阅读各院校图书馆网络化建设自评材料，查阅相关佐证材料；

③现场核查、抽查有关实物或资料；

④召开座谈会，调看读者意见簿、网上读者意见箱等；

⑤检查读者、工作人员随机电脑操作情况；

⑥汇总情况、评定验收结果；

⑦向各院校图书馆反馈评估结果及相关情况。

5. 网络化建设合格评估取得的主要成果

2010 年底，海南省教育厅对全省 8 所高职高专院校开展网络化建设合格评估，根据《海南省高职高专院校图书馆网络化建设评估实施细则》评价标准，8 所院校图书馆的网络化建设均达到合格标准，成为"海南省高等学校图书馆网络化建设合格单位"。主要取得的成绩如下：网络化经费投入力度突出，8 所院校共投入资金 2000 万元；各校搭建起了网络信息服务平台，图书馆的网络化软硬件环境有了质的跨越，基本达到评估要求；加强读者培训，师生检索利用信息和获取信息的能力普遍提高，信息素养教育正规化、常态化；网络信息服务普遍开展，读者满意度提升；网络化成果推动了馆际互借的普遍开展。

（1）生均馆舍面积较"十五"期间增长 120%，全省高职高专图书馆馆舍总面积上升至 13 万平方米，是"十五"期间的 3 倍。

（2）生均藏书较"十五"期间增长 60%，由 35.2 册提高到 56.2 册，报纸期刊订购量翻了一番，电子图书达到 272 万种，是"十五"的 10 倍。

（3）生均座位数较"十五"期间增长 55.3%，计算机数量增长 161%，服务器数量增长 69%，磁盘存储量 85TB 是"十五"的 5.5 倍。

（4）基本完成网络化建设目标。

（5）读者人数较"十五"期间翻了一番，增加到 6.6 万人；开放时间达到 98 小时/周，读者到馆率较"十五"期间提高 60 个百分点；文献利用率由 2006 年的 100 万册提高到 163.3 万册，提升 63%；读者满意评价提升至 90%。

（6）网络服务优势凸显；信息素养教育教学工作一改"空白"的局面，初步建立了教学培训体系；阅读推广工作开始起步，各馆宣传活动逐渐丰富。

（7）图书馆内部管理制度建立健全，业务统计工作走向规范化。

除了全省性评估，高职高专图书馆网络化建设还采取了"成熟一个，验收一个"的方式，对个别达到评估要求的图书馆进行单独验收评估，极大地发挥了图书馆的积极性，推动了全省图书馆网络化建设的步伐。

6. 网络化合格评估整改验收

评估结束后，针对评估中存在的问题，教育厅下发了《关于印发高职高专图书馆网络化建设〈整改通知单〉的通知》，要求各馆针对评估中存在的问题制定出整改措施、整改时间，填写好《通知单》反馈给教育厅，再由教育厅组织专家组再次验收。整改验收检查程序如下：

（1）各高等院校提交评估整改报告，将评估整改报告、相关支撑材料的复印件，报送教育厅高教处。

（2）审核评估整改报告。教育厅检查组集中审核各高等院校提交的评估整改报告与相关材料。

（3）核实评估整改报告。检查组在审核评估整改报告与相关材料时，对有异议之处通过电话与该校图书馆的联系人进行核实。

（4）到校现场检查核实。在审核和核实整改报告与相关材料后仍有异议问题时，检查组需到校现场检查核实。将检查核实内容提前一天通知相关学校。

（5）下发整改检查通报。全省高等院校图书馆评估整改检查工作结束后，下发评估整改检查通报。

验收整改"回头看"的措施是推动网络化建设的利器，使得各院校领导高度重视图书馆网络化建设问题，是推动海南省高职高专图书馆事业发展的一大法宝。

在网络化合格评估过程中，海南省高校图工委高职高专图书馆指导委员会指导和部署各高职高专院校图书馆网络化整改任务和整改方案，对各高职高专图书馆建设方案提出建设性意见，对各馆网络化建设有序科学整改起到积极促进作用；编辑《海南省高校图工委网络化评估简讯》，及时报道和总结全省高职高专院校网络化评估整改工作动态和工作进展情况，有效地促进各图书馆网络化合格验收和评估整改工作。

二、"十二五"评估规划及审核评估

"十一五"期间，海南省高职高专图书馆发展迅速，办馆条件得到快速提高。为促进高职高专图书馆内涵建设和全面发展，在海南省教育厅和海南省高校图工委的正确指导下，高校图工委高职高专委员会发挥职能作用，积极参与《海南省高等学校图书馆"十二五"发展建设规划》课题研究；举办高职高专院校图书馆审核评估工作研讨会，为开展评估工作做了具体指导；在"十二五"末期，在教育厅的组织下顺利完成了全省高职高专图书馆"十二五"审核评估工作。

1. 高职高专图书馆"十二五"审核评估内容及程序

（1）《海南省高等学校图书馆"十二五"发展建设规划》中高职高专图书馆主要内容

①总体目标：到 2015 年，按《普通高等学校图书馆规程》综合评估要求，高职高专院校图书馆达到合格指标。

②文献资源保障体系建设方面：建设形成纸本资源基本自我保障、电子资源广泛共享、省内外资源有效结合、特色突出的复合型馆藏文献资源保障体系。到"十二五"末，各高职高专院校馆纸质文献共享保障率达到 90%。

③读者服务效益目标：高职高职院校图书馆服务时间 98 小时/周，年借阅量 30 册/人，年阅览量 50 人次/人，文献利用率 50%，年电子资源点击数 60 次/人。

④网络服务：基于"省数图"平台的文献服务总量较"十一五"翻一番，共享满足率达到 95% 以上。

⑤信息服务：高职高专图书馆在快速提升基本服务、网络服务的基础上，逐步向知识服务拓展。

⑥教育职能：创新履行网络化、数字化环境下的教育职能，积极开展信息素质教育，培养读者的信息意识和帮助读者掌握获取、利用文献信息的技能与方法。"十二五"期间，有条件的高职高专院校应全面正式开设文献检索课，并纳入学校教学计划。新生入馆教育应形成制度，时间不低于 4 小时，并保证一定的上机操作时间。

⑦"十二五"期间，建设好四支队伍：

a. 各校要建设好一支以馆长为学科带头人、结构合理、规模适中、敬业高效的图书馆专业人员队伍；

b. 全省共建并形成一支由业务骨干组成的高校图书馆专业学术队伍；

c. 全省共建并培养一支爱岗敬业、专业知识与实际技能兼备的数字图书馆建设与服务的年轻的专业技术队伍。

d. 省校共建一支符合《图书馆规程》要求的爱岗敬业的图书馆馆长队伍。

（2）"十二五"规划主要特点

《海南省高等学校图书馆"十二五"发展建设规划》在指导思想、目标任务和检查评估等方面均突出了《普通高等学校图书馆规程》的规范性和权威性，紧紧围绕"创新服务与追求效益"的建设主题，以建设成为"四个中心一个平台"为总目标，即到"十二五"期末，把全省高校图书馆基本建设成为文献信息资源集成中心、知识服务中心、自主学习中心、校园文化中心和全省科研创新服务的重要平台，重点引进新技术、新模式，走"共建共享"发展之路，大力提升图书馆的信息技术水平和业务水平。

（3）召开高职高专图书馆审核评估工作研讨会

由海南省高校图工委高职高专建设指导委员会主办，海南职业技术学院图书馆承办的"海南省高职高专图书馆审核评估工作研讨会"于2015年10月在海南职业技术学院图书馆成功举办。该研讨会邀请了省内三位资深专家进行了主旨发言，分别是省图工委副主任、学术委员会主任安邦建的"海南省高校图书馆审核评估自评报告撰写要点"，省图工委副主任、省高职高专委员会主任赵会平的"问卷调查与事实数据库统计汇报"，省图工委顾问王永喜的"读者服务与图书馆评估"，专家们的发言信息量大、传经送宝，为各馆开展审核评估自评工作做了细致的辅导，得到与会同仁的高度肯定。

（4）高职高专图书馆"十二五"审核评估工作程序

审核评估程序按《海南省高等学校图书馆"十二五"建设审核评估方案（试行）》进行。该方案是依据ISO11620《信息与文献——图书馆绩效指标》（*Information and Documentation—Library Performance Indicators*），ISO11620《信息与文献——国际图书馆统计》（*Information and Documentation—International Library Statistics*），《关于开展普高学校本科教学工作审核评估的通知》（教高〔2013〕10号），《关于普通高等学校本科教学评估工作的意见》（教高〔2011〕9号），《关于印发〈普通高等学校基本办学条件指标（试行）〉的通知》（教发〔2004〕2号），2002年《图书馆规程（修订）》、"教育部高校图书馆事实数据库"和《海南省高等学校图书馆"十二五"发展规划》（琼教高〔2012〕19号）等标准、文件制订的。海南省教育厅下发文件，启动了"十二五"海南省高校图书馆审核性评估工作。本次评估的工作程序包括学校自评、专家进校考察、评估结论审议与发布等。

①学校自评。参评学校按照审核评估方案的内容，认真开展自我评估。在全面总结"十二五"期间各项任务完成情况的基础上，分析图书馆的基本状态和发展趋势，突出改革创新亮点、成果和经验，准确把握存在的问题，针对影响服务质量和服务效益的突出问题，提出解决问题的措施及建议，形成《自评报告》。

《自评报告》内容要求详略得当，格式可灵活多样，报告中要求完整、如实体现相应支撑数据，字数一般不超过 1 万字。统计数据时段为 2011 年—2015 年，数据截止时间为 2015 年 10 月 31 日，自评报告按时上交省教育厅高教处并同时在校园网发布。

②专家进校考察。审核评估专家组对学校提供的"十二五"期间图书馆事实数据进行分析，形成《事实数据分析报告》。专家组在审核学校《自评报告》和《事实数据分析报告》基础上，通过查阅材料、个别访谈、集体访谈、考察设备设施与公共服务设施等形式，对学校办馆条件、服务效益和管理水平做出公正客观评价，形成写实性《审核评估报告》，评估结论不分等级。

《审核评估报告》要在全面深入考察和准确把握所有审核内容基础上，对各审核项目及其要素的审核情况进行逐一描述，并对图书馆的保障条件、为教学服务的效果等总体情况做出判断和评价，同时明确图书馆工作中值得表扬、需要改进和必须整改的方面。

③评估结论审议与发布。专家组在各参评高校《审核评估报告》的基础上形成此次审核评估总结报告，经教育厅审议后，正式发布参评高校的审核结论。审核结论作为本科教学工作评估、高职高专人才培养水平评估的参考。

参评高校要根据审核评估中提出的问题及建议整改，教育厅将在适当的时候组织整改情况复查，并对于整改效果不明显的给予通报批评。

2. 海南省高职高专图书馆"十二五"期间主要建设成绩

（1）办馆条件

①馆舍条件改善。"十二五"期间，各院校加大对馆舍条件的改善，其中海南职业技术学院新馆正式开放，新馆面积 15050 平方米。三亚航空旅游职业学院图书馆启用了 16391 平方的新馆。海南经贸职业技术学院下大力气

对空间布局进行改造，创造了良好的阅览环境。因海口经济学院升格为本科，全省高职高专图书馆馆舍面积较"十一五"期间减少了6%。

②阅览座位增加至10237个，比"十一五"期间增加14.5%。

③纸质图总量441.7万册，比"十一五"期间增加20.32%。"十二五"期间共计投入文献资源购置费5180万元，投入最多的是琼台师范高等专科学校1307万元，其次是海南科技职业学院，投入了878万元。

表7-2 海南省高职高专图书馆"十二五"发展数据对比表（办馆条件）

项目时间	2010年	2015年	增长率
在校生总人数	66070	63890	-3.30%
馆舍总面积（平方米）	130878	122915	-6.08%
生均面积（平方米）	1.98	1.92	-3.03%
纸质图书总量（万册）	367.1	441.7	20.32%
生均图书（册）	56.2	69.13	23.01%
电子图书总量（万册）	272.1	448.2	64.72%
自购数据库（种）	53	66	24.53%
阅览座位（个）	8941	10237	14.50%
微机量（台）	492	1219	147.76%
服务器（个）	49	49	0.00%
数据存储容量（TB）	85	131.5	54.71%

④电子图书总量448.2万册，比"十一五"期间增加64.7%。"十二五"期间各校大幅增加对电子图书的购买力度，其中海南科技职业学院新增100万册电子图书，海南软件职业技术学院新增了70万册。

⑤自购数据库66种，比"十一五"期间增加24.5%。购买10个以上数据库的高职高专图书馆包括：琼台师范高等专科学校购买数据库18个，海南经贸职业学院购买数据库12个，海南工商职业学院购买数据库10个。

⑥计算机数量达到1219台，比"十一五"期间增加147.76%。随着"三化建设"的持续发力，全省高职高专图书馆计算机数量猛增，较好地适应了图书馆服务转型的变革。

⑦数据存储容量达到 131.5TB，比"十一五"期间增加 54.71%。数据存储容量最多的是海南经贸职业技术学院，达到 26.5TB；但仍有个别馆的数据存储容量在个位数上徘徊，由此可见，全省高职高专图书馆发展极为不平衡。

（2）基础服务

①网页点击量较"十一五"期间增长 78.83%，达到 155.4 万次。"十二五"期间，部分图书馆对主页进行了改版，网站功能更加丰富，页面风格更加贴近用户，使图书馆网站成为用户线上体验的必选阵地。

②电子文献点击量 323.5 万次，比"十一五"的 84.8 万次增长了 281.49%。全省数字资源建设和网络化建设的成效突显。

③与线上体验如日中天的发展相比，传统的线下文献借阅服务出现了下滑。主要表现在读者到馆人次和纸质文献借阅量上。读者到馆人次较之"十一五"下降了 47 个百分点，文献借阅量则下降了 37 个百分点。

④读者培训是"十二五"期间的重要工作，"十二五"期间共计 65563 人次参加了读者培训，比"十一五"增加了 152.37%。同时，全省高职高专图书馆以不同形式开展文献检索课。例如，海南职业技术学图书馆开设"高职学生信息素养"课程，0.5 学分，8 个学时，为必修课。海南经贸职业技术学院图书馆开展了嵌入式教学，成效明显。海南软件职业技术学院图书馆也开设文献检索公选课，32 学时。

表 7-3　海南省高职高专图书馆"十二五"发展数据对比表（服务水平）

项目时间	2009	2015	增长率
网页点击量（万次）	86.9	155.4	78.83%
读者到馆（万次）	431	224.6	-47.89%
文献借阅（万册）	163.3	102.1	-37.48%
电子文献点击（万次）	84.8	323.5	281.49%
读者培训数量（人次）	25979	65563	152.37%

（3）阅读推广工作品牌化、常态化、本土化

早在 2005 年，海南职业技术学院图书馆以"好书伴我行"读书节活动

拉开了海南高职高专图书馆开展阅读推广活动序幕，经过10年的发展，在"十二五"期间，阅读推广活动成为图书馆内涵式发展的新动力，阅读推广工作进入了常态化、品牌化、特色化的发展阶段。

现以海南职业技术学院和海南经贸职业技术学院开展的阅读推广活动为例，对"十二五"期间高职高专阅读推广工作进行回顾：

①海南职业技术学院图书馆：阅读推广品牌化

"十二五"期间，海南职业技术学院图书馆共组织了6届大型读书节活动和6届新生读书报告会的阅读推广活动。其中大型读书节共举办了读书沙龙、检索技能竞赛、书海拾贝、有奖征文等20余项读书活动。该馆阅读推广活动始终坚持"宣传图书馆丰富的馆藏资源和优质的服务项目，帮助同学们树立'读书好、读好书、好读书'的理念，丰富学生的文化知识和内涵"的活动宗旨，以其新颖的形式、丰富的内容、有效的互动，得到了全校师生的广泛关注和踊跃参与，为提高读者阅读积极性，塑造良好的读者服务品牌形象发挥了重要的作用。尤其在大型读书节活动中，实施了品牌营销宣传策略，采用"项目管理"的组织方式，激发学生社团成员的主观能动性，将演绎活动主题的思路贯穿始终，最终将活动宗旨落到实处，取得了良好的活动效益。

经过几年的努力，海职院阅读推广活动深入人心，成为了最具口碑的校园文化品牌活动之一。其中，"书海夺宝"和"盛享好书"读书沙龙活动的品牌效益明显，共同获得了首届海南高校图书馆阅读推广案例大赛二等奖；此外，"书海夺宝"还获得了首届全国高校阅读推广案例大赛华南赛区优秀奖。

②海南经贸职业技术学院图书馆：阅读推广常态化

自2008年组建读者俱乐部以来，海经贸图书馆就搭建了该校读者自己的阅读推广团队，并以此为平台加强校际交流。通过大量的读者调研和互动提出了阅读推广项目推广标准：九维任务驱动。九维即人生三大情感"亲情、友情、爱情"，人生拼搏过程"积累、成长、竞赛"，人与书的联系"方式、方向、受众"。该馆围绕"九维"进行阅读推广，具体操作过程中采用"任务驱动"，以保证阅读推广活动有主题、有目的、有趣味、有组织、有层次的开始常态化推进。值得一提的是，2010年—2012年，图书馆连续3年与桂林洋大学城各高校联合举办海口市桂林洋高校区读书节，并受到主流媒体关注和报道。该阅读推广活动案例 2015 年荣获海南省图工委颁发的"阅读推广二等奖"，获全国高校阅读推广案例大赛华南赛区优秀奖。

"十二五"期间，图书馆以九维任务驱动标准为指导共组织了 103 场次的阅读推广活动。同时，为应对学校和用户的发展变化，营销图书馆数字阅读推广，开展系列讲座、学科信息导报、嵌入式教学等数字阅读推广服务项目。

运作情况：图书馆 2012 年成立了自己的学科服务队伍，建立了相关制度，逐渐开展系列讲座、学科信息导报、嵌入式教学、写作辅导、微信公众平台等五大项基础服务项目。图书馆的服务项目是不断与用户共同开发的，逐步覆盖全体教师与学生，并深入各层次用户群内部，提供差异化细节服务。

读者、资源和服务的相关度：至 2012 年图书馆引申上述五大服务项目，培训、服务教师用户 1360 余人次，培训、服务学生用户 20300 余人次，为留学生提供汉语写作及阅读指导 40 余人次。

第三节 凝心聚力 海南高职高专图书馆建设经验

一、坚持图工委指导，协作共建同发展

1. 成立高职高专图书馆指导委员会的重要意义

2005 年 5 月 27 日，在海南职业技术学院召开的全省高职高专图书馆馆长工作会议上，高职高专图书馆建设指导小组组建成立，海南职业技术学院图书馆王永喜馆长任主任委员。指导小组主要职责为：在省高校图工委领导下，宣传贯彻落实《普通高等学校图书馆规程》；开展有关调研活动，向主管部门提交加强海南省高职图书馆建设的规划、计划和意见；组织开展高职图书馆馆员培训与工作交流活动；组织对高职图书馆建设与发展进程中的有关科研工作；协助省主管部门开展对高职图书馆

工作检查或评估。

2006 年 8 月 28 日至 29 日在琼海博鳌召开的省图工委工作会议上，根据《海南省高等教育学会图书情报工作委员会章程》的有关规定，省第五届高校图工委决定，成立学术委员会和五个专业委员会，分别为学术委员会、文献资源建设工作委员会、读者服务工作委员会、数字化建设工作委员会、专业队伍建设工作委员会、高职高专图书馆建设指导委员会。高职高专图书馆建设指导委员会是海南省图工委下属的分委会，其主要工作是指导全省高职高专图书馆的建设与发展。第五届高校图工委高职高专图书馆建设指导委员会主任由海口经济职业技术学院图书馆温小明馆长担任，赵会平任副主任。2010 年 4 月，海南省第六届高校图工委成立，赵会平担任高职高专图书馆建设指导委员会主任，王海担任副主任。

表 7－4　海南省高校图工委高职高专建设指导委员会机构一览表

序号	时间	图工委	主任委员	副主任委员	成员单位所在院校
1	2005 年 5 月—2006 年 10 月	第四届	王永喜	温小明	海南职业技术学院、海口经济职业技术学院、海南广播电视大学、海南政法职业学院、三亚航空旅游职业学院、琼台师范高等专科学校、海南经贸职业技术学院、海南软件职业技术学院、海南外国语职业学院、万和信息职业技术学院、三亚卓达旅游职业学院
2	2006 年 1 月—2010 年 4 月	第五届	温小明	赵会平	海南职业技术学院、海口经济职业技术学院、海南政法职业学院、琼台师范高等专科学校、海南经贸职业技术学院、海南软件职业技术学院、海南外国语职业学院、海南科技职业技术学院、三亚航空旅游职业学院、三亚城市职业学院、三亚理工职业学院

续表

序号	时间	图工委	主任委员	副主任委员	成员单位所在院校
3	2010 年 4 月—2016 年 1 月	第六届	赵会平	王海	琼台师范高等专科学校、海南职业技术学院、海南经贸职业技术学院、海南政法职业学院、海南软件职业技术学院、海南外国语职业学院、海南科技职业技术学院、海南工商职业技术学院、三亚航空旅游职业学院、三亚理工职业学院、三亚城市职业技术学院

高职高专图书馆建设指导委员会是海南省高职高专图书馆建设的总参谋，每年的年度工作会议都为本省高职高专图书馆建设指明了方向、列出了目标、划分了任务、统一了认识。

高职高专指导委员会自成立以来，便承载着全省高职高专图书馆建设与发展的重大使命，指导全省高职高专图书馆不断加强专业队伍建设，提高办馆水平和服务水平，是海南省高职高专图书馆历年评估验收工作得以顺利进行的重要前提。高职高专指导委员会的成立，标志着海南省高职高专图书馆的建设朝着标准化、专业化、规范化的方向不断前进。

2. 高职高专指导委员会开展的主要工作

高职高专图书馆建设指导委员会自成立以来，始终围绕中心工作，积极作为，科学规划，合理谋划，不断优化队伍结构，提升业务素质和服务水平，为各项工作的落实提供了有力支撑。

（1）召开年度工作会议，明确建设任务

历年的年度工作会议都紧紧围绕高职高专图书馆的建设与发展这一中心任务，深入贯彻落实科学发展观，依据《普通高等学校图书馆规程》（以下简称《规程》），结合各高职高专图书馆的实际情况，提出了切合实际的建设任务和发展目标，宣传、贯彻、落实、强化了《规程》的法律地位，不断提高全省高职高专图书馆依据《规程》建设图书馆的自觉性。

以教育部印发的《普通高等学校基本办学条件指标》、《高职高专院校人才培养工作水平评估方案》和省教育厅印发的《海南省高校图书馆评估方案》为依据，根据海南省高职高专院校发展的需要和图书馆的现实基础，科学地制订海南省高职高专院校图书馆发展规划。同时，指导各院校图书馆找准定位，制订好个性化建设规划。

坚持"以评促建、以评促改、以评促管、评建结合、重在建设"的指导方针，指导各高职院校图书馆规划和完成自动化网络化建设任务，推进各馆网络化建设达标进程。督促各馆按照《网络化评估细则》的要求查找不足，制订本馆"网络化建设达标方案"，全面推进网络化建设的迎评促建工作，以优异的成果，迎接省教育厅的网络化评估。

（2）开展多种形式培训，加强队伍建设

为促进高职高专网络化合格评估工作的开展，抽调全省图书馆网络化建设业务骨干，开展网络化评估检查培训，组织一支业务精通、思想素质高的网络化评估专家队伍，协助省教育厅年底对全省高职高专院校图书馆网络化建设的合格评估检查。

以各院校迎接教育部教学水平评估为良机，大力推进办馆条件建设，举办馆长研讨班，学习交流办馆条件达标建设的经验，深入探讨和指导各院校图书馆建设。

针对文献资源建设（图书采购招标和图书分编）中的质量和业务技术问题举办馆长研讨会。

根据自动化网络化建设的需要，为提高系统管理员水平，举办系统管理员学习、交流、研讨现场会。

按照建设一支以馆长为学科带头人的"爱岗敬业、精干高效"的专业队伍的目标，指导各馆采取在岗培训与引进相结合的方式加强队伍建设。

开展馆际之间业务对口学习、培训与交流，形成共同进步、共同促进、共同发展的良好氛围。

（3）调查办馆条件状况，当好建设参谋

从现代图书馆功能需求出发，对拟建新馆的高职院校（经贸、琼台、三亚航空）进行指导并提出参考意见，指导其按现代图书馆功能和国家提出的"节能减排"要求设计、建设好新馆。并且采取"一帮一"对口指导交流的办法，帮助新办高职高专院校图书馆的建设与发展。

（4）指导高职高专建设，推进快速发展

按照图工委的工作计划，推进各馆根据高职高专院校的特点，做好《文献资源发展政策》的编制工作，使图书馆的文献资源建设规范化、系统化。

依据《海南省高校图书馆评估指标体系》要求，结合高职高专图书馆的功能与特点，指导各馆以"年生均借书册次、年生均到馆人次"达标和提高"藏书利用率、读者满意度"为目标，加强基本服务工作。积极参与海南省教育科研数字图书馆的共建共享服务，做好电子文献传递工作，继续推进纸质图书文献的馆际互借服务，努力提高服务效益。

以迎评促建为契机，以教育部《规程》为指导，以规范化管理为主线，不断提高图书馆管理的科学化和标准化水平，建立起图书馆的自我约束、自我诊断、自我发展的长效机制。

配合信息素质专业委员会，加强信息教育，积极探讨高职高专图书馆读者教育工作，提高高职院校信息教育水平。

加强图书馆的统计工作，指导各馆做好年度高等职业院校人才培养工作状态数据采集平台和教育部高校图书馆事实数据库平台的填报工作。

二、坚持对口帮扶，以强带弱促双赢

团结互助是中国的传统美德，也是图书馆行业的优良传统，更是图书馆携手并进的有力手段。海南省高职高专图书馆在快速发展的进程中，始终坚持对口帮扶，通过"手拉手"的帮扶，由本科馆或有实力的高职馆对新高职馆进行帮扶，使新办的高职高专图书馆业务工作更快地进入轨道。在帮扶中，建立责任制，在办馆理念、发展规划、馆舍建设、文献资源建设、专业队伍建设、自动化建设以及规章制度等方面，对新办高职高专馆进行对口指导和帮助，避免形式化，避免走弯路。

例如，海南大学负责对海南外国语职业学院对口支援，海大馆馆领导和业务骨干多次到外语职业学院所在地文昌市进行调研，对该馆的建设提出了许多的中肯的建议。海口经济学院是海南软件职业技术学院、海南经贸职业技术学院帮扶单位，他们加强馆际协作、蹲点学习、调研互动，在馆舍建设、制度建设等方面提供了实实在在的对口帮助。

实践证明，对口帮扶"手拉手"的工作思路，是营造良好的协作氛围，推动全省高职高专图书馆业务水平提升的有效途径。

三、坚持队伍建设，提高业务水平

1. 重视馆长选配

作为馆藏资源、馆员的管理者和组织者，作为图书馆的带头人和事业发展的引导人，图书馆馆长的学识、能力、品德决定了这个馆的管理水平和业务水平。因此，严格按照《规程》要求选配有能力、有水平的馆长是高职高专图书馆，尤其是新建、新升格图书馆更快更好步入业务轨道的关键要素。"十一五"期间，通过相互推荐、积极协调，部分院校引进或返聘有能力、有水平的新馆长，该批馆长主抓业务业绩、建章立制、规范管理，促进高职高专图书馆走上快速发展之路。同时，作为业务协调指导机构的省高校图工委及时制订新馆长培训计划，帮助新馆长短时间内完成角色转换，快速进入馆长角色。

2. 加强队伍建设

除了选聘有能力的馆长，高职高专图书馆还大力引进专业人才，坚持开办业务骨干培训班，多维并举鼓励馆员学习深造，不断提高自身综合素质。

首先是借图工委之力，积极组织馆员参与图工委年度非专业人员、新进馆员培训班，系统学习专业理论和业务知识，高职高专馆员是参加全省高校图工委培训班的主力军；其次，组织针对高职高专的业务培训班，有针对性地提升馆员业务技能，从2005年起，高职高专建设指导委员会定期举办高职高专馆长、馆员或业务骨干技能培训，取得良好成效；最后，依托省高校图工委举办各类学术交流活动，为高职馆员业务交流提供良好的平台。

作者简介

赵会平，女，毕业于琼台师范学院研究馆员。历任阜阳职业技术学院馆员、海南职业技术学院图书馆副馆长、琼台师范学院馆长、第四届教育部高等学校图书情报工作指导委员会高职高专分委会委员、海南省图书馆协会副会长、海南省高校图书情报工作委员会副主任、高职高专图书馆建设指导委员会主任。出版专著2部，发表学术论文近20篇。

吴海春，女，硕士，琼台师范学院图书馆馆员。发表论文5篇，专著1部，参与省厅科研项目1项，获海南省高校图书馆案例大赛二等奖3项。

第八章

以文兴馆　创新服务

——海南省高校图书馆文化建设纪实

◇ 詹长智　温小明

　　面对信息化和数字化的迅猛发展，当"电脑 + 互联网 + 搜索引擎"使人们的信息和知识获取几乎达到唾手可得的程度的时候，图书馆曾经作为知识殿堂的光环和信息传递的优势遭遇巨大的冲击和挑战，其形象黯然失色，其吸引力日渐式微。图书馆如何重整旗鼓，深挖潜力，重塑形象，再造辉煌，是每一个图书馆人面对的挑战。要使图书馆这一重要的文化、学术机构基业长青，具有持久的魅力，必须从固有的思维和模式中跳出来，在办馆理念、建筑格局、布局设计、环境营造，尤其是服务功能的延伸拓展等各个方面进行一次彻底的革新。

　　对于高校图书馆来说，虽然文献积累和知识信息传递依然是它的主要任务，但是期望把读者从电脑和网络的依赖中再吸引回来，最应该并可以做的是在原有功能的基础上致力于各种文化建设，真正实现学术和文化并重，传递知识和传承文明相得益彰。

第一节　图书馆文化建设的意义和作用

　　海南省高校图书馆的文化建设大致包括以下几个方面：第一，建立自己特有的职业（组织）文化，通过职业文化重塑图书馆新形象；第二，通过发掘和整理文献信息的文化遗产，发现新知识，创造新成果；第三，开展各种文化活动，扩大图书馆影响力，提升服务效能。

图书馆作为重要的学术、文化机构，传递知识和传承文明是其两大基本职能。在从古代藏书楼向现代化图书馆转型时，传递知识的职能作用已得到全面而深入的发挥，并得到社会和广大用户充分的认可。进入信息化时代，图书馆也在不断地跟进技术发展，积极拓展文献信息传递的职能。然而图书馆文化建设和文明传承的职能在相当一段时间是作为辅助性功能被置于次要的地位。虽然传递知识和传承文明两者之间不是截然割裂的关系，往往是你中有我，我中有你，相辅相成的，但它们又有各自独立的功能和特征，是需要分别着力研究和实践的。

一、图书馆组织文化建设的意义和作用

当前许多图书馆为了适应内外环境的变化，不断进行变革，比如调整规划、机构重组、人员培训、制度创新、强化管理等，但效果却往往不尽如人意。为什么？就是因为在变革的过程中，人们总会感受到有一种"无形的东西"在影响和制约着变革。这个"无形的东西"就是文化，就是隐含在组织成员中所共有的思维模式和行为方式，它经过潜移默化积淀成集体的潜意识，并且会不断地被传递给组织新成员。

我们经常看到某些图书馆表现卓越、特色突出，表现出良好的发展态势。究其原因，除了自身的办馆实力（包括深厚的历史积淀）、经费支持、馆员素质、技术设备水平以及其他优势外，其优秀的组织文化底蕴和扎实的职业素养才是起决定作用的因素和支撑力。

图书馆的组织文化是图书馆在长期的生存发展过程中，为图书馆成员所共同认同和接受的价值标准、思维模式、目标使命，以及行为方式等，是这个组织在长期发展过程中逐步形成的物质文化、制度文化和精神文化的总和，它对组织的发展具有主导作用和持久的影响力，是实现图书馆发展目标的软实力。

奎因（J. B. Quinn）指出，只是改变技术或者程序，而没有在组织的发展方向、价值观和文化方面做根本性的改变，组织仍保留着原来的文化，那么改革往往是失败的。因此，仅仅简单地改变战略、组织结构、管理系统还是不够的，只有从根本上、从文化意识上进行改变，才能适应新的变化。

二、在挖掘文化遗产中提升图书馆的文化传承职能

现代图书馆要成为知识与文化的汇集之地，成为一座有文化影响力的图书馆，不是仅仅买进书刊和数据库就够了，而是要对某些特定领域的文化遗产展开全面、系统的发掘、整理，形成有特色的文献资料，供相关专家开展深入的研究，产生有影响的研究成果。高等学校图书馆的一个重要优势是可以依托大学内丰富的学术资源和人才资源，在面向教学科研和学科建设开展服务的同时，拓展服务职能，创新服务领域，吸引相关领域的专家学者参与特色文献和其他文献载体的搜集整理工作，把图书馆自身打造成文化传播和学术研究的重要基地和交流平台，更好地履行其文化传承的职能。

三、在丰富多彩的文化活动中彰显活力

从目前国内外图书馆的报告和案例中可以看出，当图书馆在获取信息方面逐渐失去自身优势的困境来临时，图书馆应拓展功能，向尽可能多的文化活动方向扩展，围绕阅读推广开展的诸如文化讲座、展览、书评和研讨等文化活动，吸引更多的读者回到图书馆来，重新确立自己的地位和赢得人们的尊重，使图书馆焕发新的活力。开展文化活动是大大提高图书馆对外吸引力的一项重要而有效的措施。

总之，从开放存取的知识仓库到文化建设和活动的全方位参与，以形成聚合平台是图书馆的又一次新的转型。

第二节　海南高校图书馆文化建设的创新实践

一、打造图书馆特有的组织文化，重塑图书馆形象

海南省高校图书馆高度重视文化建设的创新实践。

海口经济学院图书馆（简称海经院图书馆）可以被视为重视文化建设的典型案例。海口经济学院是随着海南省和海口市的社会经济发展不断壮大，由最初的高职院校升格为应用性本科院校。该校图书馆在短短十年间，经历

了从一无所有，一张白纸，到四次扩建与搬迁，以及学院达标评估、升格本科等一系列重大任务的考验，发展成为一所拥有近2万人的读者群，馆舍面积近4万平方米，实体藏书130余万册，员工60余人，具有较强服务能力与管理水平的高校图书馆。

为适应学院超常规的建设与发展，图书馆领导者从创建之初就认识到，组织文化是凝聚团队、规范行为、不断发展、永葆活力的精神源泉和内驱动力。为此建馆不久即将组织文化建设尽快纳入议事日程，有意识地在组织建设的各个方面，积极引进先进的图书馆组织文化理念和管理方法，确立了图书馆条件建设与组织文化建设齐抓共建的理念，并在艰苦的创业中，逐渐培育和打造出一系列独特的团队品格，包括平等开放、服务至上的办馆理念，爱岗敬业、默默奉献的职业操守，不畏困难、敢打硬仗的拼搏精神，敢为人先、勇于创新的探索勇气，和睦相处、团结合作的团队氛围，以及开放式管理、人性化服务的办馆特色等，形成了以核心使命为中心、以服务文化为主体的组织文化体系。

理念作为组织文化体系的核心，决定着组织的发展方向、使命、思维方式，行为准则，以及管理与服务模式的选择。先进的组织文化必须与时代同步，必须符合现代图书馆发展的大趋势，充分体现出其先进性。海经院图书馆组织文化以精神文化为核心，结合制度文化和物质文化建设，形成综合的系统整体。

物质文化处于图书馆文化的表层，是精神文化的外在表现。读者可以直接观察、触摸和感受到，并且往往先从这些物质文化形态上看出图书馆的精神面貌。

现实表明，图书馆正在经历从提供借阅服务到营造学习环境的转型，空间本身就是服务资源，是除文献资源和技术手段之外又一可开发利用的重要资源。"空间享受"是图书馆把读者拉回来、稳定住的新的"增长点"。2010年海经院启动新馆建设。图书馆抓住机遇，找到了服务创新的突破口——空间环境的营造，并积极参与了新馆的建设和设计。新馆以"回"字形为主体结构，利用无隔断设计，并以露天庭园式天井和大玻璃幕墙形成自然采光，呈现宽敞通透的大开放格局。新馆不设门禁，免证准入，使读者在自然宽松的环境中体验平等、无差异化的现代图书馆服务理念；馆舍开放式格局与便捷周到的服务相映成趣；不设保存本库，全部文献（包括数万余种光盘、磁带等电子资源）免费向读者开放，提供借阅；家具设计实用、新颖、时尚，不同楼层、不同区域家具风格各异，赏心悦目；全馆中央空调，信息基础设施完善配套，服务与管理手段先进。完善的局域网络与校园"一卡通"对接，无线网络覆盖全馆。新馆吸收引进最新技术，各项设施设备全部免费面向读者提供使用，并增设许多前沿服务项目。引进 RFID 技术，校园内安置 24 小时自助图书馆和自助还书机，提供全天候自助服务。学习共享空间是一个经过特别设计的一站式服务中心及协同学习环境，设置网络学习区、期刊沙龙、培训区、研修区、讨论室、外语听力室、音乐欣赏室及多功能报告厅等配套设施，围绕教学进行模拟训练、讨论、交流、培训等，设专人提供及时现场指导、咨询解答等服务。OPAC 全面升级，服务功能强大。300 余台电脑可供读者检索馆藏和阅览电子资源，浏览当日更新的网络数字报纸，以及清晰图片及音视频等。单点登录系统（远程访问）方便校外读者使用馆藏资源。开通手机 WAP 服务，读者可利用手持终端登录图书馆 WAP 站点，查询书目，进行预约续借、查看催还信息等。新浪"海经院图书馆"微博的开通，更是与读者建立了沟通互动的平台。

总之，先进的馆舍条件、现代化的设备设施与技术手段，为图书馆服务与管理的转型升级提供了强有力的支持，成为图书馆先进文化构建的物质基础。

二、致力发掘和整理地方文化遗产，推进地域文化研究

海南大学图书馆积极致力于发掘和整理地方文化遗产，推进地域和历史文化研究，努力打造地方历史文化研究和交流的学术平台，真正把图书馆建设成为"四中心，一平台"——文献信息中心、知识服务中心、自主学习中心、校园文化、社会文化中心和区域知识创新服务平台，并且取得初步成绩。

1. 依托图书馆创办海南历史文化研究基地

2005 年底，为加强海南大学的人文历史学科建设，推进海南文化的发展，海南大学决定依托图书馆创办海南大学历史文化研究基地，并经有关机

构的批准，同时成立海南省历史文化研究基地（同一个机构承担两种功能）。海南历史文化研究基地不仅作为海南大学内部的一个科研机构，同时也是全省人文学科的一个开放研究平台。

研究基地成立后，海南大学图书馆集中一批人文历史学科背景的专业馆员，在校内外专业教学科研人员的配合下，开展了一系列人文历史课题研究。完成的科研项目和出版著作有：《海南地方文献书目提要》《海南族谱总目提要》《海南当代社会问题研究》《华侨与海南建设》《海南历史文化研究集刊》。并且参与《黎族藏书》及《海南历史文化大系》等大型丛书的编写工作。

海南历史文化研究基地举办以海南籍著名历史文化学者陈序经先生命名的系列学术讲座，至今已有10多位国同内外知名历史文化学者应邀发表学术演讲，陈序经学术讲座已经成为海南大学重要的学术交流平台。

在海南历史文化研究基地的推动下，海南历史与黎族文化研究已经成为海南大学"211建设"重点项目。目前正在开展的研究课题还有：海南人口史研究、海南社会史研究、海南地方文艺与戏剧史研究、海南方言研究，以及海南历史文化辞典的编纂。

2. 建设专题特藏书库（文献室）

为进一步强化海南大学图书馆的馆藏文献特色，更好地为本校的教学科研服务，为海南文化事业的繁荣与发展提供重要的文献支持和信息服务，海南大学图书馆加强与地域文化有关的特藏文献建设。

建设8个特藏文献室（库）：海南地方文献室、古籍善本书库、宋氏家族文献室、海南华侨与东南亚文献室、中国海疆研究文献室、海南少数民族文献室、海南旅游文献信息中心、海南大学学者文库。

数年的实践证明，建设专题特藏文献库，对图书馆自身建设、本校的学科建设以及对地方文化建设具有十分重要的积极作用：

第一，专题特藏文献库建设，加强了本馆收藏文献的系统性和完整性，促进了文献数字化和文献开发的深度，提高了专业文献的保障率，促进了文献资源的利用。

第二，专题特藏文献库建设，促进了本馆馆员的专业素养的提升，培养一批学有专长、术有专攻的专家型的学科馆员，有利于建设一座研究型的图书馆。

第三，专题特藏文献库建设，深入服务海南大学相关学科的教学与科研工作，促进了相关学科的建设和发展。

第四，专题特藏文献库建设，提高了图书文献事业发展与社会发展的关联度，提升了大学图书馆服务社会的能力。

3. 在图书馆内建设地方历史文化博物馆

高等学校的一项重要任务是发掘、整理和开发利用海南独有的文化资源和内在的精神财富，从而把它建设成为重要的教育场所。

海南大学图书馆在馆内开创性地建设历史文化博物馆。展示的内容包括：第一展区：海南从远古以来的人口迁移和早期开发活动。第二展区：民族迁徙与融合。重点展示黎族、汉族、苗族、回族迁入海南的过程与民族融合的状况。第三展区：移民与民俗。重点展示各大宗姓迁入海南和在此繁衍发展的过程。第四展区：华侨文化。重点展示海南向海外移民及琼籍华侨在海外的发展状况，华侨支援海南建设和发展的情况。第五展区：新中国海南移民潮。重点展示新中国成立以来，在海南出现的几次大移民高潮及其所产生的重要影响。

历史文化博物馆建成之后不仅成为海南大学校园内一项重要的文化设施，它也成为海南与国内外学术机构和文化团体开展文化交流的重要窗口，更是琼籍华侨与祖居地之间精神与文化联系的一条纽带。因此，它是一个海南发展软环境的重要设施。

此外，海口经济学院图书馆、华南热带海洋学院图书馆在这方面也做了积极的探索和尝试，分别在各自馆设立了具有海南地域特色的展览馆或博物馆，收藏有海南非物质文化遗产的黎锦、木雕、椰雕等，海洋生物标本，船木制作的特色家具等，以实物、图片和网页等形式展示海南特有的文化艺术和历史遗存，使读者在阅读文献的同时能更直观地触摸和感受到这些文化信息。

第三节　文化建设成为海南省高校图书馆的一面旗帜

　　海南最具特色的是，蓝天、白云、椰风、海韵。这些海南岛独一无二的地域魅力以及以黎族为代表的海南民族文化艺术为图书馆的人文环境塑造提供了设计的灵感和源泉。海南省高校图书馆的馆舍内大多体现了热带海洋风情和民族文化特色，特别是海口经济学院图书馆新馆，则充分体现了高校图书馆的文化性、海南岛屿的地域性，民俗文化的特色性，以及环境与服务的人文性。海经院图书馆内设置了"南国风情沙龙"，集中呈现海南独特的民族、民俗文化，使读者在学习阅览的同时，领略和欣赏到海南特有的物质（非物质）文化遗产。公共大书房让读者亲身体验到"书房"的惬意和精致，找到家的感觉。咖啡吧营造舒适温馨的环境，为读者提供咖啡、奶茶、甜点等简餐休闲服务。文印中心提供文档编辑、排版、复印、扫描、传真等服务。残疾人设施、冷热饮水机、电子时钟等，使图书馆更加突出服务的细节化、人性化特征。绿化、美化精致到位，装饰典雅充满文化艺术气息，环境舒适、惬意，使人流连忘返。

　　新馆不仅符合现代化图书馆多元空间与功能融合的需要，而且反映出鲜明的地域特征和民俗文化风貌，呈现出区别于内地高校图书馆独有的个性特征。所有这些的物质文化向读者充分展现了图书馆高品质的精神风貌。

一、制度文化是图书馆精神文化转化到物质文化的中介

　　制度文化是图书馆实现目标使命的保障。以海经院图书馆为例。图书馆的制度文化包括：

　　第一，组织决策模式：扁平化结构与民主集中制；抓好两大支撑——机构重组和团队建设两个支撑点；凝聚三方合力：文献资源源头建设、技术设备支撑体系建设、宣传推广与教育培训建设三大关键要素；构建一个中心：以读者服务为中心。新馆建成后外部条件的变化，为我们进一步进行组织文化再造提供了基础。

　　第二，组织行为准则。开放、平等、细致、周到是高校图书馆馆员组织

行为准则。概括起来就是：以开放自由的姿态吸引读者；以体贴入微的情怀呵护读者；以平等尊重的心态善待读者；以精致周到的细节服务读者。四个方面涵盖了组织精神面貌、对读者权益的尊重，以及注重情感和细节的服务文化品格，全方位塑造和展现了组织的形象。

第三，组织信念与管理模式。公平公正、共求发展。员工积极的态度是组织的无价之宝。当公平、公正的信念植根于组织成员的心中，严格执行一视同仁，赏罚分明的原则，就必然会化解矛盾，树立正气，调动员工的积极性，坚定组织成员对团队的认同感和信赖感。组织文化被认同后，原来光靠制度无法解决的难题，找到了解决的途径。

第四，组织建设与团队精神。构建学习型组织，提倡组织和个人共同发展的"双赢"模式，营造符合自主与个人共同发展的良好工作和学习氛围，使馆员感受到尊重。把员工个人的事业与图书馆的事业融合在一起，共同发展。倡导崇尚知识的文化氛围，制定了"一个目标、两项保障、三大内容、六种途径"的馆员培训计划。

第五，人力资源管理。以人为本充分体现在对图书馆员的关怀和管理上。以能力和工作效益为导向，完善员工竞聘上岗；开展岗位技能竞赛，激励个人能力的发挥；建立绩效考核制度，奖勤罚懒，突出效益优先；同时以信任、关怀的态度对待员工，弱化自上而下的层层管理与监督制度，不实行上下班打卡、中途查岗等非人性化管理。尽可能发挥员工的主观能动性和工作自觉性、主动性，提倡参与，决策民主，注重个人能力的发挥。在工作条件和环境设计方面处处为员工着想，从减轻重复性、低效率工作量和降低工作难度出发，在书标设计、出纳台高度、改良操作工具、精化工作程序等各个方面体现对员工的人文关怀。通过开展各种活动，丰富员工的文化生活，增强团队的凝聚力和友谊等。这一切不仅从制度上保障了个性发展和学习型组织的建设，更主要的是在组织内形成浓郁的崇尚知识、钻研业务、馆荣我荣、共同发展的良好氛围。

第六，制度建设：海南省高校图书馆不断修订完善各种规章制度，实现以"法"治馆，并将"读者享有充分利用图书馆信息资源权利"明确写进规章，用制度来体现图书馆的职业精神。

二、精神文化处于图书馆文化的核心层

以海口经济学院图书馆为例，可以看到过去十余年海南高校图书馆文化建设取得的卓越成效。第一，全省高校图书馆开始重视组织发展方向和形象标识。海经院图书馆在学院"敢为人先，追求卓越"的"海经精神"激励下，确立了组织目标与发展方向，即一流的环境、一流的服务、一流的管理，真正成为全院师生喜欢来、经常来、离不开的文献资讯中心、自主学习中心、信息交流中心和校园文化中心。形象标识（LOGO）是组织文化高度概括、浓缩、提炼后的艺术化图形符号。比如，海经院图书馆馆徽（LOGO）以"海经"拼音首字母"H-J"为基本造型，主体由书本和太阳组成，层叠的书页形似海浪，海蓝色基调突出地域色彩和图书馆以静为主的环境特征。徽标的表层含义为用知识托起希望，以打开的书突出图书馆职业特征；而深层含义则是：整体造型宛如图书馆人张开臂膀，在以人为本理念的指引下，以开放姿态为读者奉献知识，彰显出图书馆的职业信念和使命，以及服务意识和倾心奉献精神。大片蓝色图案好似一张鼓起的风帆，预示着图书馆将乘势而上，继续创造更加美好的未来。徽标整体设计寓意深刻，识别性强，准确传达出其职业性、地域性、人文化等丰富的组织文化内涵。

第二，组织信念和使命：用心为读者营造读书的天堂。到图书馆来读书，是读者最原始、最基本、最朴素的原点。不论社会发展到何种程度，只要图书馆还在，只要读者还需要到图书馆来寻求知识、慰藉心灵，图书馆就有责任为读者营造一个舒适、温馨的读书学习环境，使读者在看得见、摸得着的"天堂"中，享受图书馆优质的服务。同时，基础服务必须由图书馆的实体场所提供环境、家具及设备设施等物理条件的支撑，应该在空间组织、功能布局、家具设计，环境营造等各个方面，通过人性化的细节设计来实现基础服务所要求的各种功能。"用心为读者营造读书的天堂"其表述情感色彩鲜明、直白，温暖而亲切，更容易增强图书馆在读者心目中的亲和力。

第三，组织思维方式：一切从读者的视角和感受出发。"以人为本"的基点是站在读者的角度思考问题，按照读者的需要和合理的意愿，去设计、安排图书馆的环境、设施、服务流程、管理模式等一切环节，真正实现从形式到内容的全方位开放——开放的思维、开放的理念、开放的姿态和开放的

服务。

第四，组织服务文化：构建"大服务"体系。这是图书馆组织文化中最核心的部分，它是贯彻"服务至上"宗旨的理念支撑。海南省高校图书馆一直强调"大服务"的理念，其含义为：图书馆所有工作的核心就是服务；各环节的最终目标围绕服务；各项业务的最高准则是满足服务。图书馆的服务是由显性服务和隐性服务共同组成的。读者工作部、参考咨询部等一线服务体现的是显性的服务，是看得见、摸得着，直接作用于读者的服务；而文献资源建设、技术支持与保障、读者信息素养教育等，属于隐性服务，即通过资源、技术和培训的支持，间接地作用于读者服务，是服务工作必不可少的基础和支撑。作为一个整体，图书馆读者服务工作不只是前台和一线部门的事，而包括了图书馆后台整体系统及全过程。树立大服务的理念，就是将显性服务与隐性服务统一起来，每一个部门，每一个环节，所有工作都统一到服务的宗旨下，以服务为中心，围绕服务做好各自的工作。对内各部门相互都在为彼此服务，对外则为着一个共同的目标——为读者提供优质高效的服务而协同配合。

第五，员工行为规范，从衣（馆服）、容（微笑）、举止（起立，双手）、言辞（首问制，网络社区答问用语）等方面规范员工行为，提升服务品质。

总之，随着图书馆的不断发展壮大，在决策层反复强调、引导、示范，并辅以日积月累的培训、灌输，以及不间断地举办各种相关的仪式、活动，特别是通过几次系统的培训，海南省高校图书馆的组织文化已形成配套的体系，既有操作层面的服务创新，也有制度层面的管理创新，更多的精神层面的理念创新。这些理念和精神品格充分体现了第三代图书馆的特征，为满足现代化图书馆的功能需求发挥出专业引领和指导作用。它逐渐深入到员工的内心，逐渐形成全省图书馆员工的共识，使团队在使命感和共同价值观的目标中凝聚起来，形成了团队共同的行为准则和价值认同。全馆员工将这些理念和品格物化为行动，通过具体的物质形态和工作实践体现出来。尽管人员有出有进，但这些理念和精神已成为图书馆稳固的文化积淀，无形地影响和约束着员工的行为和处事方式，同时使成员对组织产生了明显的自豪感、归属感和责任感。

良好的组织文化建设为海南省高校图书馆的发展提供了不断向上的动力，取得了一个个优异的业绩。在各项评估中，师生对图书馆的满意度连年达到90％以上。海南大学图书馆被授予"全国三八红旗集体"和"海南省三八红旗集体"称号。海经院图书馆实现考核"优秀"等级的"六连冠"；被海口市总工会授予"工人先锋号"称号。2016年被海南省评选为"最美图书馆"，是高校唯一获此殊荣的图书馆。2011年获得中国图书馆学会"全民阅读先进单位奖"及全民阅读年会（2013）三等奖。在阅读推广及学术研究方面硕果累累，在中国图书馆学会、历年中南六省区高校图书馆年会多次荣获论文一、二等奖。在"首届全国高校图书馆服务创新案例大赛"中脱颖而出，成为全国民办高校唯一入围图书馆，并且两项成果全部获奖。还被评CALIS评为三期应用服务示范馆等。海师大图书馆、海医图书馆和本省其他图书馆均获得多项荣誉称号。近年来本地和内地大批高校图书馆和业界同行前来海南高校图书馆考察交流，在图书馆界赢得了较好的口碑。

信息化和数字化对于图书馆既是挑战又是一次重要的机遇。图书馆通过自身的转型，可以在地方文化建设中发挥更加重要的作用。海南省高校图书馆近年来通过对自身组织的文化建设以及海南历史文化开展系统的发掘和整理，产生了显著的影响和效益，收获了多项重要的学术与文化成果，不仅提升了图书馆自身的影响力和服务效能，而且提高了海南文化研究的学术地位，推进了地方历史文化研究的系统化和黎族研究的国际化，在地方文化发展和国际旅游岛的建设中担当起不可替代的重要角色。大学图书馆不再是图书文献的"仓库"，更是地方文化建设的"发动机"和"领航员"。

作者简介

詹长智，中国人民大学法学（人口学）博士，北京大学经济学博士后。曾任海南大学图书馆馆长，海南省高等学校图书情报工作委员会主任委员，第四届教育部高等学校图书情报工作指导委员会副主任委员兼战略规划工作组组长，国际图联（IFLA）大学与研究型图书馆专业组常务委员会委员。

温小明，曾任海口经济学院图书馆馆长，海南省高等学校图书情报工作委员会副主任委员。

第二部分

海南省高校图工委
重要工作资料汇编

海南省高校图工委（2003年—2015年）工作计划"要点"一览表

海南省高校图工委2003年工作计划

序号	要点	责任人	计划完成时间
一	**贯彻落实"普通高等学校图书馆规程"** 举办"贯彻落实'普通高等学校图书馆规程'"系列讲座、报告会及"规程"知识竞赛等活动。通过各种形式的培训，提高各馆业务骨干对贯彻落实"规程"重要性的认识，以便在各自岗位上按"规程"的要求来规范图书馆建设的各项工作。	琼州学院图书馆 海南大学图书馆	5月上旬
二	**全面启动海南特色文献数字资源库建设项目** 各馆"海南特色文献数字资源库建设"子课题组应按计划完成阶段性工作任务，本年底总课题组将组织一次全面检查和交流活动；同时，根据项目进展需要，于5月初组织北大方正公司技术人员举办一次德赛软件系统升级版应用培训班。	海南医学院图书馆	11月底前
三	**加大图书馆数字资源建设力度** 本年各图书馆数字资源建设需加大力度：①落实硬件、软件年度采购工作；②加大电子图书和中外文期刊数据库方面的投入；③加快联机编目、机读目录的规范，VCD编目等项工作的进程。	海南师范学院图书馆	10月上旬

续表

序号	要点	责任人	计划完成时间
四	**开展馆际互借工作** 有效开展海口地区高校图书馆的馆际互借工作，加快高校文献资源的共享。共建、共享步伐。拟召开一次专题研讨会，针对存在的问题制定相应的解决办法。	海南大学图书馆 省文献中心	9月中旬
五	**加强网络信息服务建设** 加强网络信息服务方面的建设：主要包括学科导航、电子阅览室、网上信息发布等；其中学科导航建设，不仅要抓重点学科科导航，也应加强非重点学科导航建设；同时，应进一步细化到学科主题或专题；且导航系统应从简单的页面制作向数据库转化。	海南医学院 图书馆	7月下旬
六	**积极申报科研项目** 各馆应通过多种渠道，积极申报有关图书情报学、信息科学等专业领域的科研项目；按有关文件精神规范上述科研项目的鉴定和评审工作程序，积极为各馆业务人员晋升职称创造条件。	秘书处	7月中旬
七	启动"高校图书馆办馆水平评估（2005年）"指标体系的研究工作	课题组	10月下旬
八	开展高校图书馆数字化建设年度检查		

海南省高校图工委 2004 年工作计划

序号	要点	责任人	计划完成时间
一	**完善机构设置** 在图工委委员中分别组建成立文献资源建设小组、读者服务工作小组，网络化数字化建设小组和专业队伍建设小组。各小组于 4 月底制订相应的职责和今年的工作计划。 文献资源建设组组长：安邦建　读者服务组组长：王永营 网络化数字化建设组组长：于挽平　专业队伍建设组组长：丁　萍	秘书处	4 月上旬
二	**举办馆藏书建设研讨会** 召开藏书建设专题研讨会：就如何保证图书质量，协作采访等问题进行研讨。	文献资源建设组	5 月上旬
三	**迎接《特色文献数字资源库建设》第一阶段成果验收** 迎接省教育厅对《特色文献数字资源库建设》项目进行第一阶段成果验收。组织力量于 5 月份制定阶段成果评估标准和操作办法。	项目组	10 月上旬
四	**大力开展馆际互借服务** 与 CALIS 华南中心—中山大学图书馆商议并签订合作协议，力争年内开通全省高校馆与中山大学馆之间的馆际互借服务。	省文献中心	10 月中旬
五	**制订《海南省高校图书馆评估指标体系方案》** 计划研制完成"十一五"期间省教育厅项目《海南省高校图书馆评估指标体系方案》。	项目组	6 月下旬
六	**举办图书信息基础理论知识培训班** 计划与省文体厅合作，利用暑假举办一期与职称评审有关的图书信息基础理论知识培训班。	秘书处	7 月中旬
七	**部署"迎评促建"工作** 召开全省高校图书馆馆长（室）主任以上工作会议，对省教育厅印发的《海南省高校图书馆评估促建工作方案》进行学习，并对图书馆迎评促建工作进行动员和部署。	图工委	9 月下旬

海南省高校图工委 2005 年工作计划

序号	要点	责任人	计划完成时间
一	**落实《规程（修订）》的各项任务，全面启动迎评促建工作** 1. 各馆在认真学习《规程（修订）》的基础上，按照省教育厅琼教高〔2005〕19 号《关于印发海南省高等学校图书馆评估方案（试行）的通知》下发的《评估方案（试行）》进行自评和整改工作，10 月份，由教育厅高教处组织校园专家对各本科院校图书馆进行评估，对高职高专图书馆进行办馆条件检查； 2. 年底举行评估总结表彰大会和专题研讨会，并在总结全省评估和检查的基础上，制定"海南省高校图书馆数字化建设二期规划（2006—2010 年）"。	教育厅高教处 秘书处	12 月 30 日前
二	**落实教育部图工委会议精神，加强高职高专图书馆建设** 1. 在图工委专业工作组中，增设"高职高专图书馆建设指导组"，5 月进行组建工作，由王永喜和温小明同志负责。 2. 暑期举办高职高专图书馆长及业务骨干培训班； 3. 在办馆条件基础上，制定"海南省职业高专图书馆发展规划（2006—2010 年）"。	高职高专图书馆 建设指导组 秘书处	12 月 30 日前
三	**加强特色资源库建设，提高数据库质量** 1. 制订"海南省特色数字资源库"建设目标和年度工作计划，力争三年内取得阶段性成果，并成为海南省的数字化建设成果的精品；确定标引规则和深度、发布字段和资源共建共享方式及版权解决方案；加强与省北大方正公司的沟通和交流，使德赛软件能够满足异地跨库检索、内容检索和超文本检索等功能的需求。 2. 电子文献著录标准化。按照图工委下发的《音像制品和机读资料资料著录细则》进行电子文献著录，收集在著录实践中出现的问题并提出解决和修订方案。	数字化建设组 秘书处 文献资源建设组 秘书处	7 月 30 日前 10 月 30 日前

续表

序号	要点	责任人	计划完成时间
四	**实现文献资源共建共享，提高馆际互借服务效益**	省文献中心 秘书处	9 月 1 日
	1. 制订海南省文献中心和 CALIS 海南服务中心文献建设方案和服务方案。		
	2. 加强与 ILAS 的联系。与 ILAS 协商解决不同管理系统、不同运行网络间馆际互借模块的兼容问题，同时解决 ILASII 软件缺陷问题。	数字化建设组 秘书处	10 月 30 日
	3. 扩大馆际互借服务范围，提升工作效益（含与广西大学图书馆、中山大学图书馆和厦门大学图书馆的合作，新入成员馆的协议）。	读者服务组 省文献中心	12 月中旬
五	**开展学术活动，加强队伍建设**	秘书处 专业队伍建设组	7 月 30 日
	1. 七月底组织全国性的图书馆专题学术会议。		
	2. 组织专题高级研修班。		
六	组建中南六省区高校图书馆 2006 年海南年会筹备小组	秘书处	12 月中旬
七	组织海南省高校图书馆的《中国图书馆年鉴》的稿件	秘书处	5 月 20 日
八	**加强图工委的宣传活动**	秘书处	12 月 30 日前
	1. 编辑出版 2 期《海南图讯》		
	2. 丰富图工委网页内容		

209

海南省高校图工委 2006 年工作计划

序号	要点	责任人	计划完成时间
一	**做好高校图工委换届工作** 2006 年是我省高校图工委领导机构的换届年，图工委常委会任秘书处的配合下做好领导机构换届的各项准备工作。	秘书处	12 月 30 日前
二	**编制全省高校图书馆"十一五"发展规划** 各专业工作组要配合"十一五"发展规划负责人做好各项协调工作，做好外出调研的联络和组织工作，顺利完成编制工作。	于挽平	8 月 30 日前
三	**组织举办 2006 年中南六省区高校图书馆学术年会** 今年的"中南六省区高校图书馆学术年会"由海南省高校图工委负责举办。成立年会筹备小组；确定年会主题；成立年会论文评审小组；及时发送征文通知和会议通知。	秘书处	11 月中旬
四	**认真完成教育部图工委事实数据填报工作** 做好教育部图工委 2005 年网上高校图书馆事实数据填报工作。在每个成员馆确定一名统计员，力求数据的科学性和准确性，按时完成网上数据填报。	各高校馆	5 月 30 日前
五	**举办"全省高校图书情报专业知识培训班"** 举办为期十天的"2006 年全省高校图书情报专业知识培训班"，做好组织报名、培训内容设置、授课老师选择及结业证书制作等准备工作。	秘书处	7 月中旬
六	**CALIS 学位论文全文数据库的建设工作** 五所本科院校在统一软件（北大方正）的基础上，按"CALIS 学位论文全文数据库"建库标准创建数据库，以海大作为试点逐步进行推广。	项目组 秘书处	12 月 30 日前

续表

序号	要点	责任人	计划完成时间
七	做好 "海南特色资源数据库" 加入 "CALIS 十一五专题数据库" 项目的申报工作。	项目组 秘书处	10 月 30 日前
八	采购光盘管理系统工作 做好汉能 DIPS 光盘内容管理系统的试用效果评估和其他新系统的推荐工作。通过试用和评估最终选定适合全省高校图书馆的光盘管理系统。	数字化建设组	11 月 30 日前
九	做好全省高校图书馆通用借阅证新证制作与设计制作工作	秘书处	9 月 30 日前
十	各专业小组全面开展工作，年底展开一次检查	各专业建设组	12 月下旬

高职高专院校图书馆 2006 工作计划

序号	要点	责任人	计划完成时间
一	宣传、贯彻、落实《普通高等学校图书馆规程（试行）》，强化《规程》的法律地位，不断提高依据《规程》建设图书馆的自觉性。	高职高专图书馆建设指导组	5 月上旬
二	以教育部印发的《普通高等学校基本办学条件指标》、《高职高专院校人才培养工作水平评估指标》和省教育厅印发的《海南省高校图书馆评估方案》为依据，科学制订海南省高职高专院校图书馆发展 "十一五" 规划。根据我省高职高专院校发展的需要和现实基础，指导各院校制订好个性化建设规划，制订好专业院校找准定位，制订好个性化建设规划。	高职高专图书馆建设指导组	8 月 30 日前
三	指导各高职院校图书馆完成 2006 年度自动化、网络化建设任务。	高职高专图书馆建设指导组	11 月 30 日前

续表

序号	要点	责任人	计划完成时间
四	从现代图书馆功能需求出发，对拟建新馆的高职院校（经贸、琼台、三亚航空）进行指导。	高职高专图书馆建设指导组	6 月上旬
五	针对现阶段文献资源建设（图书采购招聘和图书分编）中的质量和业务技术问题拟举办一期馆长研讨会。	高职高专图书馆建设指导组	10 月上旬
六	根据自动化网络化建设的需要，为提高系统管理员水平，拟举办一次系统管理员学习、交流、研讨现场会。	高职高专图书馆建设指导组	7 月上旬
七	采取"一帮一"对口指导交流的形式，帮助新办高职高专院校进行图书馆建设。具体安排如下：海大对口外国语、三亚卓达，海师对口琼台、海医对口电大，海职院对口三亚航空、政法，海经院对口经贸、软件。	秘书处	10 月 30 日前
八	2006 年底对高职院校自动化网络化建设和 2005 年省教育厅检查后的整改情况进行检查。	高职高专图书馆建设指导组秘书处	12 月上旬

海南省高校图工委 2007 年工作计划

序号	要点	责任人	计划完成时间
一	**全面落实科学发展观，积极实施"十一五"发展规划** 落实全省高等学校图书馆《海南省高等学校图书馆"十一五"发展规划》，是 2007 年全省高校图书馆工作的中心。各馆根据规划要求，结合本校实际情况，制定本馆的实施细则，有条件的图书馆应制订自己的"十一五"发展规划，并抓好落实。	各高校图书馆	3 月—4 月

续表

序号	要点	责任人	计划完成时间
二	进一步发挥省高校文献信息中心和 CALIS 省中心作用，启动海南教育科技数字图书馆建设 按照海南教育科技数字图书馆建设方案的要求，首先积极启动海南教育数字图书馆的软硬件建设，开展各项服务，力争 5 月份在省高校文献信息中心和 CALIS 省中心的基础上整合资源成立海南教育科技数字图书馆，建立总馆及分馆的组织机构、工作团队，总馆与各分馆工作携手携手，实质性推进数字图书馆建设，使海南教育数字图书馆成为全省自主创新的重要平台。	文献信息中心	3 月—5 月
三	加强高职高专图书馆建设 （一）全面落实《海南省高职高专院校图书馆"十一五"期间工作意见》，促使全省高职高专院校图书馆在新馆舍建设、文献信息资源建设、自动化网络建设、专业队伍建设和规章制度建设等方面走上规范发展的轨道。尤其在新馆舍建设和网络化建设方面取得进一步的发展。2007 年，各高职高专院校图书馆应完成自动化、数字化建设设备的配置。有条件的高职院校应进一步加强网络化、数字化设施的升级和拓展。 （二）做好以文献借阅服务为主的读者服务工作，以"为教学、学生服务"为中心，提高馆藏利用率，生均到馆次数、生均借书册次和读者满意率。 （三）借鉴本科高校图书馆建设的成功经验，借助本科高校图书馆各方面的大力支持，坚持合作共建、因校制宜、因馆制宜。	高职高专图书馆建设指导组	11 月 30 日前

续表

序号	要点	责任人	计划完成时间
四	充分发挥高校图工委各专业委员会的协调和指导作用，推进全省高校图书馆各领域的建设 （一）学术委员会 1. 宣讲省职称评定新条例。结合省人劳厅和省文体厅 2006 年颁布的《海南省图书资料系列专业技术职务评定条例（试行）》，举办"专业技术职务评定与学术论文写作和课题申报"专题讲座。 2. 启动业务骨干继续教育活动。制订全省高校图书馆馆长、部主任及副高以上职称的业务骨干继续教育计划和管理条例（修订）。为新任馆长、部主任举办"贯彻和落实《普通高等学校图书馆规程（修订）》"讲座。 3. 举办专家学术讲座。邀请国内外知名专家、学者举办学术讲座。 4. 成果和业绩评审。为了保证正常评定图书资料系列专业技术职务的正常评定，安排举行省高校图书馆科研成果和业绩成果年度评审会议。	学术委员会 各专业委员会	4 月—11 月
	（二）文献资源建设 1. 开展文献资源建设情况的调查研究，了解各馆文献资源建设现状、存在的问题和未来发展思路。 2. 指导和督促各馆制订《文献资源发展规划》。 3. 专业委员会分为二个小组，即图书资源建设小组、期刊资源建设小组，分别开展资源建设工作。 4. 各馆建立网上书刊推荐平台。 5. 举办图书联机编目培训班。 6. 开展际间资源间资源建设工作交流活动。	文献资源建设组	4 月—11 月
	（三）读者服务工作 1. 开展网络环境下读者服务工作研讨会。	读者服务组	4 月—10 月

续表

序号	要点	责任人	计划完成时间
	2. 根据读者工作内容，制定表格开展调查研究，掌握海南省高校图书馆读者工作现状，为制订工作计划奠定基础。 3. 开发读者工作数据软件，满足读者工作的数据需求，为科学统计分析提供便利条件。 （四）数字化建设 1. 积极推进图书馆的数字化建设，特色数据资源建设。在统一标准、统一平台的前提下，加快数据处理进度，并积极拓展新的项目，开发建设新的特色数据库，使海南地方特色资源库建设取得突破性进展，形成独具特色的知识仓库。 2. 组织图书馆数字化建设应用技术培训；重点加强特色数据资源库建设的专题资源引深度培训。 3. 高职高专院校图书馆以自动化网络化建设为重点，推动办馆条件的全面达标建设，重点完成自动化、网络化建设任务。 4. 光盘系统的推广应用，重点在加强标准化建设的同时，加快光盘系统应用的进度。 5. 力争在文献数据库共享，共建及联合采购方面有所突破。 6. 积极与有关方面协商，着力解决各省图书馆自动化建设存在的技术问题。	数字化建设组	4 月—11 月
	（五）专业队伍建设 1. 开展全省高校图书馆人力资源现状调查。并进行分析和研究，提交分析报告，报告包括现状，问题和对策三大部分。 2. 依照《海南省高校图书馆"十一五"建设规划》和《普通高校图书馆规程》的安排，制订《海南省高校图书馆人力资源建设方案》。 3. 开展暑期岗位培训和馆长，部主任继续教育研讨班。 4. 申报"海南省高校图书馆人力资源建设和研究"课题。 5. 举办一次岗位技能竞赛。 6. 制定评选"海南省高校图书馆先进个人和优秀集体评选办法"。	专业队伍建设组	4 月—11 月

续表

序号	要点	责任人	计划完成时间
五	就当前影响我省高校图书馆发展的突出问题展开研究，提出对策 当前影响我省高校图书馆发展的突出问题是经费严重紧缺。省高校图工委要针对这种情况，积极商讨对策，向主管部门汇报，争取政府和社会各界的支持。	秘书处	6月30日前
六	加强各专业委员会及各馆对工作计划的实施与落实进度 省高校图工委将分阶段发放2007年高等学校工作计划落实进度表，检查和统计各专业委员会及各馆对今年工作计划的实施与落实情况。	秘书处	12月中旬

海南省高校图工委2008年工作计划

序号	要点	责任人	计划完成时间
一	加强全省文献资源协作共建、共享保障体系建设 （一）编制全省高校图书馆文献资源发展政策和规划 按照教育部高校图工委工作部署，依据教育部高校图工委"文献资源发展政策课题研究小组"研究的《高校图书馆文献资源发展政策编制指南》，结合本省高校文献资源建设实际情况，规范而系统地编制海南省高校文献资源发展政策，以实现海南省高校文献资源建设的连续性、科学性和合理性。具体做法如下： 1. 3月中旬，各成员馆自行订购《高校图书馆文献资源发展政策编制指南》（见书《文献资源发展政策研究》戴龙基主编）； 2. 各馆馆长和省文献中心积极选派资源建设骨干参加教育部高校图工委组织的《高校图书馆文献资源发展政策编制指南》培训班，系统而全面的掌握其精神要求；	省文献中心 各高校图书馆	3月—5月

续表

序号	要点	责任人	计划完成时间
	3. 4 月中旬，省文献中心制定《海南省高校图书馆文献资源发展政策》； 4. 5 月中旬，各高校资源发展政策，制订本省的文献资源建设规划。 （二）实现文献资源订购目标 为了避免资源重复建设，以节约出更多经费投入新的资源建设中去，将实施团体订购计划，具体实施如下： 1. 4 月中旬，由省文献中心和资源建设专业委员会以《海南省高校图书馆文献资源发展政策》为指南，共同完成《海南省高校图书馆电子文献》的制订； 2. 4 月底，召开全省高校图书馆长会议，讨论、研究《海南省高校图书馆电子文献资源集团采购方案》，5 月份方案修改完善后正式实施。	省文献中心资源建设专业委员会	4 月—5 月
	（三）"海南教育科技数字图书馆"建设 教育科技数字图书馆建设在做好其技术平台等硬件设施的建设工作的同时，应积极推进相关软件建设，并开展相关服务，以尽早实现共享保障体系。 1. 争取于今年上半年举行"教育科技数字图书馆"挂牌仪式； 2. 争取在今年完成"教育科技数字图书馆"技术平台的硬件设施建设，建成面向全省提供全方位、多层次信息服务的数字图书馆。	省文献中心	5 月—11 月
	（四）全省文献数字库建设和数字化工作 地方文献数字化、特色数据库建设、网络虚拟资源整合工作作为今年全省工作重点，具体做法如下： 1. 5 月份，由教育厅高教处牵头，图工委协助，成立专家组，评估检查"海南省数字资源库"第二阶段成果并提出改进措施，使之成为"教育科技数字图书馆"的重要特色文献。	三化建设专业委员会学术委员会各高校图书馆	4 月—11 月

217

续表

序号	要点	责任人	计划完成时间
	2. 4月份，"三化建设"专业委员会制订出台一份详细的《海南省地方文献数字建设方案》，整体部署、统一安排，避免重复建设。 3. 在海南省资源建设经费严重缺乏的情况下，各馆充分利用和挖掘网络中的大量无序的虚拟资源，通过整合加工将其变为有序的本校学科需要的实体资源。 4. 年底检查。由教育厅高教处和省图工委组织专家重点检查各馆的"特色数据库"、"地方文献数字加工"、"网络虚拟资源整合"等数字化建设的数量、质量等各种指标。专家组（学术委员会牵头）应在上半年完成《数字化评估检查方案》。		
二	**国内外学术与业务交流** 参加高层次、信息量大、主题突出的国内外重要学术会议与参观考察活动，可以了解业界的最新研究方向和发展动态，也是争取更多合作机会和借鉴国外学术交流的重要途径。在未来的发展中，我省高校图书馆应通过各种途径和形式进一步扩大对外学术交流与合作，这对今后海南省高校图书馆的发展有着重要的借鉴和指导意义，也是建设我省高校数字化考察的重要环节。 1. 5月份组织馆领导和相关业务骨干到广东等地考察学习数字化建设、信息知识服务的先进技术和各种业务规范。 2. 8月份组织馆长参加由中图学会组织的"第74届国际图联会议及参观考察加拿大主要图书馆"活动，学习国际先进管理理念。	秘书处	5月—8月
三	**各专业委员会工作规划** 1. 学术委员会和各专业委员会继续发挥协调和指导作用 学术委员会和各专业委员会均应根据发展需求，制订2008年工作计划，并加以落实。一年内，至少召开2次以上专业委员会会议，研究和部署工作，督促、指导各高校图书馆的专业发展。学术委员会和各专业委员会的"2008年工作计划"于3月中旬提交至省图工委。	学术委员会 各专业委员会 秘书处	5月—12月

续表

序号	要点	责任人	计划完成时间
	2. 加强人力资源建设，提升馆员专业技能和业务水平 （1）2008年上学期由图工委秘书处组织举办为期两周的业务培训班； （2）各专业委员会至少举办1次专业培训班； （3）年会尽可能地聘请专家、学者来琼进行学术报告和经验交流活动； （4）各馆长鼓励业务骨干参加国家级重要培训班。 3. 认真完成数据填报和科研成果统计工作，全面展现各馆现实水平 （1）在教育部高校图工委规定的时间内认真完成事实数据库填报工作； （2）3月底，秘书处完成2007年《海南图讯》编辑工作。 4. 认真筹办2008年年会，提高年会的效率与水平		
四	**高职高专图书馆建设** 2008年，高职高专图书馆工作以《普通高等学校图书馆规程》为准则，以迎接教育部教学水平评估为良机，以迎接2009年海南省高职高专院校图书馆网络化建设评估工作为主线，计划完成以下主要工作： 1. 认真学习和落实《2008—2009年海南省高职高专馆长和技术部主任培训班》和"图书馆网络化建设达标方案" 进行研讨，推进各馆网络化建设进程。拟于今年5月份举办一期一期馆长和技术部主任培训班，就《图书馆网络化建设自评表》和《图书馆网络化建设达标流程》，大力推进办馆网络化建设。拟在4月份举办一期一期馆长研讨班，学习交流办馆条件达标建设经验。 2. 以各院校迎接教育部教学水平评估为良机，搞好文献资源达标建设。依据"资源共享"原则，帮助各馆建设符合本校学科体系的应用型馆藏文献资源。针对目前资源建设普遍存在的问题（如招标、质量、技术等方面）开展研讨活动；	高职高专图书馆指导工作组	4月—12月

续表

序号	要点	责任人	计划完成时间
	（2）指导拟建或在建的新馆，按现代图书馆功能和国家提出的"节能减排"要求设计，建设好新馆； 3. 结合高职高专图书馆的功能与特点，指导各馆以"年生均到馆人次""藏书利用率""读者满意度"为目标，加强基本服务工作。 4. 开展高职高专院校图书馆科学管理的研究工作，促进各馆制度建设工作，提高高职高专院校图书馆的办馆水平。 5. 拟于12月中旬配合省教育厅对年度工作计划完成情况和效果进行检查和交流。		

海南省高校图工委2009年工作计划

序号	要点	责任人	计划完成时间
一	**继续执行《海南省高校图工委2008年的工作计划》** 由于《2008年的工作计划》任务较重，不少工作需跨年度进行，因此，图工委决定2009年不再制订新的工作计划，继续执行2008年工作计划任务中需跨年度开展和未完结的工作。执行办法详见《海南省高校图工委2008年工作要点》任务分解表。	学术委员会 各专业委员会秘书处	3月—12月
二	**海南省高职高专2009年工作计划** （一）网络化建设评估 迎接图书馆网络化建设合格评估是2009年我省高职高专图书馆建设的重点： 1. 宣传学习"网络化评估细则"。5月初举办《海南省高职高专院校图书馆网络化建设评估合格评估细则》学习班，使各高职高专院校馆长和业务骨干在充分认识网络化建设重要意义的基础上，了解每一指标的具体内容和内涵要求。	高职高专图书馆指导工作组	3月—12月

续表

序号	要点	责任人	计划完成时间
	2. 全面开展网络化评估迎评促建工作。各馆要坚持贯彻"以评促建、以评促改、以评促管、重在建设"的指导方针，按照《网络化评估细则》的要求查找不足，制订本馆"网络化建设达标方案"，全面推进网络化建设的迎评促建工作。 3. 协助省教育厅开展网络化评估检查。抽调全省图书馆网络化建设业务骨干，开展网络化评估培训，组织一支业务精通、思想素质高的网络化评估专家队伍，协助省教育厅在年底对全省高职高专院校图书馆网络化建设进行评估检查。 （二）文献资源建设 坚持"资源共建共享"原则，推进电子文献资源工作联合共建。重点完成以下各项工作： 1. 为保证图书采购与编目质量，缩短新书在馆滞留时间，坚持实行业已成熟并普遍推行的"图书采购招标"和"编目业务外包"模式。 2. 开展专业图书采购研讨，为各馆建设符合本专业设置要求的专业图书提出建设性意见，提高馆藏图书质量，为迎接省教育厅人才培养工作评估奠定基础。 3. 开展海口市大学城区域高校馆际互借和文献传递工作，提高文献资源共享服务的效益。 4. 以全国《文献资源发展政策编制指南》培训班为契机，促进各馆启动《文献资源发展政策》编制工作。 5. 积极参加并促进全省电子文献的联合采购，贯彻落实资源共建共享服务的方针。 （三）读者服务 依据《海南省高校图书馆评估指标体系》，采取适合本馆实际的措施，不断提高各馆文献利用率，达到生均年借书量30册次和人均到馆阅览30次以及网络服务的相应标准。		

221

续表

序号	要点	责任人	计划完成时间
	（四）新馆舍建设 新馆舍建设是海南省高职高专图书馆现代化建设与发展的重要标志。今年有一批高职高专院校进行新馆舍建设，图书馆应全程参与，尤其在功能布局、内部装修、网络布线、设备设施购置等方面发挥主导作用。		
	（五）科学管理 以迎评促建为契机，以教育部《规程》为指导，以规范化管理为主线，不断提高图书馆管理的科学化和标准化水平，建立起图书馆自我约束、自我诊断、自我发展的长效机制。 1. 以《海南省高职高专图书馆现代管理建设》课题为载体，促进各馆管理制度和业务制度建设，提高高职高专院校图书馆的管理水平和服务水平。 2. 加强图书馆图书馆事实数据库建设，做好年度高等职业院校人才培养工作状态数据采集平台和教育部图书馆的统计工作，图书馆要充分利用填报数据报数据进行分析、查找不足、制定整改措施，不断提高图书馆的办馆水平和服务效益。		
	（六）队伍建设 依据《规程》要求，在倡导图书馆专业技术人员引进的同时，开展馆际之间业务对口学习、培训与交流活动，形成共同促进、共同进步、共同发展的良好氛围。		

海南省高校图工委 2010 年工作计划

序号	要点	责任人	计划完成时间
一	**制订海南省高等学校图书馆"十二五"发展规划** 以《海南省高等学校图书馆"十二五"发展规划》为基础，完成研制《海南省高等学校图书馆"十二五"发展规划》： 1. 3 月上旬完成"十二五"发展规划课题组的建立； 2. 3 月下旬完成教育厅的课题申报； 3. 4 月份完成全省各高校馆的调研，了解内地高校图工委"十二五"发展规划的目标，以缩短与内地高校馆的差距； 4. 9 月份完成"十二五"发展规划的初稿并组织专家进行审议； 5. 12 月份完成"十二五"发展规划，发文并组织实施。	詹长智 课题组	12 月中旬
二	**协助省教育厅做好本科高校图书馆的迎评促建工作** 1. 组建评估专家工作组，学习、完善《海南省高等学校图书馆评估指标体系》，统一评估指标和具体评估步骤方法； 2. 各本科高校图书馆在 9 月份之前做好迎评准备工作； 3. 9 月份，评估专家组协助教育厅完成对本科高校图书馆的评估工作。	安邦建 评估工作组	9 月下旬
三	**协助省教育厅做好高职高专图书馆网络化建设验收评估** 1. 协助省教育厅组建验收评估专家组，学习《海南省高职高专院校图书馆网络化建设评估实施细则》，统一认识，具体步骤及工作方法； 2. 各高职高专图书馆在 11 月份之前做好验收评估准备工作； 3. 11 月份，验收评估专家组协助教育厅完成对高职高专图书馆的验收评估工作。	王永喜 验收工作组	11 月下旬

续表

序号	要点	责任人	计划完成时间
四	**全面推进"海南教育科研数字图书馆"建设** 1. 3月份完成数字图书馆共建共享知识平台的中期规划的制订，本年度建设内容及具体的实施方案； 2. 4月份完成数字图书馆技术平台的硬件设施和网络环境建设方案的制订； 3. 4月份完成"海南地方特色数字资源库"各子库建设目标的制定，争取年底取得一批可利用的成果； 4. 年底前举办多次数字图书馆宣传培训，以取得数字图书馆资源共知共享服务的显著成效。	詹长智 数图管管委会	11月下旬
五	**推进全省高校图书馆文献资源发展政策的编制** 1. 3月上旬，各高校馆自行订购《高校图书馆文献资源发展政策编制指南》（见书《文献资源发展政策研究》）戴龙基主编； 2. 4月中旬，文献资源建设工作委员会启动编制《海南省高校图书馆文献资源发展政策编制指南》和《高校图书馆文献资源发展政策》； 3. 4月中旬，各馆（包括高职专）结合《高校图书馆文献资源发展政策编制指南》和《海南省高校图书馆文献资源发展政策》，启动制定本馆的文献资源发展政策。	张信文 文献资源建设委员会 各高校馆	3月—6月
六	**认真做好海南省高校图工委换届筹备工作** 1. 3月上旬成立以秘书处为主的换届工作小组，制定选举办法，完善选举程序和其他筹备工作； 2. 3月底完成第五届图工委工作总结的起草； 3. 3月下旬召开换届工作会议； 4. 3月底召开换届工作预备会议。	秘书处	3月下旬

续表

序号	要点	责任人	计划完成时间
七	**加强各专业委员会工作** 1. 3 月上旬完成本委员会 2010 年的工作计划的制订，并提交图工委主馆领导审议，提交秘书处备案，组织贯彻实施； 2. 一年至少安排 2 次本委员会的全体会议，按规划要求部署工作、推进进度、研讨问题，交流经验、协调馆际，以真正达到工作计划的落实与完成； 3. 12 月份完成本专业委员会本年度工作总结。	各专业委员会	3 月—12 月
八	**继续组织业务培训和学术交流活动** 1. 积极邀请国内外专家学者进行学术报告、业务培训和工作交流活动； 2. 积极组织参加国内外重要学术会议、专业培训班，不断提升本省高校馆的办学水平和业务技能； 3. 7 月份组织举办为期 12 天的全省专业知识培训班； 4. 12 份举办 2010 年学术年会。	秘书处 各专业委员会	5 月—12 月

海南省高校图工委 2011 年工作计划

序号	要点	责任人	计划完成时间
一	**部署、实施海南省高等学校图书馆"十二五"发展规划** 为了主动服务于"海南国际旅游岛"各项建设，保障海南省高校图书馆发展的连续性和具有阶段性的中长期发展目标，结合教育部颁布的《普通高等学校图书馆规程（修订）》，全面学习、部署、实施《海南省高等学校图书馆"十二五"发展规划》。	秘书处 各专业委员会	5 月—12 月

续表

序号	要点	责任人	计划完成时间
二	**做好本科高校图书馆的评估整改工作** 2010年12月，省教育厅对本科高校图书馆进行了综合评估。评估工作肯定了本科高校馆在"十一五"期间的建设成绩，同时检查出了不少问题。各本科高校馆依据省教育厅"评估""整改"精神，针对本馆在"文献资源建设、网络化、数字化建设、读者服务工作、队伍建设和科学管理"等方面的不足进行全面整改，以真正达到迎评促建、自我监控、不断改进图书馆工作的目的，迎接省教育厅对评估整改工作的检查。	各本科馆	3月—11月
三	**做好高职高专图书馆网络化建设评估验收整改工作** 2011年11月，省教育厅对高职高专图书馆网络化建设进行了评估验收，为进一步促进全省高职高专院校图书馆网络化建设得到提升，服务水平上得到提升，依据省教育厅"评估验收"整改精神，各高职高专院校图书馆针对办馆条件、服务水平方面存在的问题进行全面整改，为迎接今后的"综合评估"打下坚实基础。	各高职高专馆	3月—11月
四	**开展全省高校图书馆"文献资源发展政策"编制工作** 2010年11月，教育部高校图工委文献资源发展政策课题研究小组对我省各省高校图书馆馆长及资源建设业务骨干进行了"文献资源发展政策"编制工作的系统培训，依据教育部高校图工委文献资源建设工作组研究的《高校图书馆文献资源发展政策编制指南》，结合本校的实际情况，系统而系统地编制海南省高校文献资源发展政策，以实现文献资源发展建设的连续性及科学性、系统性及科学性。	各高校馆	3月—11月

续表

序号	要点	责任人	计划完成时间
五	**推进"海南教育科研数字图书馆"建设和宣传培训工作** 通过做出了很大成绩，但在去年的评估检查中发现，数字图书馆在服务宣传和使用培训方面力度不够，2011年数字图书馆应有"计划"地重点抓好服务宣传培训工作，以真正取得数字图书馆资源共知共享服务的显著成效。	数字图书馆	4月—10月
六	**推进"海南地方特色数字资源库"建设** "海南地方特色数字资源库"在教育厅的支持下作为教育厅项目已进行数年建设，但各子库在建设标准和用户使用方面还存在不少问题，为了尽可能与CALIS特色数据库项目保持一致，数字图书馆与"三化"专业委员会联合申报"CALIS三期特色数据库项目"。	数字图书馆 三化建设专业委员会	4月—5月
七	**组织参加国内国际学术交流活动** 为了学习国内外图书馆建设先进经验，加快我省高校图书馆的建设步伐，组织本省馆长及业务骨干参加中国图书馆学会组织的国际图联会议；组织参加中国图学会和教育部图工委主办的学术会议。	秘书处	5月—11月
八	**加强队伍建设和各专业委员会工作** 为了提升专业队伍素质和开展卓有成效的馆际间业务工作，各专业委员会工作重点应放在专业培训和馆际间的业务协作方面。具体工作开展由各专业委员会自行制订计划并部署实施。	各专业委员会	3月—12月

海南省高校图工委 2012 年工作计划

序号	要点	责任人	计划完成时间
一	**制订《海南高校图书馆"十二五"发展规划》实施计划** 各专业委员会、各高校馆要认真组织学习《十二五规划》确定的战略目标、主要任务，并制订各校（院）和各专业委员会的具体实施方案和措施，分步骤组织实施的具体计划。图工委拟在适当时候组织交流活动。	各专业委员会 各高校馆	3 月下旬
二	**加快高校图书馆文献资源发展政策的编制进程** "十二五"发展规划中"文献资源建设目标"之一是编制《文献资源发展规划》。各馆要加快编制进程，尽可能在 2012 年内完成所有编制工作。	文献资源建设委员会	11 月下旬前
三	**积极组织《海南省高等学校图书馆评估方案》的修订工作** 《海南省高等学校图书馆评估方案》在海南高校图书馆建设中曾发挥重要的指导作用。随着新信息技术的应用，海南高校图书馆的建设和服务水平已跨上新的台阶，原"评估方案"中的许多指标已不能发挥积极的指导作用。因此，加快制订新的"评估方案"已刻不容缓。争取于今年底撰写出初步方案，组织专家进行讨论审核。	规划课题组	11 月下旬前
四	**制定事实数据库填报规范指南** 事实数据规范填报是"十二五"期间的重要工作。各馆于 5 月份前完成 2011 年数据填报工作。根据《图书馆十二五规划》要求，从 2012 年起，实行"读者服务每学期报送"制度。各馆落实填报表报人员，分别于每学期放假前按栏目、实事求是填报本学期的服务数据。	规划课题组 秘书处	5 月下旬前

续表

序号	要点	责任人	计划完成时间
五	**制定规范的科研成果和业绩成果鉴定办法** 制定工作是规范的、不同层次、不同类别的科研成果和工作业绩成果鉴定标准和办法已是图书馆人员共同的热切期盼，也是"十二五"期间的工作任务之一。该标准的制定是公平、公正评审的依据。	学术委员会	6月下旬前
六	**积极组织馆长及业务骨干开展省际图工委学习交流活动，邀请专家来海南省进行学术报告和指导工作** 为了学习国内外图书馆建设先进经验，加快我省高校图书馆事业的建设步伐，拟组织本省馆长及业务骨干到外省高校图工委学习交流；组织参加中图学会和教育部图工委主办的各类学术会议。在今年邀请国内专家来海南省进行一次学术报告。	秘书处	5月—11月
七	**继续加强和发挥各专业委员会的指导协调作用** 各专业委员会是直接指导和协调各馆相关业务工作的专业机构，各专业委员会应按本专业委员会工作计划，在2012年发挥更大的专业作用，推动各馆相关业务的发展进程。	各专业委员会	4月—11月
八	**举办中南六省区高校图书馆学术年会** 中南六省区高校图书馆2012年学术年会将由我省图工委主办，秘书处和学术委员会牵头做好各项准备工作。	秘书处 学术委员会	11月下旬

229

海南省高校图工委 2013 年工作计划

序号	要点	责任人	计划完成时间
一	**实施《海南高校图书馆"十二五"发展规划》** 各专业委员会、各高校馆要认真贯彻实施《海南高校图书馆"十二五"发展规划》。制定的工作任务，在制定本专业委员会和本馆年度工作计划时紧紧围绕"规划"列出1—2项年度工作重点，争取在2015年达到"规划"中"全省本科高校图书馆整体达到优秀指标；高职高专院校图书馆达到合格指标"的总体目标。	各专业委员会 各高校馆	3 月—12 月
二	**实现图书馆集成管理软件更换升级** 引进"云计算"和"物联网"等新技术和新模式，完成图书馆集成管理软件的更新升级，力争在"十二五"期间全面实现全省高校图书馆"通借通还"这一重要目标。	数字化建设专业委员会	9 月下旬前
三	**完善全省高校文献资源保障体系建设** 在"省数图"电子资源共建共享的基础上，努力建设形成本省纸质资源省内外有效结合、特色突出的复合型馆藏保障体系。通过联合共建，到"十二五"末，实现"十二五"规划中的各馆纸质文献资源共享保障率。同时实现纸质本文献资源建设"联合招标采购"的共建方式。	文献资源建设专业委员会 秘书处	11 月下旬前
四	**完善海南地方特色文献数字资源库建设** 通过联合共建，将多年来建设的海南地方特色文献各个子库进行整合、拓展，实现"省数图"平台的统一界面，统一收割与发布，逐步形成具有较大规模、真正有利用价值，代表海南地方特色并在国内产生一定影响的特色数字资源库群。	数字化建设专业委员会 数字图书馆	11 月下旬前

续表

序号	要点	责任人	计划完成时间
五	**举行首届信息素质教育教学比赛** 为了努力提升与提升开拓信息服务和信息教育工作，在今年争取开展首届 "海南省高校图书馆信息素质教育教学讲课比赛" 大型活动，通过讲课比赛，提升馆员信息素质教育教学水平，努力达到教育部图工委制定的《高校大学生信息素质指标体系》。	信息素质教育专业委员会	11 月上旬
六	**完成《海南省高等学校图书馆绩效评估方案》修订工作** 《海南省高等学校图书馆绩效评估方案》初稿已经过 2012 年底修订会议提出修改意见，今年上半年应完成所有修订工作并将修订工作定稿，下半年可分别在本科和高职的一个馆试行评估，依据试行情况，在年底前最终确定评估指标。	规划课题组 秘书处	11 月下旬前
七	**做好事实数据库填报和相关研究** 科学、准确的统计数据可以引导图书馆在以效益为中心的方向上更好发展，也可以为各个层面的决策提供依据。各馆除了按时认真完成教育部图工委每学期报送工作外，实事从 2013 年起，实行省内 "读者服务每学期报送" 制度，分别于每学期放假前按栏目，实事是填报本学期的服务数据。图工委将进行年度汇总数据通报。	规划课题组 秘书处	5 月下旬前
八	**继续组织馆长及业务骨干参加国内重要学术会议，邀请专家来我省做学术报告** 为了进一步学习国内外图书馆发展建设的先进经验，图工委将组织本省馆长及业务骨干参加 79 届国际图联会议、第五届 OCLC 亚太理事会等国际学术会议；组织参加中图学会、教育部高校图工委、CALIS 中心等主办的重要学术会议；组织邀请专家来我省来做学术报告。	秘书处	5 月—10 月

续表

序号	要点	责任人	计划完成时间
九	**积极参与第 23 届全国图书交易博览会及举办图书馆论坛** 第 23 届全国图书交易博览会将于 4 月 19 日—22 日在海口举办，为增强书博会的学术氛围，提升书博会的文化内涵，图工委将在教育部文献资源建设专业委员会和书博会组委会的支持下，在此期间举办"图书馆论坛"，邀请全国图书馆知名专家和各专家和出版社、馆配方代表参加。	秘书处	4 月下旬前
十	**做好本专业职称评定条件修改工作** 制定科学合理的职称评审条件关系到图书馆事业的发展和每个员工的切身利益。学术委员会将吸纳各方代表，组成研讨组，在广泛征求意见的基础上形成文字意见，由图工委主任会议讨论通过，形成正式文件后报告省文体厅职称办，力争四月底之前完成。	学术委员会 秘书处	4 月下旬前

海南省高校图工委 2014 年工作计划

序号	要点	责任人	计划完成时间
一	**加大落实《"十二五"发展规划》力度** 2015 年，是"十二五"期间全省高校图书馆建设的整体目标实现的最后年限。各专业委员会，各高校图书馆一定要认真贯彻实施《"十二五"发展规划》制定的工作任务，针对还没有实现的目标和没有完成的任务，一一核对梳理并制订具体落实计划、措施和时间进度表，争取在 2015 年末达到"规划"中各项工作应达到的目标。	各专业委员会 各高校馆	3 月—12 月

续表

序号	要点	责任人	计划完成时间
二	**大力开展阅读推广工作** 为响应和落实党的"十八届三中全会"中"紧紧围绕……社会主义文化强国深化文化体制改革……建立健全现代公共文化服务体系、现代文化市场体系、推动社会主义文化大发展大繁荣"的精神，于今年4月—10月间，在全省高校大力开展系列阅读推广工作，以增强读者阅读意识、培养读者阅读习惯、提升读者阅读能力，提高读者文化素质。各馆加大人力，积极策划组织，并将活动主题内容及时向各馆及专业委员会秘书处。10月底各馆提供阅读推广活动工作总结，包括活动特色、效果和成功案例。	读者服务专业委员会 各高校馆	3月—10月
三	**推动馆际互借，实现"通借通还"** 馆际互借是目前解决各省文献资源品种缺失的有效途径之一。充分发挥CALIS平台的作用，解决馆际间的图书流通问题，以提高省内高校馆际互借的效用。同时，研究在异构自动化系统下实现"通借通还"。	数字化建设专业委员会 省数图 各高校馆	10月下旬前
四	**推动海南高校特色色数字资源库建设** 今年将启动全省机构知识库建设。通过联合共建，形成三级构建模式。同时与多年来建设的特色文献库进行整合、拓展，逐步实现"省数图"平台的统一界面、统一收割与发布，逐步形成具有较大规模、真正有利用价值的特色数字资源库群。	省数图 数字化建设专业委员会	11月下旬前
五	**修改完善馆员工作业绩成果鉴定指标及考核标准** 是促进图书馆员工作业绩指标及工作业绩成果鉴定标准，以及正确的评价导向，以正确进图书馆员工作业健康发展、发现人才、培养人才，推动员工队伍素质提升的重要举措。学术委员会在2011年已制定了相关条例，经过两年的实践，还有不完备之处，可参照先进经验并结合本省实际修改完善，提交图工委讨论，并形成正式文件报省教育厅及省文体厅批准后，以作为图书馆员工作业绩考核及业绩成果评定的标准。力争上半年完成。	学术委员会 秘书处	6月下旬前

续表

序号	要点	责任人	计划完成时间
六	**举办信息素养教育经验交流及研讨会** 去年成功举办了信息素养教育教学比赛，优秀成绩的成功经验需在全省高校图书馆进行进一步交流、传授、研讨，从而全面提升馆员从事教育教学工作的能力及水平，更好地发挥高校图书馆的教育职能。于10月前举办全省高校图书馆信息素养教育经验交流及研讨会。	信息素质教育专业委员 各高校图书馆	10月下旬前
七	**开展馆藏图书统计与分析经验交流活动** 为了努力提升馆藏资源质量，提高采访人员的分析与研究水平，加强采访工作质量，认真做到"完善全省高校文献资源保障体系建设"，于今年9月开展首届"海南省高校图书馆馆藏图书统计与分析"经验交流活动。	文献资源专业委员会 各高校图书馆	9月下旬前
八	**完成《图书馆绩效评估方案》制订工作** 《海南省高等学校图书馆绩效评估方案》已经过数次大小会议和邮件征求意见等方式得出了修改意见，并分别在个别本科馆和高职馆进行试行评估，依据试行情况和各方意见再次修订，于6月前完成《评估方案》最终稿。	规划课题组	6月下旬前
九	继续组织参加国内外重要学术会议，邀请专家来我省做学术报告	秘书处	11月下旬前
十	继续做好事实数据库填报工作	各高校图书馆	5月下旬前
十一	**各专业委员会工作** 各专业委员会已制订了2014年的工作计划，望各专业委员会严格按照工作计划扎实推进目标的实现和任务的完成。	各专业委员会	12月下旬前
十二	协同省图协开展全省图书馆发展建设的各项工作	秘书处	3月—12月

海南省高校图工委 2015 年工作计划

序号	要点	责任人	计划完成时间
一	**迎接"十二五"期间评估检查工作** 依据《普通高等学校图书馆评估评估指标》（本科、高职高专通用表），课题组制定了《海南省"十二五"发展规划》中的目标与任务要求，各省高校图书馆依据"评估指标"，遵照"自评为主、以评促建、以评促改"的方针，对指标是否合格进行全面总结。采取专家组审核检查的方式，由专家组负责人提出具体实施方案，报教育厅审批。为迎接省教育厅的评估检查做好准备。	本科馆于挽平 高职高专馆 赵会平 原课题组协助	12 月下旬前
二	**对"十二五"发展规划未完成的任务进行重点建设** 各专业委员会对照《图书馆"十二五"发展规划》的建设目标与任务全面总结完成情况，针对还没有实现的目标和没有完成的任务进行重点建设，并制定 2015 年的工作计划，以明确 2015 年的主要建设项目。对于不能完成的工作任务和存在的问题写出总结，在图工委领导会上讨论是否纳入《图书馆"十二五"发展规划》，并于 4 月底提交秘书处。	各工作委员会	3 月—12 月
三	**特色数字资源库整合与推广应用** 将各馆多年来建设的特色文献库进行整合、拓展，逐步实现在"省数图"平台上统一收割与发布，逐步形成具有较大规模、真正有利用价值的特色数字资源库群，特色数字资源库为拟建构机构库重要资源品种将进行使用推广，其推广使用过程所需解决的各种问题纳入机构库项目建设统一规划之中。	省数图 数字化建设 工作委员会	11 月下旬前
四	**全面推动馆际互借　实现"通借通还"** 省数图与超星合作，基于省数图平台完成了异构自动化系统馆际互借服务系统的开发。2014 年 11 月，省数图召开专题会议部署在海口的五个馆进行为期三个月的试运行，率先在海口高校馆全面推广此项服务。	CALIS 省 文献中心 数字化建设 工作委员会	11 月下旬前

续表

序号	要点	责任人	计划完成时间
五	**联合采购招标工作** 争取在省采购招标中心的支持下，采取联合招标方式，分别遴选确定数个纸质文献"馆配商"供各馆参考。	文献资源建设工作委员会 CALIS省文献中心	7月中旬前
六	**启动全省高校图书馆十三五规划的制订工作** 在教育厅的领导下，图工委需做好全省"高校图书馆十三五发展规划"各项准备工作。"规划"项目组做好"规划"的具体实施方案，3月份馆长会议讨论之后上报教育厅，力争列入课题管理。	王蒿项目组	4月下旬前
七	**制订阅读推广常态化工作方案** 充分履行图书馆的文化职能，配合校园文化建设，坚持做好阅读推广常态化项目（读、写、讲）的基础上，形成有效机制，创建具有趣味性、创新性的特色案例。积极向中国图书馆学会阅读推广委员会会推荐优秀案例。	创新服务工作委员会	11月中旬前
八	举办"大数据背景下如何改变信息素养教育的形式与内容"研讨会	信息素质教育工作委员会	10月中旬前
九	**加强继续教育长效机制建设** 对全省高校图书馆不同层次、不同级别的专业人员，制定继续培训教育长效机制，构建初、中、高级专业人员继续教育模式。	专业队伍建设工作委员会	7月中旬前
十	**正式制定海南省高校图书馆工作业绩鉴定案例** 根据近年来开展工作业绩鉴定成果基本状况，在修订完善原有相关文件的基础上，正式出台"海南省省高校图书馆工作业绩成果鉴定案例"。	学术委员会	5月下旬前

续表

序号	要点	责任人	计划完成时间
十一	**做好事实数据库及月报表月报填报工作** 在认真填报教育部图工委事实数据库和海南省高校图书馆事实数据库的同时，请各位馆长重视和加强"海南省高校图书馆读者服务业务统计制度"。自2015年3月起实行月统计制度，并在全省年会上通报各馆上报数据。	秘书处 各高校图书馆	5月下旬前
十二	**编写海南省高校图工委文献资料集** 整理十年期间图工委的工作发展及重大活动，统计科研成果（科研项目、论文、专著、业绩成果、获奖成果），编写海南省高校图工委十年文献资料集。各馆按秘书处科研成果统计通知要求统计本馆成果，并按时提交秘书处。	秘书处 各高校图书馆	6月中旬前
十三	**开展"十二五"期间评选出有突出贡献的单位和馆员活动** 开展读者服务工作先进个人的评选活动，以表彰"十二五"期间做出突出贡献的单位和馆员。由负责单位提出具体评选条件，在图工委领导会议上讨论并通过。	创新服务工作委员会 秘书处	11月下旬前
十四	**举办重要政策法规专题讲座和各种业务培训**	学术委员会 秘书处 各专业委员会	10月下旬前
十五	**提出换届方案，适时启动换届工作**	秘书处	12月下旬前

海南省高职高专院校图书馆
"十一五"期间建设规划

目　录

一、现状

"十五"期间，海南省高职高专教育得到迅速发展，学校由"十五"初期的 3 所猛增到 11 所，其中，有 5 所院校是由中专升格为大专。就办学性质而言，公办院校 6 所，社会力量办学的 5 所。

由于办学体制、经费投入、基础条件的差异，全省高职高专院校图书馆的发展很不平衡。目前，海口经济职业技术学院、海南职业技术学院、海南软件技术学院、三亚航空旅行职业学院等少数几所高职高专院校图书馆投入力度较大，办馆条件初具规模，加之图书馆自身的努力，发展较快，文献资源有一定规模，自动化、网络化建设初见成效。其余大多数馆由于起步晚，底子薄，投入不足和人力资源有限等原因，还处于较薄弱和落后的阶段。全省高职高专院校图书馆的总体水平与高等院校对图书馆的要求存在较大的差距。

二、"十一五"期间建设总目标

"十一五"期间全省高职高专图书馆发展总体目标是：以《普通高等学校图书馆规程（修订）》（以下简称《规程（修订）》）为准则，以"联合共建、资源共享"为原则，在省教育厅和各院校领导的重视与支持下和省高校图工委的业务指导下，通过全省高校图书馆的协作共建，全省高职高专院校图书馆在办馆条件、办馆水平上得到整体的提升，半数以上的图书馆达到或高于全国同类院校的平均水平；自动化、网络化建设从整体上达到全国各省同类院校馆的先进水平。

1. 各馆的办馆条件基本达到《高职高专院校人才培养工作水平评估》和《海南省高等学校图书馆评估方案（试行）》合格标准。

2. 各馆完成自动化网络化建设的各项任务，并通过省教育厅"海南省高校图书馆网络化建设合格单位"的达标评估验收。

3. 各馆的办馆水平基本达到教育部规定的高职高专院校图书馆合格评估的各项指标，文献信息服务保障能力和综合服务能力全面提升。

三、三年任期建设目标与任务

在本届图工委三年任期内，全省高职高专图书馆按《规程（修订）》的要求，在新馆舍建设、文献信息资源建设、自动化网络化建设、专业队伍建设、规章制度建设和读者服务等各方面走上规范发展的轨道，并取得显著成绩，尤其在新馆舍建设和网络化建设取得跨越式的发展。主要建设任务如下：

1. 办馆条件的达标建设

①体制、机构与队伍建设。作为图书馆建设的关键因素，各馆根据《规程（修订）》的要求，建立和完善馆领导班子和内部组织机构，各馆馆长应达到《规程（修订）》规定的专业与职称要求（需达到高级以上职称或硕士以上学位），并经过图书馆专业知识培训，基本达到称职的水平。专业队伍的数量满足服务的需要，专业队伍的学历达到《规程（修订）》要求，并通过岗位培训，专业知识结构逐渐符合数字时代图书馆履行岗位职责的要求。

②经费投入。作为办馆条件的核心因素，争取各学院将文献购置经费列入学校预算，使近三年以每年不低于当年教育事业费5%的投入，以确保文献资源的稳步增长，同时每年应有自动化、网络化建设专项设备费，以保证管理工作和各项设施设备的维护和运转。

③馆舍及装备。馆舍建设和提高整体装备水平是高职高专图书馆"十一五"期间的重点建设内容。目前除海口经济职业技术学院馆舍已达标外，其

他 10 所院校均应根据本校建设与发展的规划和进度，在三年内实现馆舍达标的目标。各馆根据学生规模设置符合指标的阅览座位，配备与管理和服务相配套的各种设备设施，其中自动化网络化建设应作为突破口，进行优先和重点建设。

④文献资源建设。根据各学院拟定的达标评估建设计划，拟定评估前的文献资源达标建设的具体计划，坚持通过公开招标、业务外包的方式认真做好文献资源的达标建设。文献资源建设坚持走"资源共建共享"整体化发展的路线，贯彻纸本文献以本馆自我保障为主，电子文献、数据库资源主要通过资源共建共享解决的方针，建设各具特色的复合型馆藏文献保障体系。要积极参与集团或联合采购，避免重复建设。

2. 自动化网络化合格站点的建设

自动化网络化站点的建设是近三年全省高职高专图书馆建设的重中之重。要紧紧围绕建设海南省域数字图书馆的"十一五"目标，认真完成各高职高专院校图书馆网络化站点的各项建设任务，争取在 2008 年底前均达到网络化建设的合格标准。为此，在近期内要组织力量，结合信息技术发展的趋势和高职高专图书馆的实际情况，对原网络化建设评估达标方案进行修改完善后由省教育厅印发。

3. 规章制度和标准化、规范化建设

完善规范的制度建设是实现科学管理的重要措施，文献资源和网络化建设的标准化更是实现更大范围资源共享的基础。为此，三年内力争使各高职高专图书馆按照科学化规范化的要求建章立制，制订和完善馆内各项规章制度，包括规范业务工作的规则、条例、办法等，至少包括读者服务与管理的规章，行政、财产管理的规章，业务统计报表的规章制度，岗位职责聘任考核管理规章制度等。

4. 做好以文献借阅服务为主的读者服务工作

目前我省高职高专图书馆的读者服务工作，要以"为教学、为学生服务"为中心，以提高"馆藏利用率、生均到馆次数、生均借书册次和读者满意率"为目标和检验尺度，卓有成效地开展文献的借阅服务和读者利用图书馆的培训工作。同时，建立每年的年报表上报制度和通报以上四项服务效益的制度。

　　全省高职高专院校图书馆在"十一五"期间要充分利用各院校迎接合格评估的有利时机，借鉴本科高校图书馆建设和发展的成功经验和借助本科院校图书馆各方面的大力支助，坚持《武汉宣言》的"合作共建、资源共享"方针，"因校制宜，因馆制宜"，为实现海南省高校图书馆"十一五"期间建设规划的总体目标，艰苦奋斗、开拓创新、脚踏实地，锲而不舍地努力工作。

海南省高等学校图书馆
"十一五"时期发展规划

目 录

一、规划背景

"十五"时期，在教育部图书情报工作指导委员会的亲切关怀和省教育厅的直接领导下，我省高等学校图书馆，以教育部颁布的《普通高等学校图书馆规程（修订)》（以下简称《规程》）为指导，以推进我省高校图书馆自动化、网络化和数字化建设（以下简称三化建设）为主线，以提升图书馆为教学、科研服务的效益为目标，以教育部对高等学校教学工作水平的评估、对高职高专院校人才培养工作水平的评估和省教育厅对高等学校图书馆的评估及对高职高专院校的自动化、网络化建设的验收为良好契机，全省各高校加大对图书馆投入的力度，图书馆的办馆条件明显改善，馆舍面积本科院校与高职高专院校分别达到了 11.4 万平方米、44682 平方米，馆藏文献总量分别达到 617 万册、134 万余册；业务人员已达到 400 人（高职高专 153 人），较"九五"期间增加了 50% 以上，其中大专以上学历的人员已达到 82%，专业人员队伍的规模和业务能力不断提高。全省本科及 2 所高职高专院校基本完成《海南省高等学校图书馆数字化建设规划（2001—2005 年）》（以下简称《数字化建设规划》）的主要任务，高职高专院校自动化、网络化建设开始起步，并呈现出强劲的发展势头。图书馆三化建设整体水平处于全国同类院校的先进水平，并在全国较早地创建了网络环境下独具特色的省域高校图书馆馆际互借服务模式，并初步构建起了高教系统文献资源保障体系，在馆际互借方面走在全国前列，高校文献资源的整体保障能力得到了根本性的加强，为教学和科研服务的质量和水平迈上新的台阶。

经过了"九五"、"十五"的规划建设，我省高校图书馆积累了统一规划、协作共建、整体发展、注重效益的宝贵经验，为下一个五年计划的快速发展奠定了坚实的基础。

"十一五"时期是我省高等教育进一步发展，以顺应全省实施科技兴琼战略，为全面提高素质教育水平提供全方位智力支持的关键时期，也是高校图书馆从根本上改善办馆条件，全面进行数字化建设，进一步强化和完善我省高教文献信息资源保障体系，提升整体文献保障能力与服务水平的重要发展时期。总结"十五"建设成就，面对"十五"末发展现状，我们清醒地认识到，未来五年我们应重点完成的任务和解决的问题有：整体提升文献资源保障率和读者满意率，切实提高服务水平与服务效益；协调高教发展与保障图书馆投入，以及消除高职高专院校发展不平衡等问题。

为此，我们以教育主管部门颁发的《普通高等学校图书馆规程（修订）》（以下简称《规程》）、《普通高等学校基本办学条件指标（试行）》和《海南省高等学校图书馆评估方案（试行）》等系列文件为重要依据，并结合海南省政府颁布的《海南省国民经济和社会发展第十一个五年规划纲要》、《海南省"十一五"科技发展规划纲要》提出的建设目标，在经过调研与论证的基础上，编制了《海南省高校图书馆"十一五"发展规划》（以下简称"十一五"规划），对今后五年高校图书馆的整体建设与发展提出指导性意见。

"十一五"规划着重阐述了未来五年高校图书馆发展的总体目标、具体目标、主要任务和实施措施，鉴于我省高校办学体制和投资体制的多样性，规划侧重于方向性把握和宏观指导层面的目标要求，提出的指标总体上是预期性和导向性的，对具体目标和任务的实施要求，主要以教育厅下发的《海南省普通高等学校图书馆评估方案》规定的各项指标为依据。在规划执行过程中，如遇到客观条件发生重大变化并严重影响主要目标的实现的情况，有关职能部门将适时对规划的主要指标做出必要的调整。

二、指导思想

本规划制定及其实施，均坚持以邓小平理论和"三个代表"重要思想为指导，落实科学发展观，以解放思想，实事求是为原则，强调整体发展，鼓励创新，突出特色，使规划的目标任务既具有一定的前瞻性，又有可操作性。坚持广泛的馆际合作与资源共享，协调、持续、稳步的整体发展方向；坚持"以人为本，服务育人"办馆理念，以全面提高图书馆服务水平与服务效益为宗旨。

三、发展目标

1. 总体目标

在省教育厅、各院校的大力支持和图工委的业务指导下，高校图书馆相互支持，共同努力，到2010年，全省高校图书馆办馆条件达到评估指标要求；文献资源共建、共知、共享体系趋于完备，文献保障能力大幅度提升，初步建立起以海南省区域性联盟为主导的数字图书馆，并面向全社会发挥应有的效益，最终使全省高校图书馆的整体服务能力和服务水平实现历史性跨越。

2. 具体目标

①到2010年，各图书馆馆舍面积与学校规模相适应，生均馆舍面积争取达到教育部要求；软、硬件设备设施基本满足三化建设和资源存储与利用的需要；办馆条件本科院校达到评估优秀标准，高职高专院校达到合格标准。

②各馆馆藏文献量及馆藏文献的结构基本达到教育部有关本科及高职院校的指标要求和教育厅评估方案要求。本科院校纸质文献与电子资源并举，基本满足教学、科研需要，着力保障重点学科；高职高专院校实现纸质文献自我保障，电子资源共享为主，基本满足学生需求；CALIS省中心重点保障电子资源的整体结构合理、层次分明的区域性文献资源保障体系。

③馆藏资源的数字化、数字资源的一体化，基本实现全省高校间广泛的数字资源共享。本科院校及有条件的高职高专院校建立起1—2个独具特色的信息资源库，使海南地方特色资源库建设取得突破性进展。

④CALIS 省文献信息服务中心基本建立起服务于全省高教系统的较为完备的资源保障体系和服务平台，成为面向全省提供全方位、多层次信息服务的数字图书馆。

⑤高职高专院校图书馆全面完成自动化、网络化建设任务，通过"海南省高校图书馆网络化建设合格单位"的验收。

⑥建立起一套馆藏利用率与服务效益的科学评价体系，规范指导图书馆管理和服务，切实提高服务质量，争取使读者满意率达到 90% 以上。

⑦建立起一支符合《规程》要求、以馆长为学科带头人、结构合理、规模适中、敬业高效的专业人员队伍；培养出一支在图书信息专业领域内发挥骨干作用的专家学术队伍。

⑧图书馆科研素质得到较大的提高，力争一批科研成果在国内业界有较大影响，我省在国内高校图书馆界的学术地位得到较大提升。

四、主要任务

1. 办馆的基本条件建设

全面执行教育部《普通高等学校本科教学工作水平评估方案（试行）》及《海南省高等学校图书馆评估方案（试行）》，积极改善图书馆发展环境，加强办馆基本条件的建设，补充、完备图书馆各项设备、设施，使之达到评估指标的合格要求，以保证图书馆工作的正常运转。全省各高校要把建立独立的图书馆馆舍纳入学校的总体建设规划中，到 2010 年，争取全省高校图书馆独立馆舍拥有率达到 100%，生均馆舍面积力争达标，从根本上扭转"十五"期间因学校扩招，办学条件落后而导致生均面积不断下滑的局面，为教师和学生提供优雅舒适的学习环境。

2. 文献资源保障体系建设

①各馆要结合本校实际，进一步加强馆藏文献体系的建设，以结合专业设置所进行的文献资源基本建设为基础，重点学科为特色，并依托 CALIS 省中心，形成基本资源自我保障、电子资源广泛共享、省内外资源有效结合的层次分明、特色突出的资源格局。在围绕资源建设的同时，着力进行开发和提高文献资源利用效益的研究与探索，用 2 年的时间，建立科学、规范的评

价体系，使馆藏文献资源得到合理评析，馆际间的文献资源利用率均得到合理的提升。

②CALIS省文献中心要在区域性数字图书馆的协调共建中发挥重要作用，在加大引进适用的中、外文全文数据库及电子书刊的基础上，重点针对海南省高等教育文献保障系统和区域性数字图书馆建设的目标，积极探索区域性文献资源协调共建，馆际间联采、联编，资源共享的措施和方法，争取在规划实施的第一年完成海南省高教文献保障系统及区域性文献资源共建、共享的具体实施方案，并组织和指导全省各高校文献资源协调共建，使全省高校图书馆文献资源整体保障率得到根本性加强，基本实现区域内文献资源的联采、联编和广泛共享。到2010年全省高教系统总体文献的保障率达到90%以上，中文期刊文献的保障率争取达到98%以上，外文期刊文献满足率得到较大提升，基本满足全省高校教学、科研和我省社会经济、科技、文化发展需要。

③各馆要以教育部高校图工委的《普通高等学校图书馆文献资源发展政策编制指南》为指导和依据，根据学校及图书馆的工作任务与目标、读者需求、馆藏现状等，在2007年完成本馆的《文献资源发展规划》，从而使全省高校图书馆的文献资源发展走向标准化和规范化。

3. 自动化、网络化、数字化建设

①信息基础设施建设是实现"三化"的基本保证。各馆要在科学论证的基础上，进行合理配置，讲求性能良好、安全而稳定，要求主流设备经济而高效，一次性投入能确保3—5年适用；工作用机满足要求，无偿提供读者检索和阅览馆藏电子资源的微机达标；数据存储设备具有可靠性和可扩展性，以满足各种数字资源的存储和利用。尚未配置到位的高职高专院校，要求在2007年初完成自动化、网络化建设主设备的配备。本科院校及有条件的高职院校，进一步加强网络化、数字化设备设施的升级和拓展，保证主干带宽千兆，桌面百兆，为数字资源的利用提供一个高效率、安全、稳定的运行环境。

②进一步做好馆藏书目数据库的建库工作。本科院校在进一步完善馆藏书目数据库建设的基础上，加快各院系资料室的书目数据建库工作。争取在3年时间内本科院校馆藏书目数据率达90%以上，高职高专院校馆藏书目数

据率达80%以上，书目数据质量标准达到《CALIS机读目录编目著录标准》的要求。

③建好和进一步完善图书馆对外服务的网络平台和学科导航系统，充分整合、揭示、报道图书馆馆藏信息、数字资源、虚拟资源和各项服务内容。积极开展馆藏实体资源与网络虚拟资源、数字资源有效整合和合理利用、数字资源共享平台与技术的探索和实践，改善和提高数字资源的利用环境和利用效率，全面提升图书馆数字资源的管理水平。用2年时间完成图书馆光盘资源的有效管理和利用，用5年时间争取实现异构数据库跨库检索。

④继续做好海南地方文献数字资源库建设工作，2007年完成海南省旅游、热带医学、地方文献、少数民族、热带农业等数字资源库的二期建设任务，以及海南省高校学位论文库的一期建设任务。同时，进一步开拓具有区域特色的其他数字资源库的建设，并积极探索广泛的馆际间合作，争取采取联合建库的方式，将海南地方历史、家谱、少数民族历史文献各子库、热带药用资源与热带植物资源各子库进行整合、拓展，逐步形成具有较大规模，真正有利用价值，代表海南地方特色的专题数据库，在国内产生一定的影响。

⑤CALIS省文献中心进一步完善门户网站的建设，建立起省域、省外文献资源共享平台及一整套服务软硬件系统。在CALIS管理中心统一部署下，用3年时间逐步配置虚拟参考咨询系统、大范围资源链接调度、综合计费、统一资源注册与命名、个性化服务、数字对象安全获取系统等，为全省高校间广泛的文献资源共建、共享及区域性数字图书馆联盟提供全方位技术支持。

4. 读者服务工作

①读者服务是"十一五"工作的重中之重。在坚持本科高校以满足学校教学、科研需要，高职高专院校以学生为服务重点方针的基础上，各馆应在服务水平、服务层次及服务内容与范围等方面挖掘潜力，积极开拓，勇于创新，形成特色，扎实地做好读者服务的各项基础性工作，使整体服务水平不断提升。同时，尽快建立起以读者满意度为核心，以文献满足率和利用率为主要考核指标的图书馆服务效益评价体系，使图书馆办馆水平与效益的评价更趋科学与合理。

②"十一五"期间，本科高校馆应积极推行个性化服务、专业馆员制，

建立虚拟参考咨询服务试点，围绕学校专业设置、学科建设、科研重点等开展形式多样的深层次的信息咨询服务，并在下一次图书馆综合评估中作为图书馆服务水平和服务层次的考核要求。有条件的高校应结合我省"十一五"科技发展规划，在热带农业、医药、水产、种植等政府重点发展的科技产业发展中发挥科技信息资源优势，在科技查新、情报分析与研究及信息咨询等方面给予全方位支持，提供前沿性的、科学的决策参考和咨询。在已经建立起的医药卫生、农业学科查新咨询机构的基础上，争取新建 1 个以服务海南省科技发展重点领域与学科为目标的查新咨询机构。

③充分发挥高校图书馆在本省文献信息资源建设和社会公众服务中的主导和骨干作用，逐步拓展向社会开放的空间，积极探索各高校间，高校与公共馆间，省内与省外广泛的馆际合作，最大限度地提高资源的利用率，扩大服务范围。"十一五"期间争取与海南省图书馆、海南省医药卫生文献保障系统实现联机检索及部分资源的共建、共享。

④"十一五"期间，CALIS 省文献中心，在馆际互借、文献传递、信息咨询与科技查新等方面应最大限度地发挥作用，努力提高服务层次与服务水平。用 2 年时间，重点消除高校间馆际互借、文献传递服务中存在的技术障碍、网络障碍，解决协调问题，提高馆际互借和文献传递服务的保障率和时效性，建立馆际间服务承诺责任制，使文献资源共享达到预期的规模效益。

⑤充分发挥图书馆的教育职能和资源优势，积极开展用户教育与培训。"十一五"期间，各馆必须把在校生信息素质教育和提高教师队伍利用文献信息能力纳入图书馆重要工作内容，开展形式多样的信息素质教育与文献信息资源检索与利用的技能培训，本科院校应全面正式开设文献检索课，并纳入学校教学计划。高职院校要建立新生入馆培训制度，完成基础培训任务。

5. 体制与人力资源建设

"十一五"期间，重点加快对高校图书馆领导班子及专业队伍的建设。在进一步宣传、贯彻《规程》精神基础上，进一步明确图书馆在学校中的地位和建制，原归属于其他部门（教务部门等）的，应尽早剥离出来，使其成为学校的二级机构。解决图书馆专业人员在职称评定、工资、劳务津贴等待遇方面的问题，使之与学校其他科教人员等同。同时，按照《规程》要求，使图书馆专业人员的配备与学校的规模相适应，专业人员的专业结构、职称结构和比例均达到图书馆评估要求，并下大力气解决部分图书馆管理人员素质偏低，馆长任职条件达不到《规程》要求，无法担负管理、学科建设和专业性指导任务的严重问题。

此外，在图书馆用人机制上更新观念，积极探索人才资源建设与开发的新路子，倡导图书馆按需定岗、聘用人员，实行岗位聘用责任制，建立合理的用人机制和考核制度，使图书馆专业及非专业人员均能各尽所能，发挥自己的作用。

五、实施措施

1. 领导重视、齐抓共管、层层落实

各级领导对图书馆工作的支持是"十一五"规划任务顺利实施和完成的重要保证。厅主管部门、学校、图工委等各级机构要加强对图书馆整体建设的领导、协调和监督，按照教育部、教育厅有关高等教育办学条件、高等学校图书馆工作的一系列文件精神和要求，为图书馆的办馆条件建设、文献资源建设、队伍建设，以及管理与服务手段的现代化建设提供各种支持和保障。各校要帮助图书馆选好带头人，建好班子，建立和完善图书馆内部管理机制，实行科学管理、目标管理、绩效管理，充分调动和发挥图书馆员工的工作积极性，在办馆水平和办馆效益上下功夫，使图书馆各项工作均达到普通高等学校图书馆评估指标良好以上的要求。

海南省高校图书情报工作委员会（简称高校图工委）是对全省高校图书馆事业进行咨询、研究、协调和业务指导的专家组织。"十一五"期间，高校图工委要在全省高校图书馆的协调共建中做好指挥、当好参谋。发挥各专业小组在文献资源共建、共享、网络化、数字化及特色资源库建设、读者服务、专业队伍建设等方面的组织、协调、指导作用，率先围绕"十一五"重点建设与发展项目，组织开展卓有成效的学术研究、专题调研和经验交流等活动，推进海南省高校图书馆事业的整体发展。

2. 改善资源投入环境，落实图书馆建设经费

建立图书馆基本建设和文献资源建设投入的长效机制，是图书馆建设与

发展的重要物质基础。各高校要把文献资源建设经费的突击性、阶段性投入转变为稳定性、持续性投入，严格按照教育部有关规定，保证文献资料购置经费纳入学校正常预算中，并使之达到学校教育事业经费的4—5%，并逐年有所增长。同时学校及图书馆均要积极想办法，通过计划外创收、引进投资和政府补贴等多渠道，积极争取外援，以确保生均年进书量达标，生均藏书量指标逐步上升，办馆条件的进一步改善。教育厅将积极向省财政申请专项建设经费，力争为各校专项建设项目提供10—15万元的经费支持，同时要求学校从计划外收入和科研经费中配套投入。省文献中心每年争取省财政拨款不少于50万，海南大学配套不少于17万，并逐年增加，确保"十一五"规划的专项建设任务完成。

3. 加强高职高专院校的建设与支持力度，推动整体发展

"十一五"期间重点扶持高职高专院校，改善高职高专院校的办学环境和办馆环境。各馆加强馆际协作和互助，本科院校及海南省职业技术学院、海口经济技术学院对口支持其他高职院校的工作要落到实处，形成协调同步发展的态势。

4. 加强继续教育和专业培训，提高专业队伍整体水平

建立一支适于现代化图书馆管理与服务需求、高效精干的馆领导班子和专业人员队伍，是学校、省图工委和图书馆长期的战略任务，各级机构要齐抓共管。学校要积极引进适应现代化图书馆发展要求、具有开拓创新意识的馆长及图书馆紧缺人才。同时，各级机构要加强对图书馆专业人员的职业道德教育、业务素质培训和学历、学位继续教育，图工委将定期或不定期地举办图书馆专业理论培训班，使所有非图书信息专业的从业人员均通过本专业的培训。各校要拿出切实的优惠政策来支持和鼓励馆员们参加在职继续学历教育、各类专业技术培训和学术交流。力争在"十一五"期间采取联合办学的方式，在高校图书馆开办图书馆学研究生课程班，提高图书馆专业人员学历层次和专业水平。

5. 坚持规划、落实、检查和评估制度，实施专项建设目标管理

为落实"十一五"规划确定的目标，高校图工委要加强组织、协调和监督工作，各图书馆分工合作，围绕资源共享体系建设、区域数字图书馆联盟

建设、特色资源库联合建设、读者满意度考核指标及服务效益评价指标体系的建立等进行专项研究，以项目带动工作的全面实施。

教育厅主管部门将根据"十一五"规划的各项建设任务，实施目标管理，在"十一五"中期分别对高职高专院校自动化、网络化建设，本科院校数字化建设二期进行检查和验收，在"十一五"末期对全省高校图书馆办馆条件与办馆水平的总体建设进行综合性评估、检查、验收，达到以评促建，以评促管、以评促改的目的，使"十一五"规划所提出的各项任务全面完成。

海南省高等学校图书馆
"十二五"发展规划

目　录

一、前　言

　　"十二五"期间是海南改革和发展新的战略机遇期，是海南国际旅游岛建设"加速度"和"上水平"的新阶段，海南各行各业都将获得重要的发展机遇。高校图书馆作为高等教育服务体系的重要组成部分，地方学术文化的重要基地和区域科学研究创新的基础平台，应该紧紧抓住历史性的机遇，加快科学发展步伐，为国际旅游岛的建设增添新的内涵。为了使未来五年全省高校图书馆事业有更加科学的发展思路和目标，2011年初，在省教育厅的直接领导下，省高校图工委组织专家，开展全省高校图书馆"十二五"发展规划的研制工作。本规划以《国家中长期教育改革和发展规划纲要（2010—2020年)》和《普通高等学校图书馆规程（修订)》为指导、以《普通高等学校基本办学条件指标（试行)》等系列文件为重要依据，并结合《关于推进海南国际旅游岛建设发展若干意见》、《海南省国民经济和社会发展第十二个五年规划纲要》、《海南省高等教育"十二五"发展规划》、《海南省"十二五"科技发展规划纲要》提出的建设目标，经过充分调研与论证，对今后五年全省高校图书馆的整体建设与发展提出指导性意见。

二、规划背景

（一）过去五年的主要进展

"十一五"期间，在中央和省委省政府的亲切关怀和直接领导下，我省高等教育取得跨越式发展。随着全省高等学校升格转型，我省高校图书馆面临学校升格转型和图书馆内涵提升、专业化转型的双重挑战和机遇。在省教育厅的直接领导下，经过各高等学校的共同努力，全省本科高校图书馆较好地完成了"十一五"发展规划的主要指标和任务；全省高职高专图书馆基本完成了网络化建设规划的主要指标和任务。全省各类图书馆办馆条件和办馆水平取得了长足发展，为学校的升格转型、实现内涵式发展起到了重要的支撑作用。

在"十一五"期间，全省高校全面贯彻执行教育部《普通高等学校图书馆规程（修订）》（教高〔2002〕3 号）（以下简称《图书馆规程》）精神和《普通高等学校基本办学条件指标（试行）》（教发〔2004〕2 号，（以下简称《高校基本办学条件指标》）的要求，以本科高校图书馆数字化建设和高职高专院校图书馆网络化建设为主线，以提升图书馆服务教学、服务科研的效益为目标，以教育部本科教学工作水平评估、高职高专院校人才培养工作评估和省教育厅高校图书馆评估为契机和动力，加大对图书馆办馆条件的投入力度，全省高校图书馆建设取得突破性进展。

"十一五"期间，全省高等学校加大对图书馆的经费投入，其中本科高校"十一五"后三年的年均购书经费投入达到 2205.11 万元，比"十五"期间年均 759.90 万元，增长 190.18%；年均电子资源购置费达到 300.29 万元，比"十五"期间年均 196.23 万元，增长 53.03%。

"十一五"期间，本科高校、高职高专院校图书馆的基本办馆条件都取得明显改善。新建或扩建图书馆 7 个，生均馆舍面积分别达到 1.87m² 和 1.40m²，比"十五"末期的 1.44m² 和 1.10m²，分别增长 42.9% 和 27.3%。

经过"十一五"期间的建设，全省高校图书馆已初步建立一支爱岗敬业、学历、专业、职称结构趋向合理、能基本胜任图书馆现代化建设与服务的专业队伍。

"十一五"期间，全省高校图书馆坚持"读者第一，服务育人"的宗旨，服务水平和服务效益迈上新的台阶。本科高校、高职高专院校图书馆周平均开放时间分别达到 94.6 小时和 97.1 小时，生均年外借量分别达到 29.65 册次和 21.79 册次，年生均到馆阅览人次分别达到 50.95 人次和 55.02 人次，比"十五"末大幅增长，均创历史新高。本科高校平均年人均电子文献点击量达到 124.4 人次，年人均文献传递量达到 0.6 页，省教育科研数字图书馆服务效益开始凸显；全省共建的海南地方特色数字资源库子库达到 23 个。全省高职高专院校图书馆基本完成自动化网络化建设任务，各馆建立网站，初步实现信息化管理，并参与省域数字图书馆建设实现共建共知共享。为下一个五年全省高校图书馆又好又快发展奠定了坚实基础。

（二）存在的主要问题与困难

由于海南建省时间晚，区域经济欠发达带来的各项建设资金短缺，投入不足，致使我省高校建设与发展同其他行业建设一样面临着诸多困难和挑战；在高校建设中，少数领导对图书馆重要性认识不足，我省高校图书馆与教育部高校图书馆规程要求建成"学校信息化和社会信息化的重要基地"和"学校总体水平的重要标志"的目标还存在较大距离；高校图书馆利用现有资源为教学科研服务的效益尚不显著，与图书馆规程的要求同样存在较大差距；原已在全国初步形成特色并具有一定影响的"海南高教文献资源共建共知共享网络化服务体系"和"海南地方特色文献数字资源库"的持续建设与服务成果不显著。尤其是起步较晚的高职高专院校图书馆，其办馆条件与《高等学校图书馆规程》和《高等学校基本办学条件指标》的要求存在更大差距，多数图书馆馆舍面积不足、文献资源匮乏、履行现代服务职能的设备设施欠缺以及专业人员素质不高等问题并没有得到根本改善，另一方面，则是快速发展的信息技术（如云计算、移动图书馆和物联网技术等）将逐步在图书馆得到应用，这将是我省高校图书馆在"十二五"规划建设期间必须面对的主要困难和挑战。

三、指导思想与基本原则

（一）指导思想

贯彻落实科学发展观，全面执行国家高等教育方针，坚持以图书馆《规程》为指导，以为学校教育教学、科学研究服务和国际旅游岛建设服务为宗旨，以引进和推广新方法、新技术，创新服务模式为重点，不断提升图书馆科学管理与信息服务水平，确保文献保障能力、知识服务能力、文化辐射能力的全面提升，把全省高校图书馆建设成为学校人才培养和海南国际旅游岛建设的信息化基地。

（二）基本原则

"十二五"期间全省高校图书馆建设和发展应坚持的原则是：坚持解放思想、更新观念的原则；坚持艰苦奋斗、脚踏实地的原则；坚持整体规划、分步实施的原则；坚持改革创新、突出特色的原则；坚持联合共建、整体发展的原则；坚持跟踪新技术、注重新发展的原则；坚持建设服务并进、规模效益并重的原则。

四、发展目标和任务

"十二五"期间全省高校图书馆建设的整体目标是，到 2015 年，全省本科高校图书馆达到图书馆综合评估优秀指标的要求；高职高专院校达到综合评估合格指标的要求；通过广泛吸收引进云计算、移动图书馆、无线射频识别技术（RFID）和物联网等新技术和新模式，完成图书馆集成管理软件的换代升级，基于区域数字图书馆的资源共建、共知、共享服务体系更加完备；全省高校图书馆的办馆水平、文献资源保障能力和服务能力较"十一五"大幅度提升，服务效益比"十一五"翻一番；全省高校图书馆基本实现面向全省教育系统和社会服务的目标，基本建成文献信息集成中心、知识服务中心、自主学习中心、校园文化中心和全省科研创新服务重要平台。海南省教育科研数字图书馆在实现为全省教育系统提供有效数字文献保障服务的前提下，积极推进建立以高校馆为主体，涵盖全省公共图书馆、专业图书馆和科研开发机构的全省数字图书馆联盟。

"十二五"期间全省高校图书馆建设和发展的各项具体目标与任务分项规定如下。

（一）全面改善办馆条件

全面执行教育部《普通高等学校本科教学工作水平评估方案（试行）》

和《普通高等学校图书馆规程（修订）》，积极改善图书馆办馆条件，补充、完备图书馆各项设备、设施，使之达到评估指标的各项要求。

1. 馆舍条件

力争全省各高校都拥有符合信息化管理和服务要求，环境优雅，设施完善的独立馆舍；

馆舍面积应与学校性质，办学规模相适应，生均馆舍面积争取达到教育部《高等学校基本办学条件指标》的要求；

馆舍功能要求多样化（兼备文献收藏借阅、检索利用、知识服务、学术交流、文化活动、艺术欣赏、生活休闲等功能），营造良好的学术文化氛围，满足读者自主学习的需要，成为校园文化的中心和区域文化的中心。

2. 图书馆数字化建设

图书馆数字化建设软件、硬件设备应满足信息化管理和开展网络化、数字化和云服务的基本需要与要求；数字资源存储空间能够满足不断增长的数字资源的需要；要更换新一代图书馆集成管理软件；要配备数字资源加工、整合和利用等功能的应用软件。

（二）不断加强文献资源保障能力建设

文献资源保障能力建设的总体目标是：按照教育部《图书馆规程》和《高等学校基本办学条件指标》生均文献数量指标和教育厅评估方案要求，坚持以"整体布局、分工建设、突出特色、联合保障"的原则，根据学校学科、专业建设和规划，制订《文献资源发展政策指南》，采取"文献资源采购联合招标"和"编目业务外包"的运作方式，加强文献资源建设，确保文献结构优化，质量上升，数量达标，不断完善和提升省、校两级复合型的文献资源保障体系。纸质文献建设指标如下表。

全省高校图书馆纸质文献建设标准

类目 类别	生均纸质藏书（册） （建设性指标）	每年生均新书（册） （必达指标）	全省高教文献 共享保障率
本科高校	80—100	3—4	95%
高职高专	60—80	2—3	

1. 编制《文献资源发展政策指南》

各馆要以教育部高校图工委的《普通高等学校图书馆文献资源发展政策编制指南》为指导和依据，根据学校定位、类型，学校学科、专业建设和规划，以及图书馆的工作任务与目标、读者需求、馆藏现状等，在"十二五"中期（2013年底）完成各校的《文献资源发展政策指南》编制，从而使全省高校图书馆的文献资源发展走向标准化和规范化。

2. 进一步加强各馆馆藏文献资源保障体系建设

"十二五"期间，各馆要依据文献资源建设目标、本校《文献资源发展政策指南》和我省高校文献资源保障体系整体建设的分工，采取联合采购招标的方式，加强馆藏文献资源建设，并依托CALIS省中心，形成纸本资源自我保障，电子资源广泛共享、省内外资源有效结合、特色突出的馆藏文献资源保障体系。到"十二五"末，各馆纸质文献共享保障率，本科高校达到95%，高职高专院校达到90%。

3. 进一步加强"海南省高等教育文献资源保障体系"建设

坚持联合共建"海南省高等教育文献资源保障体系"，使其功能更完善、服务上水平、效益更显现。建设的重点如下：

（1）提升技术/服务体系效能

根据"中国高等教育文献保障体系"（简称CALIS）三期的总体部署以及构建多级CALIS数字图书馆云服务中心的建设任务，海南省高教文献资源保障体系的首要任务是，提升技术/服务体系效能，按照CALIS的部署，借助其提供的各种资源，构建省级CALIS数字图书馆云服务中心，成为全省文献资源的检索中心、电子资源共享中心和文献传递服务中心。

（2）强化CALIS省文献中心服务职能

CALIS海南省文献中心是"CALIS中心、省级服务中心及各高校图书馆三级文献保障体系"中的枢纽，应充分发挥在推进"联合共建"指导下的全省高校图书馆文献资源建设中的组织协调作用：即在充分利用CALIS不断推出的共享资源的前提下，做好各类文献资源体系的总体布局与协调采购，避免数字图书馆各分馆重复建设，以使我省高校图书馆文献资源建设经费使用效益最大化；在全省数字文献资源共享体系建设中，省中心在推进中文电子文献资源建设中要发挥主导作用，合理兼顾本科高校与高职高专院校图书馆的需求，努力建成一个充分发挥三级文献保障机构不同作用，结构合理，层次分明的全省高校电子文献资源中心。同时通过对全省各高校文献信息资源的技术整合，大幅度有效地提升全省高教文献资源保障体系的保障能力和使用效益。到"十二五"末，争取全省高教系统总体文献资源的共享保障率达到95%以上。

4. 加强文献信息资源使用效益评价体系的建设

在围绕文献资源建设的同时，组织专门力量争取科研立项，着力进行开发和提高文献资源利用效益的研究与探索，建立科学、规范的评价体系，使馆藏文献资源和馆际间的文献资源利用率均得到合理的评价和提升。

（三）大力推进数字图书馆建设

1. 加强基础设施与运行环境建设

"十二五"期间，完成省教育科研数字图书馆（下简称"省数图"）各分馆（即各高校图书馆）集成管理软件（即ILAS）的更换升级；数据存储设备应具有可靠性和可扩展性的特点，存储空间应满足各种数字资源的存储和利用的需要；本科院校及有条件的高职院校在注重向云计算技术模式转变的同时，进一步强化网络化、数字化设备设施的升级和拓展，为数字资源的利用提供一个高效率、安全、稳定的运行环境。

2. 加强省教育科研数字图书馆建设

"十二五"期间，"省数图"建设的目标和任务是：引进云计算技术，建立云服务中心，实现全省高校系统内资源更高水平的共建共知共享；基本建成面向本省教育系统和海南国际旅游岛提供全方位、多层次、高效便捷信息服务的三级文献资源保障体系、数字资源共知共享网络服务中心和全省科研创新服务平台；并在此基础上，积极推进以高校馆为主体，涵盖全省公共图书馆、专业图书馆和科研开发机构的全省数字图书馆联盟的建立。建设的重点是推进区域化建设，扩大共建共享的领域和范围，提升共知共享的技术水平，大幅度提高共建共知共享服务效益。

（四）着力推进"海南地方特色文献数字资源库"建设

"海南地方特色文献数字资源库"是省教育厅立项并资助专项经费、由各高校参与联合共建的重点项目，是省教育科研数字图书馆中最具有地方特色的文献资源。"十二五"期间，在完成旅游信息、热带医学、地方文献、少数民族、热带农业、海南记忆和热带海水养殖等数字资源库的三期建设任务的基础上，将海南地方文献各子库进行整合、拓展，逐步形成具有较大规模，真正有利用价值，代表海南地方特色并在国内产生一定影响的专题数据库。要优化平台，充实数据，强化应用；要切实解决好建设中知识产权、标准化和在"联合共建、共知共享、拓展服务"等各个环节中存在的问题，实现在省教育科研数字图书馆平台的统一收割与发布。

与此同时，在"十二五"期间，各高校图书馆（包括省图工委）启动"机构知识库"建设。

应充分发挥前期已设立的省图工委数字资源库建设指导机构的指导作用以及"省数图"在数字资源共建中的组织协调作用，确保海南地方特色数字资源库建设和应用服务效益均取得突破性进展。

（五）全面开展服务创新

1. 读者服务工作的目标

（1）读者服务覆盖面：借助于教育科研数字图书馆平台，"十二五"期间，图书馆注册用户在"十一五"的基础上有较大规模的提升（包括全省教育系统注册人数及向社会读者注册人数）。

（2）基本服务目标如下表：

类别＼类目	借阅服务小时/周	每年生均外借册数	每年生均阅览人次	馆藏图书年利用率	年生均电子资源点击次	读者满意度
本科高校	98	40	60	60%	130	90%
高职高专	98	30	50	50%	60	85%

注：服务时间为图书馆借阅服务时间（不包括自习室开放时间），年借阅量包括外借图书数和在馆阅览图书数，文献利用率为年借阅图书总量除以馆藏图书总量的百分数。

（3）网络服务目标：基于省教育科研数字图书馆平台的文献服务总量较

"十一五"翻一番，共享满足率达到95%以上。

（4）信息服务目标：本科高校以学科化服务为主导，加强学科馆员制度建设，积极推行个性化服务，广泛深入地开展融入教学、嵌入科研的知识服务；高职高专图书馆在快速提升基本服务的基础上，逐步向知识服务拓展。

（5）建立起一套以资源利用率、读者满意度、服务响应度等直接体现服务效益指标为观察点和计量方法的科学评价体系，规范指导图书馆管理和服务。

2. 创新服务主要任务

通过对馆舍物理环境的改造，营造一个集学习、研究、交流、培训和实践创新一站式服务的共享空间。借助于云计算、移动图书馆、RFID 等新技术与理念，开展各种新型服务项目，如信息共享空间（IC）、学科博客、微博平台、学科知识库、虚拟参考咨询等。有条件的图书馆逐步向移动服务、泛在化服务领域拓展。

积极开展服务营销、阅读推广等活动，扩大图书馆影响力和吸引力，拓展与读者的互动，提高用户对图书馆信息资源与服务利用的意识。

发挥专业优势，为学校学科建设、专业建设、科学研究、教学评估、项目决策、人才引进等重大事项，提供文献资讯与参考咨询服务。

有条件的高校应根据我省"十二五"科技发展规划，面向热带农业、海洋产业、旅游、制药等重点产业，配合做好科技查新、情报分析及信息咨询等方面的服务，提供全方位支持。在已经建立起的医药卫生、农业学科查新咨询机构的基础上，争取新建 1 个查新咨询机构，覆盖全省科技发展重点领域与学科。

高校图书馆要充分发挥文献信息资源和人力资源的优势，逐步拓展向社会开放的空间。

（六）优化读者信息素养教育

充分发挥图书馆的教育职能和资源优势，积极开展用户培训工作。

各高校图书馆应通过开设文献检索课等途经加强对读者文献检索技能的培训教育，提高信息素质、提高利用文献信息资源的能力。

新生入馆教育应形成制度，时间不低于 4 小时，并保证一定的上机操作时间。

要根据图书馆资源与服务项目的新进展、新内容，及时开展专题培训。注意培训形式的多样化、灵活性和经常化，

（七）加强专业队伍建设

"十二五"期间，各校要精心选配好符合《图书馆规程》任职条件和履职能力要求的爱岗敬业的图书馆馆长，建设一支以馆长为学科带头人、结构合理、规模适中、爱岗敬业的专业人员队伍；全省构建一支由业务骨干组成的高校图书馆专业学术队伍；培养一支敬业爱岗、专业知识与实际技能兼备的，精力充沛的专业技术队伍。

各校应依据《图书馆规程》，配备足额的工作人员；图书馆专业人员的学历结构、专业结构、职称结构均应逐步达到图书馆评估要求；要加强对图书馆专业人员的职业道德教育和业务继续教育，应和科教人员同样的政策支持和鼓励图书馆专业人员参加在职继续学历教育和各类专业技术培训、学术交流。

各校要下大力气解决好部分图书馆主要业务部门工作人员素质偏低和馆长达不到《图书馆规程》的要求、无法担负管理、学科建设和专业性指导任务的问题。

省图工委应制订不同职别人员的继续培训教育计划，形成初、中、高级专业人员继续教育模式，帮助图书信息专业人员补充或更新知识；应主动配合有关部门做好业绩成果鉴定工作，引导和激励图书馆工作人员注重工作业绩，履行岗位职责。

为促进馆长管理水平和业务水平的快速提升，省图工委将研制一套科学的图书馆馆长评价体系。

（八）加强科研和学术交流活动

大力鼓励图书馆工作人员针对本专业的各种科研活动，各馆要有计划地培养专业人员的科研能力，不断提高全省本专业的科研水平；

"十二五"期间，图书馆各个级别的科研立项数、结题数、业绩成果数、成果推广应用并取得效益项目数、专业期刊论文及核心期刊论文数，均比"十一五"期间提高 10% 以上。

要注重打造国内外的学术交流和业务交流平台，省图工委力争每年承办一到两次重要的国内外学术交流和业务交流活动，使全省高校图书馆的管理人员和业务骨干不断开阔眼界，增长见识，提升能力。

（九）加强图书馆文化建设

全省高校图书馆要高度重视图书馆组织文化建设、馆舍文化建设和机构精神文明建设，提升服务意识，倡导质量文化。省图工委要定期评选优质服务标兵和文明服务窗口。与此同时，要重视图书馆建筑、设施、布局、园林艺术、厅堂装饰、休闲空间等各种物化形态的文化建设，为读者营造温馨、高雅的环境和氛围。

五、保障措施

（一）领导重视，层层保障

各级领导依据《普通高等学校图书馆规程（修订）》对图书馆工作加强领导和支持是"十二五"规划任务顺利实施和完成的重要保证。省教育主管部门、省图工委对图书馆整体建设要加强指导、协调和监督。

各高校是图书馆建设的责任主体，应为图书馆的办馆条件建设、文献资源建设、队伍建设，以及管理与服务手段现代化建设提供各种支持和保障。要帮助图书馆选好带头人，建好班子。

各高校图书馆要建立和完善内部管理机制，实行科学、目标、绩效管理，充分调动员工的工作积极性，保证图书馆各项工作始终处在良性轨道上运行。

（二）充分发挥高校图工委的组织协调作用

省高校图工委是面向全省高校图书馆事业开展咨询、研究、协调和指导的重要专业组织。我省高校图工委已经形成优良的传统和一整套行之有效的工作方法和运行机制，得到业界的认可和各方面的肯定。"十二五"规划任务付诸实施过程中，省高校图工委应成为教育主管部门的重要参谋和全省高校图书馆的业务指导者。省高校图工委各专业委员会应在图书馆建设和服务各方面加强研究和指导，共同推进"十二五"规划任务的完成。

（三）加大投入力度，保障图书馆建设经费

建立图书馆基本建设和文献资源建设投入的长效机制。各高校要把文献资源建设经费的突击性、阶段性投入转变为稳定性、持续性投入，严格按照教育部《图书馆规程》的有关规定，保证文献资料购置费、信息基础条件建设费，以及设备设施更新费等纳入学校正常预算中。根据我省实际情况，要求基本达到学校教育事业经费比例的 4~5%，并根据学校发展逐年有所增长。学校及图书馆要积极争取各种社会支持。教育厅将积极向省财政申请专项建设经费，力争为区域性数字图书馆建设、共享数字资源建设、海南地方特色文献资源库的联合建设，以及围绕"十二五"规划目标任务所开展的专项研究提供必要的经费支持。

（四）加强对口支持，联手共进，全面发展

各高职高专院校要加大图书馆办馆条件建设的力度，省高校图工委加强业务指导，省文献中心注重满足高职高专院校读者对文献资源的需求，本科院校图书馆及重点高职高专院校图书馆对口支持其他高职高专院校图书馆的工作要落到实处，要把支援的具体内容、措施和显现的效果及时报告省教育厅高教处和省高校图工委，以保证全省高校图书馆协调和整体发展。

（五）完善检查和评估制度，实施专项建设目标管理

坚持检查督促和评估制度。教育厅主管部门将根据"十二五"规划的各项建设任务，实施项目目标管理，以项目带动工作的全面实施。在"十二五"中期分别对高职高专院校自动化、网络化服务成果、办馆条件等进行专项检查；对本科院校图书馆数字化建设三期成果进行检查和验收；在"十二五"末期，依据《图书馆规程》对全省高校图书馆办馆条件与办馆水平的总体建设进行综合性评估、验收，促使"十二五"规划所提出的各项任务全面完成。

"十二五"期间，在全省高校图书馆广泛开展"读者服务工作争先创优"评比活动，每年一次，主要内容围绕"馆藏文献资源利用效益"、"基本服务、信息服务、网络服务、教育培训"、"读书活动与馆文化"以及"科学管理"等。

（六）规范和加强业务统计制度、实行动态监测

建立规范的高校图书馆业务统计报表制度，是图书馆实现科学管理的一项重要的基础性建设，也是为各级领导进行动态监测，及时掌握各高校图书

馆的发展动态和存在问题，并进行综合协调和科学决策提供可信依据。

根据教育部高校图工委的要求，每年应定期及时、真实、准确地填报高校图书馆实时数据库，以便国家教育部有关主管部门准确地了解我省高校图书馆当年的建设情况。与此同时，从2012年起，建立"海南省高校图书馆事业发展动态数据库"和"海南省高校图书馆业务统计数据月报表"制度，并尽快完善回溯数据库建设。

六、实施意见

图书馆"十二五"规划涉及面广、任务重、要求高，必须周密部署、精心组织、认真实施，确保各项任务落到实处。

明确目标任务，落实责任分工。贯彻实施"十二五"规划关键在各高校领导的重视和图书馆自身的努力，同时省高校图工委也负有重要职责。省高校图工委要在省教育厅的领导下，对《规划》中提出的目标任务进行分解，明确各专业委员会的责任分工。省教育厅高教处负责《规划》的组织协调与实施，各有关部门积极配合，密切协作，共同抓好贯彻落实。

制订实施方案。各图书馆在各自学校的领导下，根据《规划》确定的战略目标、主要建设任务，制订本校（院）实施的具体方案和措施，分阶段、分步骤组织实施，一般情况下不能低于全省《规划》提出的各项技术指标。

鼓励探索创新，加强评估检查，落实整改措施。鼓励各图书馆积极探索，勇于创新，创造性地实施《规划》。对各馆在实施《规划》中好的做法和有效经验，要及时总结，积极推广。省高校图工委对《规划》实施情况进行动态跟踪检查，并与五年一次的图书馆评估相衔接。

做好沟通联络，广泛宣传动员，营造良好的发展环境。各图书馆要及时向校领导汇报全省高校图书馆发展的思路和要求，向全校广大师生员工广泛宣传《规划》的重大意义和主要内容，争取学校和全社会进一步关心支持图书馆事业的发展，为《规划》的实施创造良好条件和舆论环境。

海南省高等学校图书馆
"十三五"发展规划

目 录

根据我省高等学校在"十三五"期间建设目标以及我省高校图书馆建设和发展的总体趋势,依照《国家中长期教育改革和发展规划纲要(2010—2020年)》和教高〔2015〕14号印发的《普通高等学校图书馆规程》《普通高等学校基本办学条件指标(试行)》以及省委、省政府颁布的有关社会、经济、教育、科技事业发展的一系列相关文件的指导精神,特制定本规划。

第一章 规划背景

一、"十二五"建设主要成就

"十二五"期间,在省教育厅、各高校及省高校图工委的指导与支持下,我省高校图书馆以《海南省高等学校图书馆"十二五"发展规划》为指导,开展了卓有成效的建设工作,办馆条件、服务水平、服务效益、管理手段均得到了较大幅度的提升,为"十三五"期间的建设与发展奠定了良好的基础。

（一）办馆条件与管理水平整体提升

"十二五"期间，各高校图书馆基础条件建设取得了显著成绩。首先，各高校图书馆馆舍条件得到了不同程度的改善，其中4所高校13.6万平方米新馆舍投入使用后，全省17所高校馆舍建筑总面积已达37万余平方米；其次，各高校图书馆文献资源状况大为改观，近五年总投入文献资源购置经费达2亿余元，使馆藏纸质文献总量达到1436万余册（件），电子文献资源总量几近翻番；第三，各高校图书馆在现代信息技术应用方面取得了很大进展，实现了集成管理系统的升级换代，在引进云计算、物联网、移动图书馆、微信等新技术、新媒体等新的服务平台方面取得积极进展，使广大师生利用图书馆日趋便捷；第四，图书馆专业人才短缺得到很大的改善，17所普通高校馆员总人数达600人，其中高级职称人员比例明显增大，学历层次明显提高，本科高校图书馆本科及以上学历人员比例平均为72%。所有这些条件的改善为各高校图书馆的管理和服务水准提升提供了必要的基础条件。

（二）读者服务成效显著

"十二五"期间，各高校图书馆整体服务效能有了明显提升。"读者第一"、"服务至上"的理念，贯穿于管理与服务的全过程之中。各高校图书馆在提升基础服务水准的同时，不断创新服务内容与服务方式。如各高校图书馆开展了形式丰富多彩的阅读推广活动，并取得了显见的成效；以学科服务为主导的个性化服务开启了我省高校图书馆的知识服务的大门；利用省教育科研数字图书馆等多种途径获取共享资源使文献资源保障率得到了很大提升；各种知识交流与文化体验活动彰显图书馆作为第三空间的功能与作用；读者信息素质教育形式多样，成效突出，且部分高校图书馆还将文献检索课程纳入了课程教学体系。与此同时，部分高校图书馆为社会用户提供情报分析、科学普及示范教育以及开设馆外服务场点等服务项目，凸显了我省高校图书馆对地方社会经济文化建设辐射的特殊功能与作用。

二、存在的问题与面临的挑战

虽然我省高校图书馆"十二五"期间的建设与发展取得了可喜成绩，但发展中的新问题也随之突显出来。诸如：第一，各高校图书馆文献资源建设发展不平衡，经费投入不均衡或严重不足，馆藏结构比例失衡；第二，各高校图书馆馆员队伍配备不到位，人员缺口较大，整体专业素养偏低，民办高校图书馆管理班子相对薄弱；第三，各高校图书馆建设发展不平衡，主要体现在本科高校图书馆与民办高职图书馆的服务与管理水平存在较大差异，两极分化的趋势比较突出。

总结"十二五"，展望"十三五"，我省高校图书馆面临的诸多挑战，未来的建设任务非常艰巨。随着国家高等教育以现代大学制度建设为基础、以内涵和质量为核心的发展目标，教育走向全球化、移动化的发展趋势，数字化时代、新技术不断兴起的大背景下，图书馆业态已经和正在发生着广泛而深刻变化。而大学图书馆在转型时期如何定位和拓展自身的职能，才能有效推动高校图书馆传统与信息现代化的整体协调发展，使之成为学校人才培养、科学研究、学科建设及校园文化建设的重要助推器，已经成为高校图书馆管理者和馆员必须认真思考的一个问题。在大数据环境下高校图书馆如何拓展服务功能与空间，提供数据挖掘、情报分析、学术评价与交流等知识服务；如何进行物理空间与虚拟阅读环境的优化以充分发挥图书馆作为知识/学术交流中心的功能与作用；如何在提升团队实力及管理效率的基础上提升图书馆的学术地位；如何在传承文化、服务社会等方面发挥高校图书馆在资源、技术及人才方面的优势等等已经成为我省高校图书馆"十三五"期间建设与发展所面临的重要挑战。

第二章　总体要求

一、发展思路

"十三五"期间，我省高校图书馆建设和发展以教育部新颁布的《普通高等学校图书馆规程》（教高〔2015〕14 号——以下简称《高校图书馆规程》）为指导，在坚持"统一规划、协作共建、整体发展、注重效益"的基础上，全面实施创新驱动发展的核心战略，破除束缚以创新为先导的桎梏，以"一根本、二保障、三突出、四整体"的发展思路，认真贯彻落实教育部

《高校图书馆规程》规定的建设目标和各项任务，推动全省高校图书馆在理念创新、制度创新、技术创新和管理创新方面取得新的突破。

（一）重根本。人才培养德育为先，图书馆要坚持服务育人，以立德树人为导向，积极倡导社会主义核心价值观，弘扬中华民族优秀传统文化，以不断促进师生的思想道德文化素质的全面提升为奋斗目标。

（二）抓保障。努力建立与学校发展目标和建设规模相匹配、与全省高校图书馆建设总体要求相适应的经费保障和业务人员保障的宏观机制，同时构建结构合理的学校文献信息资源体系和图书馆专业人员队伍管理目标。

（三）强突出：突出内涵建设、突出服务效益、突出特色发展。内涵建设是图书馆服务水平和特色发展的基础，服务效益和特色发展则是内涵建设成果的集中体现，三者相互依存、相互补充、相互促进。

（四）固整体：加强整体化建设全面推进，坚持顶层设计整体规划、文献信息资源建设整体布局、新媒体新技术整体推进、科学管理制度整体提升，为我省高等教育全面发展提供可持续的文献信息保障。

二、基本原则

（一）坚持以服务为宗旨

树立以服务意识优先为抓手，统领图书馆业务开展、资源配置、技术保障和组织管理的大服务观。高校图书馆的服务面首先要立足于学校，继而服务于社会，因而这就要求图书馆必须充分认识和发挥其在学校人才培养、科学研究、社会服务和文化传承的文献信息保障独特作用，与此同时，高校图书馆还需利用其信息资源优势、人力资源优势和专业服务优势，积极发挥图书馆在服务海南经济社会发展、国际旅游岛建设和海南公共文化服务体系建设中的应有功能。

（二）坚持以用户为中心

树立以用户需求为导向的管理理念和服务理念。以操作层面为例，即要在规范化收集数据的基础上，注重用户行为系统化分析和个性化服务体验，对重点学科（专业）、重大项目用户更要注重大数据的统计分析，挖掘与识别用户的主要需求以及隐性诉求，制定用户参与式的服务设计，开展深层次的跟踪服务，推动和实现图书馆的知识服务和智慧服务，进而提升图书馆在信息提供方面的核心竞争力。

（三）坚持以创新为动力

全面实施创新驱动发展战略，解放思想，与时俱进，摒弃不合时宜的旧习惯、旧观念，打破制约发展的旧条条、旧框框，不断推动理念、制度、技术和管理创新。图书馆的主要功能是提供信息服务，所以要以服务创新为突破口，在基础服务中创新服务模式，以嵌入人才培养和科学研究全过程为切入点，不断拓展服务的新领域，推动新业态加速成长；而在技术服务中，则要不断应用新媒体、新技术，为用户服务提供技术保障和技术优势，从而形成链条式、一体化的服务创新布局。

（四）坚持以评估为杠杆

建立健全以图书馆自我评估为基础、以全省周期性评估为引领、以事实数据常态监测为主要内容的全省高校图书馆评估体系和制度，并以此强化各高校图书馆服务质量保障的主体意识，完善图书馆的自我评估功能，与此同时在对高校图书馆实行院校分类评估的基础上，促进各校图书馆办出特色。在评估过程中，图书馆对事实数据库数据要按时准确填报、及时分析服务状况，同时建立服务质量常态监控机制和持续改进机制，从而形成运行有效的评估工作组织体系，发挥评估工作在规划实施保障体系中的必要作用。

三、总体目标

至"十三五"时期末，全省高校图书馆建设和发展需整体达到如下目标：全省各高校图书馆基本建立与学校发展相适应的图书馆良性运行的管理体制机制；全省本科高校和重点高职高专院校的图书馆办馆条件达到国家相关规定标准，其他高职高专院校基本达到国家相关规定标准；全省本科高校和重点高职高专院校图书馆服务水平达到全国同等同类院校的先进水平，其他高职高专图书馆不低于全国同等同类院校的平均水平；全省各高校的文献信息保障率和文献信息利用率进一步提升，构建 CALIS 海南省中心（省教育科研数字图书馆）、高校学科文献中心、各高校图书馆三级文献信息资源保障体系和文献信息服务体系，进一步提高高校图书馆面向全省教育系统和社会用户服务的规模效益；将高校图书馆建成大数据和泛在知识环境下的知识中心、学习中心、交流中心和发展助推器，为高校教学和科研以及地方社会、经济、文化、科技事业发展提供切实的信息保障与支撑。

第三章　发展目标及主要任务

一、文献信息资源建设

（一）发展目标

依据学校人才培养目标、办学层次和规模以及学科（专业）建设发展需要，编制学校文献信息资源发展规划和建立经费投入保障机制，在各类文献信息资源均衡配置前提下保证特色资源建设，充分发挥"自我保障"与"联合保障"的互补作用，整体推进各高校图书馆、学科文献中心和 CALIS 省中心（省教育科研数字图书馆）三级文献信息资源保障体系的健全运行，使全省各高校的文献信息资源保障率和文献信息资源利用率达到区域领先水准。

（二）主要任务

1. 建立学校稳定的文献信息资源购置经费保障机制

根据教育部《高校图书馆规程》的要求，学校应建立与人才培养目标和建设规模相匹配，与学校教学、科学研究的需要相适应，以及全省高校图书馆文献信息资源整体建设要求相配套的经费保障机制，从而保证图书馆文献信息资源正常建设和持续发展所必需的文献信息资源购置经费。

同时保证学校馆藏文献信息资源总量和纸质文献信息资源的年购置量不低于国家有关规定；图书馆年文献信息资源购置经费占学校教育事业经费的比例平均达到本科院校 3%—5%、高职高专院校 2%—4%。

2. 制订文献信息资源发展规划

图书馆根据学校人才培养、科学研究和学科（专业）建设的需要，以及馆藏基础和全省文献信息资源共建共享的总体要求，依据教育部高校图工委的《普通高等学校图书馆文献资源发展政策编制指南》，制订文献信息资源发展规划和实施方案，要求各校文献信息资源发展规划于 2017 年底前完成。

3. 提升学校文献信息资源体系建设水平

优化结构、突出特色。根据学校人才培养、办学层次，以及学科（专业）建设需求，统筹纸质资源与数字资源（包括其他载体资源）、中文文献与外文文献、普通图书与连续出版物、特色文献（包括本校教学、科研资料与成果）与一般文献的采集比例，在此前提下加大力度推进特色资源建设，形成保证一般、突出重点，结构优化、特色鲜明的文献信息资源体系。

强化评价、提高效益。从"十三五"中期即 2018 年开始，建立文献信息资源统计分析年度报告制度。根据"图书馆文献信息资源发展规划"要求，充分利用文献信息资源统计数据每年至少开展一次文献采集统计分析和文献使用效益分析，并形成统计分析报告，从而不断提高新书采集率和文献利用率。

4. 构建 CALIS 省中心（省数图）——全省高校学科文献中心——各高校图书馆三级文献信息资源保障体系

各高校图书馆为基础。全省高校图书馆 1400 余万册纸质资源以及丰富的数字资源为建立三级文献信息资源保障体系提供了坚实的文献信息资源根基。随着"十三五"我省高等教育的快速发展，各校纸质图书自我保障能力将进一步提升，到"十三五"末期，实现中文图书保障率 98%、外文图书保障率 90% 的目标。

学科文献中心为重点。根据我省高校图书馆现有文献资源现状，结合我省"十三五"期间经济社会发展的需求，以及我省"十三五"高等教育发展的趋势，确定组建全省学科文献中心，为全省提供文献服务，这将极大提高我省的文献信息资源联合保障能力。

CALIS 省中心（省数图）为主导。CALIS 省中心（省数图）要充分发挥在全省高校文献资源总体布局与协调实施方面的主导作用：统一协调和规范各个层级的文献资源采集原则，特别是高品质中外文文献资源的采集原则；积极推动与支持学科文献中心及各高校馆在协调采购、特色文献及 OA 资源建设方面发挥积极作用，以形成充分发挥三个层级不同作用的文献信息资源体系，为高校教学科研以及全省文化教育科技事业发展提供服务。

二、服务体系建设

（一）发展目标

以推进图书馆从信息服务向知识服务转型为导向，以阅读推广、信息素养教育、新媒体/新技术应用为抓手，不断拓展服务新领域、新模式，打造智慧服务和知识服务空间，提供开放、多元、个性化的知识服务，实现人、资源、空间的便捷、高效链接。

（二）主要任务

1. 促进基础服务整体效益稳步增长

"十三五"期间，各馆应通过多种举措（每周开馆98小时、放宽借阅限制、改善阅读环境等）促进读者到馆阅览和借阅图书的积极性、便捷度与舒适度持续提升。同时大力开展服务数据分析和服务效果评估，依据读者阅读行为分析结果不断改进文献采选与服务策略，保障纸质文献借阅量稳中有升，使读者到馆量和电子文献的利用率大幅度增长，最终使整体服务效益达到预期水准。

2. 搭建多元化服务体系

通过整合本地及各层级共享服务资源搭建一站式知识发现平台；通过应用新媒体技术打造移动阅读、移动服务、移动推送平台，整合传统媒体和新媒体，推进线上线下服务的融合；提供包括文献信息、讲座、展览、影音鉴赏等多种服务形式在内的多元化服务，为全省高校图书馆发挥其知识中心、学习中心、交流中心等职能提供全时空服务平台。

3. 积极推动信息服务向知识服务转型

各校图书馆服务应从信息服务型逐步转向知识服务型。各高校图书馆在利用多种途径开展常规信息咨询服务的同时，根据本校具体情况大力推进面向学科（专业）建设的学科化知识服务。其中本科高校图书馆应选派学科馆员团队嵌入院系专业团队，开展全程参与的深度融合学科化知识服务，同时基于对本校学科评价和人才评价等方面需求，积极开展情报分析工作。

4. 优化馆舍空间

为了鼓励读者以开放和互动为特征的智慧学习与交流，图书馆应提供满足个性化学习、研究、文化体验的使用环境，创设以读者为主导的多样化的功能区位，并以此优化和提升图书馆的使用功能布局，构建集学习支持、研究支持、学术/知识交流、文化体验为一体的第三空间。

5. 广泛开展形式多样的阅读推广活动

各馆应将常态化的阅读推广活动与以国内外重大事件和节日为契机的主题阅读活动相结合，建立线上线下多线程推进的阅读推广模式，并以此为基础推动全省高校图书馆阅读推广主题活动联动机制。与此同时，充分发挥高校图书馆的资源优势，积极参与"海南书香节"系列活动，体现高校图书馆在全民阅读活动中的引领作用。通过全方位整合，创建校园阅读文化，创设我省高校图书馆阅读推广活动的特色品牌。

6. 多元化地开展信息素质教育

各馆应积极探索视频、讲座、参观、在线测评等多种形式，开展新生入馆教育，使每期新生入馆教育覆盖率不低于新生人数的98%。本科高校、重点高职高专院校应开设文献检索课程，有条件的图书馆可开设嵌入式信息素质教育课程以及面向研究生的相关培训或课程。与此同时，积极探索慕课教学、翻转课堂等教学新模式在文检课教学中的应用，构建集新生入馆教育活动、文献信息检索课程、主题培训、嵌入式教学及个性化指导等若干模块为一体的信息素质教育教学模式和体系。

7. 积极开展社会服务

各高校图书馆应在保障本校师生利用图书馆的前提下充分利用自身的信息资源及专业服务优势开展社会服务，发挥高校对地方经济文化科技事业的推动作用。此项服务主要包括两个方面：第一，为社会用户提供各种文献信息服务；第二，为基础条件薄弱的县区公共图书馆、社区图书馆、乡村图书馆的建设与发展提供切合需要的支持和帮助。

8. 拓展省数图服务方式　强化服务效能

CALI省中心（省数图）应率先实现服务泛在化，使省数图平台服务效益指标保持大幅度增长；在全省高校内实现异构系统馆际互借服务的基础上，加入国内外主要馆际协作网络，开展国内外馆际互借，在国内业界创设新的可持续开发的服务品牌。组织协调学科文献中心面向全省高校用户开展共享服务，同时依托一体化建设的全省高校机构知识库联盟平台，面向主要本科高校（学科文献中心所在学校）开展基于 ESI 的学科评价服务。通过横向合作，进一步提高面向全省教育系统和社会用户服务的规模效益，早日建成跨系统的省域数字图书馆联盟。

三、技术支撑体系

（一）发展目标

未来五年，技术支撑体系方面的发展应实现以下目标：利用大数据技术和云计算技术实现基于互联网＋知识服务空间的图书馆应用；以移动互联网技术为依托建设基于微信、APP 等新媒体新技术的移动图书馆系统；应用 RFID 无线射频识别技术构建图书馆智能化管理和服务平台，并初步实现全省馆际 RFID 智能化系统的互联互通；为图书馆线上线下一体化的资源/服务体系提供高效、安全、稳定的运行环境。

（二）主要任务

1. 加强信息化基础设施建设

"十三五"期间，各馆应积极参与学校的信息化建设，使图书馆的信息化建设有机纳入学校信息化统一规划和建设，分阶段逐步加强本馆的信息化基础设施条件建设，适时完成网络、计算机软硬件设施的升级换代。

2. 实现大数据的收集、应用和存储

随着大数据时代的发展和演化，大数据已经成为重要的信息资源，数据的存储、分析和应用成为图书馆的重要工作势所必然。"十三五"期间，各馆根据实际情况实现对本馆数据的分类和存档，并进行大数据的初步应用。

3. 加强新技术应用

应用虚拟化技术，按照各馆运行需求建设云存储、云桌面系统，自建或依托学校云计算平台构建图书馆云平台，实现计算资源和存储资源的共享，扩展服务职能。同时利用 RFID 技术搭建图书馆智能化管理和服务平台，实现图书自助借还服务、图书盘点系统和 3D 图书导航等拓展服务。在建设过程中，应遵循高校图书馆 RFID 技术应用联盟的相关技术规范，为全省图书

馆馆际 RFID 智能化管理系统之间的互联、互通奠定良好的基础。

4. 为泛在化服务体系提供技术支撑

以微信、APP 等新移动互联新技术为依托，结合新媒体、新技术创建和拓展图书馆虚拟服务空间，建设基于移动互联网技术的移动图书馆系统，为读者提供泛在化服务。同时适时引进业界推出的、具有前瞻性且运行稳定的新技术应用系统，为图书馆线上线下一体化的服务体系提供可靠而优良的技术支撑。

四、人才队伍建设

（一）发展目标

"十三五"期间，各校馆需根据《普通高等学校图书馆规程》（修订）的相关规定，通过多种途径提升和优化馆员队伍整体素养，努力建设一支结构合理、规模适中、敬业高效的专业人员队伍。

（二）主要任务

1. 建立结构合理、规模适中的专业队伍。

各高校图书馆需按照教育部《普通高等学校图书馆规程》相关规定建设自己的专业队伍。首先，按照相关文件要求以及自身管理与服务需求配备工作团队。具有相关学科背景的专业技术人员应达在编人员的 75% 以上，专业馆员数量应达馆员总数的 50% 以上。同时，根据相关文件规定的任职条件和专业能力的要求，选配专业能力突出、爱岗敬业的高级专业技术职务者担任图书馆馆长，同时选配若干符合任职条件且专业结构具有互补性的人员组成管理班子。

2. 提升馆员队伍素质，纳入学校培养计划

提升馆员队伍整体素质需引进与在职学习并举，各高校应将图书馆专业馆员培养纳入学校的人才培养计划，利用各种途径支持和鼓励图书馆工作人员通过在职学习和进修提高专业水准。其中本科高校图书馆工作重心是提高馆员整体专业水准，高职院图书馆的工作重心是培养高层次的专业人才和学科带头人。

3. 建立多元化培养体系

图工委组织专业团队以科研立项的方式研究制定高校图书馆专业技术人员继续教育实施方案，逐步形成内外结合的多元化培训体系：建立图书馆专业技术人员继续教育管理系统；实行继续教育登记和验证制度；建立新任馆长（含副馆长）业务研修制度；搭建图书馆专业人员联合培养平台，充分利用 CALIS 系统资源，着力与省内外图书馆及信息服务机构建立广泛合作关系，使馆员赴业内同行访学、交换、研修机制常态化；建立对馆员的敬业精神、职业能力、工作业绩、服务素质、社会认可度等要素进行考核、评估的馆员职能评价体系。

五、科学管理与学术研究

各高校图书馆应按照《普通高校图书馆规程》（修订）的要求，不断推进制度创新、管理创新进程，营造良好的学术发展空间，积极引导馆员广泛开展学术研究活动，借以不断提升馆员的整体专业水准。

（一）管理体制的优化与完善

各馆应遵循国内外图书馆业态变化趋势，不断改进和完善业务管理体制。

1. 当前高校图书馆主流服务模式已逐步转向线上/线下一体化服务，各类创新服务需要多部门协同完成，因而各馆应打通资源建设与用户服务的业务流程，积极推行以实体部门与跨部门工作团队相结合的运行管理模式；

2. 各馆在合理配置馆员队伍的同时，应根据各单位人事制度改革的进程，探索建立更具活力的人力资源管理制度（如职级制、跨部门主副岗聘用制等）的途径；

3. 按照《普通高校图书馆规程》（修订）的要求进一步优化管理体制，同时遵循相关专业标准需求，建立完备的资产管理、公共安全、档案管理、信息技术架构与系统、空间与设备运营等制度体系；

4. 建立与完善"自我评价、自我检验、自我改进"为主导的、以事实数据常态监测为主要依据的周期性评估机制，并以此为杠杆，推动服务质量保障体系及其长效机制的建立，借以确保图书馆内涵建设及服务质量的可持续提升。

（二）提升学术研究的整体水平

各馆均应以核心业务（资源建设、学习支持、研究支持、知识/学术交流）拓展与提升为导向，根据国内外图书馆界前沿动向以及本省高校图书馆工作实践确立科研发展策略以及相应研究方向，通过多种途径激励与支持馆员开展各类科研活动。为了使我省高校图书馆科研水平取得突破性进展，省高校图工委应引导各馆加强科研方面的馆际合作，优势互补；通过组建跨馆科研团队方式以争取获得更多国家级科研项目，力争取得一批对全省高校图书馆发展具有指导意义的研究成果。同时，省高校图工委应进一步推进与国内外同行交流活动，每年至少承办一次重要的国内外学术和业务交流活动；引导和组织各馆馆员积极参与国内外高层次学术交流和学术合作，以提升在业界的影响力。"十三五"期间，我省高校图书馆馆员整体科研能力与水平应得到明显提升，高层次科研项目数量、核心期刊刊载论文数量得到明显增长。具体指标为：国家级以及省部级科研立项、核心期刊发文数量，均应在"十二五"基础上明显提高 20% 以上。

第四章　实施保障

一、思想和组织保障

1. 做好规划的宣传工作，让各层次决策者和每一位馆员充分理解和把握规划的愿景、目标和任务，对可能的阻力和困难做出客观的预测，为规划的顺利实施奠定思想基础。

2. 建立科学的规划实施领导机构和组织体系，充分发挥省图工委在规划实施中的组织、协调和监督作用。

3. 将规划建设任务层层分解，落实责任主体，确保规划措施落到实处。

二、人力资源保障

1. 着力提高全省高校图书馆员工整体素质，培养和形成业务能力强、专业水平高的馆员队伍，让更多的高素质馆员成为所在学校的知识顾问，为所在学校重大建设和发展事项的决策提出意见和建议，充分发挥图书馆在学校教学科研中的重要作用。

2. 优化馆员队伍年龄结构、学历结构和职称结构，加大对年轻的高素质人才的引进力度。

3. 各图书馆根据实际情况进一步精简馆员队伍，适应图书馆数字化转型的需要，为全面落实规划任务创造条件。

三、经费保障

1. 积极争取省有关部门、所在学校在各类经费使用上对图书馆的倾斜，加大投入力度，并保持资源建设经费的增长率在10%以上，以缓解书刊、数据库价格逐年上涨的压力。

2. 积极组织申报各类科学研究项目、教学研究项目和其他建设项目，在提高科研水平和教学研究能力的同时，获得必要的建设经费。

3. 加大对外交流合作，争取更多的社会捐赠和资助，形成多元的资源建设渠道。

4. 加强经费使用管理，规范经费使用程序，优化资源配置，合理使用资源建设经费，尽量做到利益最大化。

四、反馈与评价机制

1. 建立规划实施过程的反馈受理机制，结合各图书馆的工作总结、事实数据库和自我评价等材料，及时了解和把握规划实施状况，为完善规划和顺利实施规划提供参考。

2. 对规划的实施状况进行科学评价，对规划中的阶段性的工作应及时启动评价活动，掌握师生在教学科研工作中对图书馆提供服务的满意度。在规划实施中期进行中期检查，根据实施情况和现实需要，适时对规划进行合理调整。

3. 规划实施期限届满，组织专家对规划实施情况进行全面评估。

海南省高等学校图书馆评估指标体系
（2005、2010 年）

一级指标	二级指标
A. 办馆条件	A1 体制
	A2 人员
	A3 经费
	A4 馆藏
	A5 馆舍
B. 文献资源建设	B1 文献采集
	B2 文献加工与整序
	B3 文献保存维护
	B4 资源共建
C. 自动化、网络化、数字化建设	C1 硬件
	C2 系统软件
	C3 应用软件
D. 读者服务	D1 基本服务
	D2 信息咨询服务
	D3 信息素质教育
	D4 读者评价
E. 科学管理	E1 行政管理
	E2 规章制度
	E3 业务统计
	E4 学术研究

海南省高等学校图书馆评估指标体系内涵及评分标准

办馆条件（人）　指标值100

二级指标	权重	三级指标	权重	内涵说明及评分标准	
				本科院校	专科院校
A1 体制	0.10	A11 领导体制	0.40	有主管副校（院）长分管图书馆工作，20分，没有不记分； 图书馆工作纳入学校年度工作计划，重大事项由校（院）长办公会研究决定，25分，缺少一项减少5分； 成立符合《规程》要求的图书馆工作委员会①，10分，不符减少5分，没有不记分； 图书馆工作委员会按《规程》和本校（院）图工委《章程》要求发挥作用，20分，不符视情况减分； 馆长符合《规程》的相关规定，25分，不符视情况减分	同左
		A12 组织机构	0.40	组织机构设置科学合理，符合现代化服务功能要求和馆图书馆工作流程，40分，一项不符减少10分； 各机构职责明确合理，30分，一项不符减少10分； 部（室）主任具有中级以上称职或本科以上学历，了解本部门或相关学科的发展趋势，具有管理本部（室）工作的能力，工作卓有成效并有创新，30分，一项不符减少10分	同左

280

续表

二级指标	权重	三级指标	权重	内涵说明及评分标准	
				本科院校	专科院校
		A13 图书情报工作整体化	0.20	分馆设置管符合《规程》规定，20分，不符视情况减分（未设分馆不减分）；院系资料室符合《规程》规定，实行统一的业务和服务制度，40分，不符视情况减分；院系资料室面向全校开放，实行资源共享，40分，不符视情况减分	校园网规划与建设符合学校整体信息化建设要求，20分，不符视情况减分；其余同左第二、第三条
A2 人员	0.15	A21 队伍建设规划	0.20	有符合教育部要求的定编或符合校情并根据图书馆实际需要设置合理的人员定编，40分，不符不记分；有在职培训、进修计划和具体措施，并能按期落实，60分，不符视情况减分	同左
		A22 工作人员数量	0.20	符合定编人数，在编人数不大于或不小于定编数10%，40分，不符视情况减分；每超过5%减少20分；队伍精干高效，20分，不符视情况减分；年龄结构基本合理，50岁以上不超过15%，30—49岁不超过55%—60%，18—29岁不低于25%—30%，40分，不符视情况减分	同左
		A23 专业人员素质	0.60	学历结构：大专以上达到80%，本科以上达到60%，研究生达到3%，30分，不符视情况减分；专业结构：图书情报、信息管理及计算机相关专业达30%，本校主要学科专业达到30%，同时掌握图书馆学和一门其他学科知识达到40%，40分，不符视情况减分	学历结构：大专以上达到80%，本科以上达到50%，30分，不符视情况减分；

续表

二级指标	权重	三级指标	权重	内涵说明及评分标准	
				本科院校	专科院校
A3 经费	0.30			职称结构：本专业高级职称达到15%，中级职称达到40%，20分，不符视情况减分。具有应用信息技术能力（根据不同部门和岗位的专业要求，现场抽查测试）和敬业精神（年度考核称职达到100%以上），10分，不符视情况减分	职称结构：本专业高级职称达到10%，中级职称达到40%，20分，不符视情况减分；其他同左
		A31 校拨正常经费	0.60	文献购置费及自动化建设经费列入学校预算，20分；文献购置费占全省拨教育事业费5%以上，30分，每降低1%减少10分，低于3%不记分；图书经费近五年逐年增长，平均增长比例与学校扩招比例相协调，20分，不符视情况减分；有自动化设备设施、家居购置费和设备设施维护费，20分，不符视情况减分；有进修培训费和办公经费，10分，不符视情况减分	公办体制以外的学校按校总经费5%下拨文献资料购置费，30分，每降低1%，减少10分，低于3%不记分；其余同左
		A32 其他来源经费	0.10	占校拨正常经费超过20%，100分，每降低1%减少5分，没有不计分	没有不减分
		A33 经费使用	0.30	经费按预算执行，由图书馆统筹安排，按合理使用，20分；文献资源购置费使用合理，按符合校情的书刊比例和中外文比例，纸质文献和电子文献的比例建设馆藏，40分，不符视情况减分；接受审计情况好，40分	同左

续表

二级指标	权重	三级指标	权重	内涵说明及评分标准	
				本科院校	专科院校
A4 馆藏	0.15	A41 生均文献量	1.00	生均纸质文献拥有量及生均年进书量（册）达标[2]，100 分，每降低 10% 减少 20 分，低于 50% 不计计分	同左
A5 馆舍	0.30	A51 独立馆舍	0.40	有独立专用馆舍，20 分，只有相对独立馆舍，10 分，没有不记分；生均馆舍建筑面积达标[3]，70 分，每降低 10% 减少 10 分，低于 60% 不记分；有独立计算机机房，10 分，只有相对用房，5 分，没有不记分	同左
		A52 阅览座位	0.40	阅览座位与学生数之比 1∶5，100 分，1∶6，80 分，1∶7，70 分，1∶8，50 分，1∶9，40 分，1∶10，20 分	阅览座位与学生数之比 1∶6，100 分，未达到参考左
		A53 设施与环境	0.20	图书馆专用设备及办公家具满足业务及办公需要 20 分，不足视情况减 10—15 分；有防暑防灾（水、火、虫）设施，20 分，没有视情况减分；计算机或网络室有防尘、防雷设施，20 分，没有视情况减分；阅览室照明度符合规定（150lx）[4]，20 分，不达标不记分；绿化、美化、卫生好，20 分，不符视情况减分	同左

办馆水平（B—E） 指标值100

一级指标	权重	二级指标	权重	三级指标	权重	内涵说明及评分标准	
						本科院校	专科院校
B 文献资源建设	0.25	B1 文献采集	0.35	B11 采集工作	0.30	有全校（院）文献信息资源建设规划和年度采购计划，20分，不符视情况减分； 采集符合规划，并根据实际能做出相应的调整，20分，不符视情况减分； 设立专家选书小组或学科馆员选书小组，并能发挥作用，20分，不符视情况减分； 采集方式多样化，20分，不符视情况减分； 有准确的采集数据记录，验收手续完备，20分，不符视情况减分	同左
				B12 馆藏情况	0.40	纸质文献生均年进书量（册）达标⑤，50分，每降低10%减10分； 电子文献购置经费占文献购置费的25%，30分，每降低2%减5分； 现刊订购的种数与在校生数之比达到40%（电子版去重后按1:1换算），20分，每降低1%减1分，低于20%不计分	现刊种数与在校生数之比达到30%，20分，每减少1%减少2分，低于20%不计分 其他同左
				B13 文献资源整合	0.15	对馆藏实体资源（印刷、电子资源）和相关的网上虚拟资源进行有效的整合，形成网上统一的馆藏体系，100分，不符视情况减分	同左

续表

一级 指标	权重	二级 指标	权重	三级 指标	权重	内涵说明及评分标准	
						本科院校	专科院校
				B14 文献资源特色	0.15	文献资源符合学校学科建设和教学科研需要，专业文献达到70%，60分，不符视情况减分； 长期积累形成具独特色的馆藏体系，25分，不符视情况减分； 完整收藏本校的以及与本校有关的出版物和学术文献，15分，不符视情况减分	同左
		B2 文献加工与整序	0.25	B21 加工周期	0.20	加工周期（文献从验收到加工工序以外，联机编目下载数据每人每天完成70条记录，50分，不符视情况减分（或除验收以外，包括加工联机编目下载数据每人每天完成160册，自编数据每人每天完成140册，50分，不符视情况减分； 现刊3天以内，30分，每超过1天减5分； 电子文献（含更新版）15天以内，20分，不符视情况减分	同左

续表

一级指标	权重	二级指标	权重	三级指标	权重	内涵说明及评分标准	
						本科院校	专科院校
				B22 标准化程度	0.10	采用《中图法》（第四版）分类，25分，不用不计分；采用《汉语主题词表》或相关的专业主题词表标引，25分，不用不计分；采用《文献著录总则》及相关的《普通图书著录规则》、《连续出版物著录规则》、《非书资料著录规则》等国家标准著录，30分，一项不合格减10分；采用《中国机读目录通讯格式》建立书目数据库，20分，不用不计分	同左
				B23 书目数据库质量	0.20	文献著录和书目数据格式准确、规范，差错率低于1%，40分，每超过1%减20分；文献分类规范，标引差错率低于1%，20分，每超过1%减4分；书目数据有主题标引，并体现专业标引深度，20分，一条记录无主题标引或标引不规范，减2分；1995年以后的书目数据（文学类除外）著有提要项，20分，一条记录无提要项，减2分	同左

续表

一级指标	权重	二级指标	权重	三级指标	权重	内涵说明及评分标准	
						本科院校	专科院校
				B24 揭示报道	0.30	有完备的网上文献报道（包括显示书目记录的提要项）检索体系和工具，便于利用，25分，不符视情况减分； 总馆、分馆和各资料室统一建库、报道和网上检索，20分，不符视情况减分； 随时报道新入库文献信息，定期发布新书宣传或导读，10分，不符视情况减分； 在网上发布数据库和其他文献信息及使用方法的介绍，10分，不符视情况减分； 自建特色资源数据库在校园网上开放使用，且运行良好，15分，未上网不计分； 整合馆藏印刷资源和数字资源，建立统一的揭示和报道体系，20分，不符视情况减分	同左
				B25 数据库建设	0.20	书目数据完成馆藏量（含各资料室）的90%以上，60分，每降低5%减少10分，低于70%不计分； 有特色资源库建设总体规划，有专人实施，特色资源库至少1个，20分，未建库不计分； 特色库年有一定数据量，年更新率在10%以上，20分，不符视情况减分	同左

续表

一级指标	权重	二级指标	权重	三级指标	权重	内涵说明及评分标准	
						本科院校	专科院校
		B3 文献保存维护	0.20	B31 纸质文献典藏管理	0.30	馆藏文献布局合理，标识清晰，20分，不符视情况减分； 排架有序，开架乱架率低于2%，30分，每超过1%减5分（按末位级排架，乱架率低于6%，20分，每超过1%减1分） 一般文献6年清点一次，30分，不符视情况减分； 特色文献和珍贵文献每年清点一次，保存完好，20分，不符视情况减分	同左
				B32 其他载体文献管理	0.30	标识清晰，排列合理，35分，不符视情况减分； 馆藏电子资源每年清点一次，监测其可用性，40分，不符视情况减分； 有长期保存的环境，25分，不符视情况减分	同左
				B33 数据库维护与更新	0.40	馆藏各种数据备份（在线、异地、增量等）及时、完备、安全，未发生数据损毁情况，40分，每发生一次事故减10分； 各种数据库及时或定期更新，30分，不符视情况减分； 保证书目数据与资源的一致性，30分，不符视情况减分	同左

续表

一级指标	权重	二级指标	权重	三级指标	权重	内涵说明及评分标准（本科院校）	专科院校
		B4 资源共建	0.20	B41 文献采购协调	0.40	根据地区或系统文献资源布局的统筹安排，协调采购，40分，不符视情况减分；根据需要参与相关资源的集团采购，30分，不符视情况减分；外文期刊参与省际或地区的协调采购，30分，不符视情况减分	同左
				B42 文献加工合作	0.60	参与联机编目，并成为CALIS中心的成员馆，B级以上，40分，C级30分，D级20分，不加入CALIS中心不计分；承担特色数据库等数字资源建设项目，并能按计划完成任务，60分，不符视情况减分	同左
C 自动化、网络化、数字化建设	0.30	C1 硬件	0.40	C11 服务器	0.25	图书馆集成系统服务器2台，配置在"2×1G/1G/2×73G"以上，40分，少1台减少20分；WEB服务器1台，配置在"2×2G/2G/2×73G"以上，20分；磁盘阵列服务器2台，配置在"2×2G/2G/2×73G"以上，40分，少1台减少20分	同左

续表

一级指标	权重	二级指标	权重	三级指标	权重	内涵说明及评分标准	
						本科院校	专科院校
				C12 工作站	0.20	用于业务工作的工作站满足要求，20分；无偿提供检索和阅读馆藏电子资源源微机量与在校生人数比例：馆藏电子图书30册/生以上，达到4‰以上，馆藏电子图书20—30册/生，达到3‰以上，馆藏电子图书20册/生以下，达到2‰以上，50分，每降低1‰减少15分；设备完好率95%以上，30分，每降低5%减少10分	同左
				C13 网络设备	0.15	建好局域网，且能满足馆内工作和读者检索者的需要，20分；通过CERNET或电信网与INTERNET相连，20分；主干带宽1000M，20分，100M，5分；桌面带宽100M，20分，10M，5分；信息点目前满足目前需要并有一定数量的预留，20分	主干带宽100M，20分，小于100M，5分；桌面带宽10M，20分，小于10M，5分；其余同左
				C14 其他设备	0.20	存储设备大于2T，40分，2T以下，30分；高性能扫描仪1台，配置在"48-bit，1200dpi光学分辨率，30页/分"以上，20分，不符视情况减分；数码摄像机1台（像素在500万以上），20分，少1台减少10分；数码相机1台（像素在300万以上），少1台减少10分；UPS2台，配置在4小时，15KVA以上，10分，少1台减少5分；复印机、打印机满足要求，10分	同左

续表

一级指标	权重	二级指标	权重	三级指标	权重	内涵说明及评分标准	
						本科院校	专科院校
				C15 电子阅览室设备	0.20	电子阅览室多媒体微机数量与在校生人数比例；5000人以上达2%以上，5000人以上达1%以上，70分，每降低10%减10分；使用软件管理，且有设备统计、人数统计和计费统计功能，20分；配备打印机、扫描仪、刻录机，10分，每少1种减少3分；	同左
		C2 系统软件	0.15	C21 服务器操作系统	0.20	系统类型为最新版本，40分，不符视情况减分；系统满足要求，60分，不符视情况减分；	同左
				C22 网络管理系统	0.50	系统类型满足最新版本，30分，不符视情况减分；保证系统安全，30分，每出一次故障减少10分；	同左
				C23 数据库管理系统	0.30	系统类型为最新版本，40分，不符视情况减分；系统满足要求，60分，不符视情况减分；	同左
		C3 应用软件	0.45	C31 集成管理系统	0.30	使用统一的ILASII系统，系统更新及时，开放性好，网络服务功能性强，20分；系统功能齐全，各子系统完备（采访、编目、流通典藏、连续出版物、公共检索系统等），40分，每缺一个子系统减5分；使用联机检索，馆际互借功能，40分，少1项减少20分；	同左

一级指标	权重	二级指标	权重	三级指标	权重	内涵说明及评分标准	
						本科院校	专科院校
D 读者服务	0.35	D1 基本服务	0.40	C32 WEB应用	0.40	主页栏目设置合理，逻辑结构清晰，网页功能完备、方便，界面美观，30分； 内容有馆情介绍、文献服务信息（读者信息查询、新书通报、电子资源信息、网络资源导航等）等，50分，少1项减少5分； 内容更新及时，有专人维护更新，10分，没有不记分； 有点击人数统计，10分，没有不记分	同左
				C33 数字化软件	0.30	使用先进的应用软件，系统功能齐全，更新及时，20分； 元数据标引规范，30分； 信息检索点多，10分； 熟练掌握文献从扫描到发布流程，40分	同左
				D11 开放时间	0.20	书刊阅览服务时间70小时/周以上，30分； 网上资源服务和计算机书目检索（OPAC）服务时间24小时/天，30分； 文献外借时间42小时/周以上，20分； 寒暑假外借时间7小时/周以上，20分； 以上各项指标分别低于指标分别不计分	同左

续表

一级指标	权重	二级指标	权重	三级指标	权重	内涵说明及评分标准	
						本科院校	专科院校
				D12 开架率	0.10	开架服务的书刊占全部馆藏文献的比例80%以上，100分，每降低5%减少20分	同左
				D13 文献利用	0.30	年读者借书量30册/人以上，40分，低于15册/人不记分；年读者到馆阅览次数30次/人以上，40分，每降低10次/人减少15分；年电子书刊访问量，点击100次/人以上，20分；	同左
				D14 网上服务	0.15	网上预约、催还和续借服务，网上电子公告、论坛园地，读者意见箱，网上参考咨询服务等每项10分，最高80分；有主页点击统计，20分	同左
				D15 馆际互借	0.15	馆际互借图书，按册计算，每10册1分，最高60分；配有专人负责操作，15分；配有专用设施，15分；定期通报网络情况，10分	同左
				D16 其他服务	0.10	向社会读者提供文献信息服务，20分；开展各类学术活动（举办各类学术讲座、报告会、研讨会等），按次计分，每次4分，最高20分；举办各类培训教育，每次4分，最高20分；开展各类文化活动（文化展示、专题展览会等，20分；提供其他辅助性服务（如提供餐饮服务、娱乐休闲活动、售书、文化用品等），20分	同左

续表

一级指标	权重	二级指标	权重	三级指标	权重	内涵说明及评分标准	
						本科院校	专科院校
		D2 信息咨询服务	0.20	D21 信息咨询	0.40	咨询服务项目（如一般咨询、定题服务、查新检索、课题检索等），每项5分，最高50分；开展网上参考咨询服务，20分；需求满足率80%以上，30分，每降低10%减5分，低于60%不记分	同左
				D22 学科导航	0.25	内容涵盖本校重点学科，内容描述、分类组织规范，50分，少一个学科减少5分；每个学科收录网站数达100个以上，30分，每少20个减10分；有用户反馈信息，包括点击点数，提供站点等，有专人维护更新，20分	同左
				D23 文献传送	0.25	通过馆际合作获取并向读者提供学术论文、标准、专利、技术报告和学位论文等文献资料的传递量，按页算分，每20页1分，50分，最高50分；需求满足率80%以上，50分，每降低10%，减少15分，低于60%不记分	同左
				D24 信息编译报道	0.10	年印发或网上推送发布的编、译文献篇数，每篇2分，最高100分	同左

续表

一级指标	权重	二级指标	权重	三级指标	权重	内涵说明及评分标准	
						本科院校	专科院校
		D3 信息素质教育	0.30	D31 读者入门教育	0.35	年接受教育读者数（按新读者比例算分）100% 为 40 分，每降低 1% 减少 2 分，低于 80% 不记分；编印读者手册，并免费发给每一个新读者，20 分；培训教案统一完整，且适时修订，有教学辅助课件，有考核，20 分；培训课件挂在主页上，20 分	同左
				D32 文检课教育	0.35	年听课人数（按占在校生比例算分），达到 5% 以上为 40 分，每降低 1% 减少 10 分；教学与实习并重，有实习环节并效果显著，20 分；通过考试人数，按占听课人数比例，达到 80% 为 20 分，每降低 10% 减少 10 分；有专兼职相结合的教师队伍，使用适用教材，20 分	同左
				D33 素质培养的其他环节	090	网上发布馆藏文献资源使用说明，40 分；印发各种相关书面资料并免费供读者取阅，20 分；提供专题或个性化培训和辅导，20 分；举办导读宣传栏，按次算 4 分，每次 4 分，最高 20 分	同左
				D34 学生参与服务	0.10	根据需要使用学生工辅助管理，用工合理，80 分；学生服务效果，"好"为 20 分，"中"为 10 分，"差"不记分	同左

续表

一级指标	权重	二级指标	权重	三级指标	权重	内涵说明及评分标准	
						本科院校	专科院校
		D4 读者评价	0.10	D41 与读者沟通及改进工作	0.50	通过读者座谈会、问卷调查等形式向读者征询意见，定期或根据需要及时召开读者座谈会及问卷调查次数，每次5分，最高20分；有书面会议纪要或公布调查结果，最高20分；有实物意见箱、随时收集意见并有反馈，20分；有专人负责处理读者意见，并根据调查结果和意见改进工作，40分	同左
				D42 馆务公开及读者满意度	0.50	馆务公开、岗位职责和在岗人员公示，有关读者服务事务公开、接受监督评判，最高10分，不符视情况减分；读者对馆藏满意度，最高30分，不符视情况减分；服务水平和服务态度满意度，最高40分，不符视情况减分；设备满意度，最高20分，不符视情况减分	同左
E 科学管理	0.10	E1 行政管理	0.30	E11 目标管理	0.25	有远期建设规划，30分，不符视情况减分；有年度工作计划、总结，30分，不符视情况减分；规划、计划落实执行较好，40分，不符视情况减分	同左
				E12 人事管理	0.25	实行岗位聘任，30分，不符视情况减分；实行岗位责任制管理，有绩效考核制度并组织实施，70分，不符视情况减分	同左

续表

一级指标	权重	二级指标	权重	三级指标	权重	内涵说明及评分标准	
						本科院校	专科院校
				E13 民主管理	0.25	馆员参与馆内重大决策，如制订规划、计划和规章制度，40分，不符视情况减分；年度考核、总结、奖惩、财务等透明、公开，40分，不符视情况减分；坚持民主生活会制度，20分，不符视情况减分	同左
		E2 规制度	0.20	E14 办公自动化管理	0.25	管理系统功能完备，包括档案管理、人事管理、财务管理、设备财产管理、科研管理和考勤管理等，60分，不符视情况减分；网络服务能力强，系统安全性能好，40分，不符视情况减分	同左
				E21 业务规章制度	0.35	有完备成文的业务规章制度，包括文献采访方案、分类编目细则、流通管理规则、报刊管理规定、参考咨询细则、应用系统管理条例等，60分，缺一项减10分；定期检查、修订，执行效果好，40分，不符视情况减分	同左
				E22 服务规章制度	0.35	有完备成文的服务规章制度，包括书刊借阅规则、馆际互借实施细则、电子网览室管理制度、复印、刻录管理规定、服务公约等，60分，缺一项减10分；定期检查、修订，执行效果好，40分，不符视情况减分	同左

续表

一级指标	权重	二级指标	权重	三级指标	权重	内涵说明及评分标准	
						本科院校	专科院校
				E23 管理规章制度	0.30	有完备成文的管理规章制度，包括人员岗位职责、考核制度，奖惩制度，以及财务、设备、安全卫生等管理规章，60分，定期检查、修订，缺一项减10分；执行效果好，40分，不符视情况减分	同左
		E3 业务统计	0.20	E31 统计数据	0.50	各种统计数据完备，准确（根据"全国高校图工委的事实数据库"要求），80分，不符视情况减分；每年按要求填报数据报表并如期上报，20分，不符视情况减分	同左
				E32 档案资料	0.50	每年各类档案整理及时、完备、系统、包括文书档案、人事档案、财务档案、资产档案和科研档案等，60分，缺一项减10分；定期向校（院）上报档案，用以备份，利用便捷安全，40分，不符视情况减分	同左
		E4 学术研究	0.30	E41 学术成果	0.40	在海外发表学术论文，最高20分，每篇/年15分；在国内发表学术论文，最高20分；国家级专业刊物，每篇/年10分，专业核心刊物，每篇/年5分，省内学术刊物，每篇/年3分；出版学术著作，最高30分，按奖项记分，省部级奖，二等奖，每部/年20分；获奖最高30分，三等奖，每项/年25分，三等奖，每项/年15分，学会或校级奖，最高10分，每项/年5分	同左

续表

一级指标	权重	二级指标	权重	三级指标	权重	内涵说明及评分标准	
						本科院校	专科院校
				E42 学术会议	0.15	主办国际学术会议，最高 40 分，每次/年 20 分； 主办国内学术会议，最高 30 分，每次/年 15 分； 主办省内学术会议，最高 20 分，每次/年 10 分； 主办学校或馆内学术会议，最高 10 分，每次/年 5 分	同左
				E43 科研课题	0.25	完成省级以上课题，最高 45 分，每个/年 20 分； 完成校级课题，最高 40 分，每个/年 10 分； 完成馆级课题，最高 15 分，每个/年 5 分	同左
				E44 学术组织成员	0.20	参加学术团体，最高 50 分：国际学术团体，20 分/个，国内学术团体，10 分/个，省内学术团体，5 分/个； 在学术团体任职，最高 50 分：国际学术团体，20 分/个，国内学术团体，10 分/个，省内学术团体，5 分/个	同左

注：

①教育部《普通高等学校图书馆规程（修订）》（教高〔2002〕3 号），2002 年 2 月 21 日

②教育部《普通高等学校基本办学条件指标（试行）》（教发〔2004〕2 号），2004 年 2 月 4 日

③教育部 1992 年修订的《普通高等学校规划面积定额》

④1999 年中华人民共和国行业标准《图书馆建筑设计规范》、《实用供配电技术手册》刘介才 北京水利电出版 2003 年 1 月 《民用建筑电气设计手册》戴瑜兴 中国建筑工业出版社

⑤教育部《普通高等学校图书馆规程（修订）》（教高〔2002〕3 号），2002 年 2 月 21 日

2015 年海南省高等学校图书馆 "十二五" 建设审核评估方案

海南省高等学校图书馆 "十二五" 建设审核评估方案（2015 年）

项　目	要　素	要点与说明
1. 办馆条件	1.1 馆舍	馆舍总面积：总馆（中心馆）、分馆（资料室）、流动图书馆、外部服务点。 在建馆舍设计建筑面积与预计启用时间。 生均馆舍面积。（附学生总人数及各类学生数）
	1.2 资源	馆藏文献资源总量：实体资源与电子资源的总量。 各类馆藏文献资源：图书（中外文纸质、电子）、期刊（中外文纸质、电子）、非书资料（中外文实体资源）、其他电子资源（中外文数据库等）。 生均图书：依据教育部教发〔2004〕2 号文件要求（标准见表一、表二）。 近五年新增文献资源：按年度分类统计。 生均年进书量：依据教育部教发〔2004〕2 号文件要求（标准见表三）。
	1.3 人员	工作人员总数：在编人员、合同制人员、临时聘用人员、勤工助学人员等人数，其中临时聘用人员、学生助理和义务馆员按工作时间累计，折算成等同全职人员数量。 在编人员数量：在编人员数量符合学校发展需要。

300

续表

项 目	要 素	要点与说明
		其他人员数：合同制人员，临时聘用人员，勤工助学人员等人数。
		人员变更：近五年人员变更情况。
		人员结构：性别、年龄、学历、专业、职称等结构。
	1.4 经费	校拨正常总经费：文献资源购置费、文献资源加工费（装订、数字化加工等费用）、设备资产购置费、设备设施维护费、办公经费。
		文献资源购置费：预算内文献资源购置费符合学校教学与科研发展需求，分年度统计近五年各类文献资源购置经费及比例。
		设备设施购置和更新维护费：适应图书馆服务和办公需求。
		人员培训经费：人员培训学习经费。
		其他经费：专项经费，外筹资金（捐赠，合作项目经费），创收经费等。
	1.5 设备设施	信息化基础设施：生均工作站，图书馆管理系统，主要设备（交换机、服务器等），网络环境（接入网络、主干网带宽、桌面接入带宽，无线网络等），新技术应用等。
		生均座位数：阅览座位量及生均数。
		基本服务与办公设备设施：满足图书馆服务与工作需要。
		文献存储与服务空间：满足图书馆服务需要。

续表

项　目	要　素	要点与说明
2. 服务与效益	2.1 基本服务	文献服务：开馆时间，到馆人次，人均到馆人次。（附读者总人数；教师人数，折合在校生人数） 资源利用：分年度统计书刊借（阅）量，人均书刊借（阅）量，馆际互借量，文献传递量，电子资源阅览量，人均电子资源阅览量，电子资源下载量，人均电子资源下载量。 阅读推广：常态化阅读推广活动的形式、规模、效果与机制，宣传导读（读书会）、学术讲座（研讨会），文化展览等特色阅读推广活动。
	2.2 网络信息服务	网络服务：图书馆网站平台功能齐全，服务项目多样（新书荐购与发布，网上预约催还续借，馆际互借文献传送服务、电子论坛和意见箱，协同信息咨询等），文献信息资源导引与推送服务，远程访问图书馆服务，购荐等移动图书馆服务，新书发布，开展信息推送。 移动服务：通过无线网络平台（微信、微博等）开展信息推送，购荐等移动图书馆服务，提供移动设备等新技术手段及时。 参考咨询：科技查新，定题服务，查收查引。 学科（专业）服务：以各种形式开展的学科服务。
	2.3 教育与培训	资源共享：参与共建省数字图书馆，利用省数字图书馆资源及各种渠道资实现资源的共知共享；挖掘 OA 开放资源等免费网络资源，为用户推送服务。 信息素质教育（文检教学，新生入馆教育，专题讲座与培训）：信息素质教育课听课总人数，必修人数、选修人数，任课教师人数（包括专职与兼职），开设课程数（门），新生入馆教育时数与形式，听讲课人数，以及信息资源利用网络培训课件数量（件）；专题培训与讲座的次数，参加总人次数，以及突出效果等。

续表

项 目	要 素	要点与说明
3. 科学管理	3.1 理念与目标	理念与目标：办馆定位、办馆理念、发展目标清晰，符合学校教学科研发展要求。
	3.2 机构与制度	机构设置：符合图书馆服务与发展需要，馆领导班子配备及建设情况。
		制度建设：有健全的规章制度（业务、服务和管理等规章制度），注重图书馆文化建设。
	3.3 质量与效率	质量监控：完成"十二五"规划目标任务情况；建立质量监控长效机制，主要工作环节和服务环节有明确检测标准和检查措施。
		制度执行情况：严格执行规章制度，图书馆运行平稳有序。
		数据填报：按期填报"教育部高校图书馆读者服务数据"和"海南省高校图书馆读者服务月报表"。
		数据利用：及时客观公布主要服务数据，认真分析统计数据（馆藏结构与学科专业的适应度、读者阅读趋势等），建立信息反馈机制。
	3.4 科研成果	科研成果：论文（含学术会议征文）、专著、项目、成果、获奖（成果奖及其他奖项）。
特色发展		指在长期办馆过程中积淀形成的、本馆特有的，优于其他同类图书馆的独特优质风貌；服务学校及社会作用较大、效果显著，有一定的稳定性，在业界及社会上有一定影响并得到公认。学校可自行选择特色的补充项目。

表一 基本办学条件指标：合格

本 科

学校类别	生师比	具有研究生学位教师占专任教师的比例（%）	生均教学行政用房（平方米/生）	生均教学科研仪器设备值（元/生）	生均图书（册/生）
综合、师范、民族院校	18	30	14	5000	100
工科、农、林院校	18	30	16	5000	80
医学院校	16	30	16	5000	80
语言、财经、政法院校	18	30	9	3000	100
体育院校	11	30	22	4000	70
艺术院校	11	30	18	4000	80

高职（专科）

学校类别	生师比	具有研究生学位教师占专任教师的比例（%）	生均教学行政用房（平方米/生）	生均教学科研仪器设备值（元/生）	生均图书（册/生）
综合、师范、民族院校	18	15	14	4000	80
工科、农、林院校	18	15	16	4000	60
医学院校	16	15	16	4000	60
语言、财经、政法院校	18	15	9	3000	80
体育院校	13	15	22	3000	50
艺术院校	13	15	18	3000	60

注：1. 聘校外教师经折算后计入教师总数，原则上聘请校外教师数不超过专任教师总数的四分之一。

2. 凡生师比指标不高于表中数值，且其他指标不低于表中数值的学校为合格学校。

表二　基本办学条件指标：限制招生

本　科

学校类别	生师比	具有研究生学位教师占专任教师的比例（%）	生均教学行政用房（平方米/生）	生均教学科研仪器设备值（元/生）	生均图书（册/生）
综合、师范、民族院校	22	10	8	3000	50
工科、农、林、医学院校	22	10	9	3000	40
语文、财经、政法院校	23	10	5	2000	50
体育院校	17	10	13	2000	35
艺术院校	17	10	11	2000	40

高职（专科）

学校类别	生师比	具有研究生学位教师占专任教师的比例（%）	生均教学行政用房（平方米/生）	生均教学科研仪器设备值（元/生）	生均图书（册/生）
综合、师范、民族院校	22	5	8	2500	45
工科、农、林、医学院校	22	5	9	2500	35
语文、财经、政法院校	23	5	5	2000	45
体育院校	17	5	13	2000	30
艺术院校	17	5	11	2000	35

表三 监测办学条件指标：合格要求

学校类别	本科							高职（专科）						
	具有高级职务教师占专任教师的比例(%)	生均占地面积(平方米/生)	生均宿舍面积(平方米/生)	百名学生配教学用计算机台数(台)	百名学生配多媒体教室和语音室座位数(个)	新增教学科研仪器设备所占比例(%)	生均年进书量(册)	具有高级职务教师占专任教师的比例(%)	生均占地面积(平方米/生)	生均宿舍面积(平方米/生)	百名学生配教学用计算机台数(台)	百名学生配多媒体教室和语音室座位数(个)	新增教学科研仪器设备所占比例(%)	生均年进书量(册)
综合、师范、民族院校	30	54	6.5	10	7	10	4	20	54	6.5	8	7	10	3
工、农、林、医学院校	30	59	6.5	10	7	10	3	20	59	6.5	8	7	10	2
语文、财经、政法院校	30	54	6.5	10	7	10	4	20	54	6.5	8	7	10	3
体育院校	30	88	6.5	10	7	10	3	20	88	6.5	8	7	10	2
艺术院校	30	88	6.5	10	7	10	4	20	88	6.5	8	7	10	3

备注：1. 凡教学仪器设备总值超过1亿元的高校，当年新增教学仪器设备值超过1000万元，该项指标即为合格。

2. 凡合格在校生超过30000人的高校，当年进书量超过9万册，该项指标即为合格。

3. 年龄结构按"50岁以上、30—49岁、30岁以下"划分。

海南省高校图书馆（2004 年—2015 年）科研成果统计类别一览表

序号	科研成果统计类别名称
1	海南省高校图书馆（2004 年—2015 年）核心期刊科研论文统计汇总表
2	海南省高校图书馆（2004 年—2015 年）学术著作统计汇总表
3	海南省高校图书馆（2004 年—2015 年）立项、在研、结题科研项目统计汇总表
4	海南省高校图书馆（2004 年—2015 年）业绩成果统计汇总表
5	海南省高校图书馆（2004 年—2015 年）科研成果获奖一览表

海南省高校图书馆（2004 年—2015 年）
核心期刊科研论文统计汇总表

海南大学图书馆核心期刊论文（共计 72 篇）

序号	论文名称	作者	著作方式	刊物（名称）	发表时间（期号）
2004 年论文（8 篇）					
1	随刊附盘资料管理刍议	黄海燕	独著	情报资料工作	2004（4）
2	图书馆信息服务中的知识产权问题	吉家凡	独著	现代情报	2004（5）
3	网络环境下的海南省高校图书馆馆际互借现状分析	李春	独著	现代情报	2004（7）
4	图书馆"书附光盘"流通管理利弊分析	李春	独著	现代情报	2004（6）
5	高校图书馆数字文献中心功能定位及其资源建设	李哲汇	独著	图书情报知识	2004（8）
6	整体推进 突出特色——海南省高校图书馆数字化建设	李哲汇	独著	图书馆建设	2004（4）
7	网络化图书馆与用户的关系	黄晓英	独著	图书馆论坛	2004（6）
8	基于 PHP 和 MySQL 技术的导航系统	黄晓英	第一作者	情报杂志	2004（12）

308

续表

序号	论文名称	作者	著作方式	刊物（名称）	发表时间（期号）
2005 年论文（1 篇）					
9	编目经验谈	蔡瑞平	第一作者	图书馆建设	2005（5）
2006 年论文（7 篇）					
10	再谈编目经验	蔡瑞平	第一作者	图书馆建设	2006（5）
11	信息行为选择的向量空间优化研究	钟哲辉	独著	情报杂志	2006（9）
12	地方学者信息服务平台建设模式——以海南学者服务网为例	钟哲辉	第一作者	大学图书馆学报	2006（2）
13	海南大学图书馆推行全面质量管理探析	张玲	第一作者	现代情报	2006（3）
14	繁体字版中文图书检索途径初探	卢莉华	独著	图书馆杂志	2006（5）
15	高校图书馆为企业自主创新提供信息服务的思考	张红霞	独著	图书馆论坛	2006（5）
16	图书馆数字化进程与文化管理理念	李哲汇	第一作者	情报资料工作	2006（2）
2007 年论文（11 篇）					
17	改进海南高校图书馆服务现状的思考	黄晓英	第一作者	图书馆论坛	2007（6）
18	论海南省高校图书馆"海南特色文献数字资源库"建设	李春	第一作者	大学图书馆学报	2007（6）
19	ISO9000 质量管理体系在海南大学图书馆有效运行	李春	第一作者	大学图书馆学报	2007（1）

续表

序号	论文名称	作者	著作方式	刊物（名称）	发表时间（期号）
20	海南省高校图书馆电子资源建设调查与分析	杨莹	独著	现代情报	2007（3）
21	管辖权争议：数字图书馆侵权案件辩诉的适用法律思考	王小会	独著	中国图书馆学报	2007（6）
22	海南教育科技数字图书馆的构想与实现	王小会	第一作者	现代情报	2007（4）
23	高校图书馆地方特色资源建设——以海南大学图书馆为例	卢莉华	第一作者	图书馆建设	2007（4）
24	高校图书馆"三方审核型"管理评价机制研究——以海南大学图书馆ISO质量管理体系为例	卢莉华	第一作者	图书情报知识	2007（11）
25	CALIS省级中心建设模式研究——以海南高校文献信息资源共享体系为例	王贤芬	第一作者	现代情报	2007（10）
26	老子思想探幽与新世纪图书馆精神的弘扬	张红霞	独著	图书馆	2007（1）
27	认知科学视域中的"知识管理功能"阐释	李哲汇	独著	图书情报知识	2007（8）
2008 年论文（18 篇）					
28	海南地方文献形成的历史与分布现状	詹长智	独著	图书馆论坛	2008（6）
29	高校图书馆人力质量监控与创新研究——以ISO9000质量管理下的海南大学图书馆为例	周洪涛	第一作者	图书馆理论与实践	2008（3）
30	企业自主创新信息保障体系研究	吉家凡	第一作者	情报杂志	2008（7）

续表

序号	论文名称	作者	著作方式	刊物（名称）	发表时间（期号）
31	高校图书馆为企业自主创新提供信息保障研究	吉家凡	第一作者	图书馆学研究	2008（3）
32	海南大学图书馆为旅游产业提供信息服务的实践	王小会	第一作者	图书馆建设	2008（3）
33	海南省高校图书馆地方文献建设的特色化与共享服务	王贤芬	第一作者	图书馆论坛	2008（2）
34	海南省高校图书馆服务地方企业自主创新的探研	张红霞	第一作者	图书馆	2008（2）
35	国际图书馆全面质量管理二十年述评——走向卓越服务的历程	张红霞	第一作者	图书馆论坛	2008（3）
36	ISO将发布国家图书馆绩效指标	张红霞	独著	中国图书馆学报	2008（6）
37	版权与合同：图书馆数字资源采购中的博弈与制衡	王小会	独著	图书情报工作	2008（8）
38	海南省高校地方文献资源共建共享的构想与实现	孟和乌力吉	独著	图书馆建设	2008（8）
39	地方特色资源平台建设与共享服务研究——以海南记忆网为例	孟和乌力吉	第一作者	图书馆理论与实践	2008（4）
40	基于ISO9001的高校图书馆信息服务满意度调查分析——以海南大学图书馆ISO9001认证为例	钟哲辉	第一作者	图书馆建设	2008（6）
41	文献编目中对免费网络资源的充分利用	蔡端平	第一作者	图书馆杂志	2008（6）

续表

序号	论文名称	作者	著作方式	刊物（名称）	发表时间（期号）
42	西文编目经验之谈	林倜贞	独著	图书馆建设	2008（6）
43	高校图书馆管理与本科教学工作水平评估关系探讨	李春	独著	图书馆理论与实践	2008（4）
44	ISO9000质量管理下图书馆人力资源的规范化开发——以海南大学图书馆为例	李春	独著	图书馆理论与实践	2008（1）
2009年论文（8篇）					
45	ISO模式下高校图书馆地方文献目质量监控研究——海南大学图书馆全面质量管理实证研究	卢莉华	独著	图书情报工作	2009（1）
46	ISO模式下高校图书馆文献资源建设的质量监控——海南大学图书馆的文献资源建设	卢莉华	第一作者	大学图书馆学报	2009（3）
47	读者意见的处理原则和方法	卢莉华	独著	图书情报工作	2009（1）
48	海南地方文献资源共享结构模式研究	王小会	独著	图书情报工作	2009（15）
49	国际图书馆服务质量评价：绩效评估与成效评估两大体系的形成与发展	张红霞	独著	中国图书馆学报	2009（1）
50	繁体字版赠书编目探讨	林倜贞	独著	图书馆建设	2009（1）
51	基于以读者为本的读者管理模式——读者积分割的构建与思考	黄海燕	独著	图书馆	2009（3）

续表

序号	论文名称	作者	著作方式	刊物（名称）	发表时间（期号）
52	新海南大学多校区图书馆期刊资源整合的思考	黄海燕	独著	图书馆论坛	2009（1）
2010 年论文（6 篇）					
53	数字图书馆企业化运营模式探析	林密	第一作者	图书馆学研究	2010（2）
54	论李大钊对近代图书馆制度体系构建的贡献	王小会	独著	大学图书馆学报	2010（1）
55	欠发达地区高校数字图书馆建设模式与路径：以"海南教育科研数字图书馆"为例	李哲汇	独著	图书馆杂志	2010（4）
56	基于区域数字图书馆的联合参考咨询模式研究	吉家凡	第一作者	图书馆学研究	2010（8）
57	图书馆统计与绩效评价系列国际标准的形成与衍变	张红霞	独著	大学图书馆学报	2010（9）
58	西文赠书编目技巧	周清	独著	图书馆学研究	2010（20）
2011 年论文（4 篇）					
59	高校图书馆机构仓储可持续发展的政策管理与维护研究	李春	第一作者	大学图书馆学报	2011（3）
60	近代私立图书馆法规研究	王小会	独著	图书馆杂志	2011（10）
61	学位论文全文数据库著录应用 Apabi 与 ILAS 系统的整合研究——以海南大学项目成果机构知识库为例	卢莉华	第一作者	图书馆杂志	2011（6）

续表

序号	论文名称	作者	著作方式	刊物（名称）	发表时间（期号）
62	全面质量管理体系/框架下电子文献资源建设的质量控制——以海南大学图书馆	杨莹	独著	图书馆建设	2011（7）
2012 年论文（3 篇）					
63	清末和民国时期图书馆人事制度考略——民国图书馆相关法规研究	王小会	独著	大学图书馆学报	2012（2）
64	国际视野下的图书馆评价——走向卓越绩效的历程	张红霞	独著	图书馆建设	2012（9）
65	繁体字版译著检索途径探讨	周清	独著	图书馆工作与研究	2012（3）
2013 年论文（2 篇）					
66	试论图书馆开放获取资源与地方文献资源建设——以海南地方文献为例	张建媛	独著	图书馆工作与研究	2013（12）
67	肯尼亚公立图书馆体系及其特色服务	张建媛	独著	图书馆	2013（3）
2014 年论文（1 篇）					
68	主题式学科化服务模式研究——结合海南大学图书馆的案例分析	覃丽金	第一作者	图书馆论坛	2014（4）

续表

序号	论文名称	作者	著作方式	刊物（名称）	发表时间（期号）
2015 年论文（3 篇）					
69	Ithaka S + R 高校图书馆科研支持服务调研实证研究	刘冬莲	第一作者	图书馆学研究	2015（2）
70	基于 Participatory Design 的图书馆空间设计研究	刘冬莲	第一作者	图书馆工作与研究	2015（8）
71	日本大学图书馆联盟建设的成效与缺失	王小会	独著	图书馆建设	2015（12）

海南师范大学图书馆核心期刊刊论文（共计 33 篇）

序号	论文名称	作者	著作方式	刊物（名称）	发表时间（期号）
2007 年论文（2 篇）					
1	对文献资源共享服务的调研与分析	王芹	第一作者	图书馆建设	2007（1）
2	海南省高校图书馆特色资源库建设的冷思考	王芹	独著	情报资料工作	2007（3）
2008 年论文（1 篇）					
4	高校图书馆危机管理的公关之道	赵红	独著	图书情报工作	2008（10）
2009 年论文（3 篇）					
5	关于数字图书馆应用虚拟技术的研究	李德育	独著	图书馆学研究	2009（5）
6	日本大学图书馆研究开发室介绍与分析	李德育	独著	图书馆学研究	2009（9）
7	我国学位论文数据库现状调查与分析	龙净林	第一作者	图书馆学研究	2009（12）

续表

序号	论文名称	作者	著作方式	刊物（名称）	发表时间（期号）
2010 年论文（6 篇）					
8	丘濬的藏书思想及其实践	赵红	独著	图书馆理论与实践	2010（3）
9	黎族古籍文献流散轨迹与再生性回归策略研究	赵红	第一作者	图书馆情报	2010（6）
10	从《丘氏族谱》看丘濬文物保护和利用	王芹	第一作者	图书馆论坛	2010（1）
11	海南高校图书馆数字资源建设现状与对策研究	陈平殿	独著	图书馆学研究	2010（2）
12	技术竞争情报理论与方法研究综述	云明向	独著	情报科学	2010（1）
13	罗斯与罗斯文库	胡素萍	独著	图书馆杂志	2010（9）
2011 年论文（3 篇）					
14	云计算环境下图书馆信息资源共享的挑战与对策	尤春花	独著	图书馆情报	2011（8）
15	基于区域数字图书馆的联合参考咨询系统设计和实现	陈平殿	第一作者	图书馆学研究	2011（9）
16	大学图书馆规模与生机的悖论	陈平殿	独著	图书馆建设	2011（10）
2012 年论文（5 篇）					
17	基于项目的知识服务体系研究	邱红	独著	图书馆学研究	2012（3）
18	试论高校图书馆职能展路径的选择	邱红	独著	图书馆学研究	2012（5）
19	海南省高教文献资源保障体系建设探索与实践	李冕斌	独著	图书馆学研究	2012（11）

续表

序号	论文名称	作者	著作方式	刊物（名称）	发表时间（期号）
20	资源依赖与民间图书馆的行动策略——以立人乡村图书馆为例	冯文敏	独著	图书馆杂志	2012（11）
21	海南省高校图书馆特色数据库建设现状及发展对策	张国慧	第一作者	图书馆	2012（4）
2013 年论文（8 篇）					
22	区域内高校图书馆数字资源建设探析——基于海南省的调查与分析	张国慧	第一作者	图书与情报	2013（2）
23	美国高校图书馆校友服务现状及启示	冯文敏	独著	图书馆论坛	2013（3）
24	简述杜威十进分类法的历史、现状和发展	高雯雯	第一作者	图书馆工作与研究	2013（6）
25	海南地方文献收集整理现状分析与对策	李冕斌	第一作者	图书馆学研究	2013（5）
26	海南省高校图书馆数字资源建设研究	吴坤玲	独著	图书馆学研究	2013（5）
27	海南省高校图书馆个性化知识服务研究	吴坤玲	独著	图书馆学研究	2013（7）
28	图书馆联盟的社会网络嵌入性研究	林新	独著	图书馆学研究	2013（8）
29	社会组织参与图书馆公共服务的现实困境和策略选择	云明向	独著	图书馆杂志	2013（1）
2014 年论文（3 篇）					
30	美国高校图书馆信息安全管理分析与启示	林新	独著	图书馆建设	2014（3）
31	图书馆评估中的社会参与机制研究	黄钰新	独著	国家图书馆学刊	2014（6）

续表

序号	论文名称	作者	著作方式	刊物（名称）	发表时间（期号）
32	美国高校图书馆数字公民教育分析及启示	黄钰新	独著	图书馆	2014（10）
2015 年论文（2 篇）					
33	我国图书馆治理研究的发展回顾及展望	李敏	第一作者	图书馆建设	2015（2）
34	"南海及南海诸岛"特色数据库建设研究	李敏	第一作者	图书馆论坛	2015（5）

海南医学院图书馆核心期刊论文（共计 17 篇）

序号	论文名称	作者	著作方式	刊物（名称）	发表时间（期号）
2006 年论文（1 篇）					
1	海南地方特色文献数字资源库群的联合共建	黄玉华	第一作者	图书馆建设	2006（1）
2007 年论文（1 篇）					
2	百年图书馆精神在网络时代的弘扬	周天旻	独著	图书馆理论与实践	2007（4）
2008 年论文（3 篇）					
3	海南高校图书馆馆际互借可持续发展探析	黄玉华	独著	大学图书馆学报	2008（2）
4	大学生信息素质状况及其影响因素研究	林川	独著	图书馆	2008（5）
5	引入 PDCA 循环对高校图书馆义务馆员进行管理	周天旻	独著	图书馆建设	2008（9）

续表

序号	论文名称	作者	著作方式	刊物（名称）	发表时间（期号）
2009 年论文（3 篇）					
6	学生信息素质的年级差异研究	林川	独著	图书馆	2009（1）
7	Web2.0 时代图书馆服务的新理念、新思考——由阮冈纳赞的图书馆学五定律说起	周天叟	第一作者	图书馆理论与实践	2009（12）
8	海南省高校图书馆不同载体期刊联合目录编制实践与研究	李丽舒	第一作者	图书馆建设	2009（3）
2010 年论文（1 篇）					
9	运用"木桶原理"完善馆际互借的服务	符瑞锐	独著	图书馆论坛	2010（3）
2011 年论文（3 篇）					
10	中美图书馆学科馆员素质标准比较研究	符瑞锐	独著	图书馆学研究	2011（10）
11	数字资源分类方法的探讨	吉汉强	第一作者	图书馆论坛	2011（1）
12	文献资源建设绩效评价指标体系构建的实践研究	吉汉强	第一作者	图书馆建设	2011（4）
2012 年论文（3 篇）					
13	大开间阅览对读者阅读心理的影响浅析	路靖	第一作者	图书馆杂志	2012（5）
14	基于"意义建构"理论的大学生图书馆信息需求调查研究——以海南本科高校为例	周天叟	独著	图书馆理论与实践	2012（6）

续表

序号	论文名称	作者	著作方式	刊物（名称）	发表时间（期号）
15	海南本科高校图书馆大学生文献资源利用状况调研报告	周天旻	第一作者	图书馆理论与实践	2012（11）
2013 年论文（1 篇）					
16	深度导读实施阅读疗法的初步探讨——以海南医学院为例	路 靖	第一作者	图书馆	2013（4）
2015 年论文（1 篇）					
17	泛信息环境下阅读推广研究：唤醒沉睡的图书——以海医图书馆"主题馆藏展""实践"为例	周天旻	第一作者	图书馆杂志	2015（4）

海南热带海洋大学图书馆核心期刊论文（共计 10 篇）

序号	论文名称	作者	著作方式	刊物（名称）	发表时间（期号）
2004 年论文（1 篇）					
1	浅谈高校图书管理创新	许文娟	独著	图书情报工作	2004（11）
2006 年论文（1 篇）					
2	现代网络技术在高校图书馆采访工作中的应用	符之敏	独著	图书馆	2006（10）
2010 年论文（2 篇）					
3	基于情景教学模式的大学生信息素质教育研究	李琨	独著	图书馆学研究	2010（9）
4	一种基于分级异构 MANET 的移动图书馆服务系统	李敬维	独著	图书馆学研究	2010（11）

续表

序号	论文名称	作者	著作方式	刊物（名称）	发表时间（期号）
2011 年论文（2 篇）					
5	开放存取资源与虚拟馆藏建设	李琨	独著	图书馆理论与实践	2011（1）
6	海南教育科研数字图书馆建设的启发与思考	李琨	独著	图书馆学研究	2011（7）
2012 年论文（3 篇）					
7	开展图书馆网络品牌建设的思考	倪德钰	第一作者	图书馆工作与研究	2012（2）
8	基于物联网的数字化图书馆网络研究	李敬维	独著	图书馆理论与实践	2012（2）
2014 年论文（1 篇）					
9	微博舆情的演化机理、价值特征与治理机制	王芳	第一作者	情报杂志	2014（1）
2015 年论文（1 篇）					
10	台湾地区高校图书馆面向社会开放现状分析及其启示	胡爱民	第一作者	图情情报工作	2015（7）

海口经济学院图书馆核心期刊论文（共计 8 篇）

序号	论文名称	作者	著作方式	刊物（名称）	发表时间（期号）
1	海南省高职高专图书馆现状与发展对策	温小明	独著	大学图书馆学报	2006（6）
2	完善环境设计，提升人文理念	温小明	独著	图书馆论坛	2008（5）
3	高职院校教学科研资源数字化建设初探	温小明	第一作者	大学图书馆学报	2008（3）

续表

序号	论文名称	作者	著作方式	刊物（名称）	发表时间（期号）
4	海南省高职高专图书馆"十一五"发展综述	温小明	独著	大学图书馆学报	2010（5）
5	基于ISO11620图书馆绩效指标的层次分析法评价模型研究	易　程	第一作者	大学图书馆学报	2010（2）
6	图书馆学术评价与职称改革问题刍议	温小明	第一作者	图书馆论坛	2011（2）
7	世界机构知识库网络计量学排名影响因素研究	易　程	第一作者	大学图书馆学报	2013（2）
8	高校图书馆新的评估工作及评估指标体系探析	温小明	第一作者	图书馆建设	2014（6）

琼台师范高等专科学校图书馆核心期刊论文（共计5篇）

序号	论文名称	作者	著作方式	刊物（名称）	发表时间（期号）
1	音像制品和机读资料管理模式及相关问题	赵会平	第一作者	大学图书馆学报	2005（5）
2	图书招标采购要项分析	赵会平	独著	大学图书馆学报	2007（2）
3	图书装订质量问题与高校图书馆的对策	赵会平	独著	图书馆论坛	2007（3）
4	海南本土文化特色数据库建设研究——以"琼台书院"特色数据库建设为例	杨艳红	第一作者	图书馆学研究	2013（4）
5	基于众包模式的特色数据库建设思考	杨艳红	第一作者	图书馆学研究	2013（10）

海南省委党校图书馆核心期刊论文（共计 3 篇）

序号	论文名称	作者	著作方式	刊物（名称）	发表时间（期号）
1	机构知识库之组织结构建设问题研究——以党校机构知识库建设为例	董国华	独著	情报杂志	2014（4）
2	卡尔·米兰对美国图书馆事业的贡献	戴莉	独著	图书馆建设	2013（6）
3	基于"三零"理念的党校图书馆际互借平台的构建	戴莉	独著	图书馆理论与实践	2013（10）

海南经贸职业技术学院图书馆核心期刊论文（共计 6 篇）

序号	论文名称	作者	著作方式	刊物（名称）	发表时间（期号）
1	认知弹性理论在文献检索教学中的应用	林岚	独著	图书馆	2010（4）
2	义务馆员培训的探讨	林岚	第一作者	图书馆建设	2010（4）
3	国家骨干高职院校内涵建设与图书馆文化构建策略	丘秀文	独著	图书情报工作	2011（11）
4	面向弱势专业群的文献信息资源建设策略——以海南经贸职业技术学院为例	丘秀文	独著	图书情报工作	2012（10）
5	高职院校图书馆嵌入式教学实证研究——以海南经贸职业技术学院为例	丘秀文	第一作者	图书情报工作	2014（7）
6	国家示范性高职高专院校图书馆资源库建设实地调研分析——以宁波职业技术学院等 4 所高职高专院校为例	林岚	第一作者	图书情报工作	2015（9）

海南职业技术学院图书馆核心期刊论文（共计 4 篇）

序号	论文名称	作者	著作方式	刊物（名称）	发表时间（期号）
1	海南省高职高专图书馆网络化建设评估评估指标体系探讨	王海	独著	大学图书馆学报	2010（5）
2	基于 OPAC 的资源整合创新研究与实践	王海	独著	图书馆理论与实践	2010（10）
3	对海南省高校图书馆读者满意度测评的理论与实践研究	尚秀梅	独著	图书馆学研究	2010（6）
4	从读者满意度研究到图书馆的"读者满意战略"管理	尚秀梅	独著	情报资料工作	2008（3）

海南政法职业学院图书馆核心期刊论文（共计 2 篇）

序号	论文名称	作者	著作方式	刊物（名称）	发表时间（期号）
1	海南省建省以来高校图书馆科研状况统计与分析	杨庆书	第一作者	图书馆理论与实践	2014（10）
2	美国图书馆员的供需关系与职业声望分析	杨庆书	独著	图书馆杂志	2015（8）

海南省高校图书馆（2004 年—2015 年）被三大检索工具收录的学术论文汇总表（6 篇）

序号	论文名称	作者	单位	期刊名称	收录情况	发表时间
1	Estblishing a University Library Based on Dspace and Dips System	李著	海南大学	第三届计算机工程与应用国际会议论文集	EI	2011 年 7 月
2	Localization Retrieval and Browse of A Dspace-Based Institutional Repository System	易程	海口经济学院	Computational Materials Science	EI	2011 年 7 月

续表

序号	论文名称	作者	单位	期刊名称	收录情况	发表时间
3	Study on the Effectiveness of the Open Access in Academic Resources of Institutional Repository	易程	海口经济学院	第三届计算机工程与应用国际会议论文集	EI	2011 年 7 月
4	Empirical Analysis of the Relationship	高雯雯	海南师范大学	IMS2012	EI	2013 年 5 月
5	Research and Implementation of AJAX in the Serial Communication Based Net	陈君涛	海口经济学院	2011 Third International Conference on Education Technology and Training	ISTP	2011 年 6 月
6	Design and Implement of SerialPort Class on Upper Machine System	陈君涛	海口经济学院	2011 Seventh International Conference on Computational Intelligence and Security（CIS 2011）	EI/ISTP	2011 年 12 月

海南省高校图书馆（2004 年—2015 年）在国际学术会议上宣读和发表的学术论文汇总表（4 篇）

序号	论文名称	作者	排名	单位	国际会议名称	论文形式	发表时间
1	Serious Challenge, Historic Opportunity: Information literacy Education in China	张红霞	独著	海南大学	第 70 届国际图联大会	宣读论文	2004 年 8 月

续表

序号	论文名称	作者	排名	单位	国际会议名称	论文形式	发表时间
2	Methods of Interlibrary Loan Realization（馆际互借的实现方式）	李春	独著	海南大学	首届全球数字图书馆国际学术研讨会论文集	公开发表	2005 年 10 月
3	How Does a Dandelion Seed From Overseas Root and Thrive? The Successful Implementation of TQM in Hainan University Library	张红霞	并列第一	海南大学	Library Management	公开发表	2006 年 8 月
4	A Library's Efforts in a Journey of Salvaging the Vanishing Culture	张红霞	第一作者	海南大学	第 73 界国际图联大会多媒体与族谱联合专业组	宣讲论文	2007 年 8 月

海南省高校图书馆（2004 年—2015 年）学术著作统计汇总表

序号	著作名称	著者/编著	著作方式	单位	总字数（万字）	出版社名称	出版时间
1	咸丰琼山县志	邓玲	第一校注	海南大学	35	海南出版社	2004 年 10 月
2	音像制品和机读资料著录著手册	赵会平	第一著者	琼台师范高等专科学校	18	中国科技大学出版社	2006 年 6 月
3	基于计算机网络的信息检索	钟哲辉	独著	海南大学	62.4	电子工业出版社	2007 年 3 月
4	数字化进程中的图书馆	李哲汇	独著	海南大学	20	北京图书馆出版社	2007 年 5 月
5	信息文化学	赵红	独著	海南师范大学	17	海南出版社	2007 年 7 月
6	海南体制创新研究（海南历史文化大系第 1 卷第 7 册）	钟哲辉	第一著者	海南大学	22	南方出版社／海南出版社	2008 年 4 月
7	高校图书馆全面质量管理下的人力资源管理	李春	独著	海南大学	32	北京大学出版社	2008 年 4 月
8	图书馆质量评估体系与国际标准	张红霞	独著	海南大学	40	国家图书馆出版社	2008 年 7 月
9	数字图书馆与版权制度	王小会	独著	海南大学	20	北京图书馆出版社	2008 年 8 月

续表

序号	著作名称	著者/编者	著作方式	单位	总字数（万字）	出版社名称	出版时间
10	海南地方文献书目提要	詹长智	执行主编	海南大学	83.1	海南出版社	2008 年 11 月
11	海南历史文化研究集刊	詹长智	主编	海南大学	34	海南出版社	2009 年 7 月
12	《黎族藏书·方志部》卷二、卷三	赵红	主编	海南师范大学	134	海南出版社	2009 年 11 月
13	网络信息检索	吉家凡	主编	海南大学	31.5	华中科技大学出版社	2010 年 7 月
14	海南文献探微	王芦	独著	海南师范大学	59	广东教育出版社	2011 年 5 月
15	图书馆文献实施政府采购研究	吉家凡	独著	海南大学	30	武汉出版社	2011 年 7 月
16	21 世纪的信息资源建设	陈平殿	主编	海南师范大学	21	海洋出版社	2011 年 7 月
17	阅读疗法理论与实践	湛佑祥	第一著者	海南经贸职业技术学院	53	军事医学科学出版社	2011 年 10 月
18	网络环境下的中文献资源采集方法研究	蔡瑞平	第一著者	海南大学	28	延边大学出版社	2012 年 5 月
19	黎族藏书：外文部·英文卷	张红霞	主编	海南大学	65	海南出版社	2012 年
20	特色资源库建设概述	林岚	独著	海南经贸职业技术学院	17	东北师范大学出版	2012 年 5 月
21	国家骨干调车职院校文献信息资源保障体系研究	丘秀文	独著	海南经贸职业技术学院	20	海南出版社	2012 年 6 月

续表

序号	著作名称	著者/编者	著作方式	单位	总字数（万字）	出版社名称	出版时间
22	高等院校图书馆读者满意度评价研究	高雯雯	独著	海南师范大学	13.5	内蒙古教育出版社	2013年4月
23	公共图书馆发展研究 以海南省公共图书馆为例	李冕斌	独著	海南师范大学	19.5	暨南大学出版社	2014年9月
24	高校图书馆特色信息资源建设	尤春花	独著	海南师范大学	10	吉林大学出版社	2014年9月
25	海南百家文化论丛	詹长智	主编	海南大学	25	南方出版社	2015年6月
26	泛在知识环境下图书馆立体服务模式及其建构研究	周天旻	第一著者	海南医学院	24	中国言实出版社	2015年6月
27	高校图书馆"十三五"规划：理论与方法	詹长智	主编	海南大学	34.2	海洋出版社	2015年10月
28	中华人民共和国国家标准：GB/T13191-2009 信息与文献——图书馆统计	张红霞	主要著者	海南大学	18	中国标准出版社	2009年7月
29	中华人民共和国国家标准：GB/T29182-2012/ISO11620：2008 信息与文献——图书馆绩效指标	张红霞	主要著者	海南大学	14	中国标准出版社	2013年5月

海南省省高校图书馆（2004 年—2015 年）立项、在研、结题科研项目统计汇总表

海南大学图书馆科研项目一览表

序号	立项项目名称	项目主持人	单位	项目来源	项目验收单位	立项时间
			省部级、国家级科研项目（13 项）			
1	晚清民国时期南海文献整理与研究	王琦	海南大学	国家社会科学基金项目	国家哲学社会科学规划办	2015
2	《稿藏》（精华编）《东来集》古籍校点	邓玲	海南大学	教育部人文社会科学研究专项委托项目	教育部社会科学司	2010
3	海南省数字资源共享工程建设研究	王小会	海南大学	海南省自然科学基金项目	海南省科技厅	2011
4	机构仓储体系的研究与建设——以海南大学项目成果机构知识库建设为例	李春	海南大学	海南省自然科学基金项目	海南省科技厅	2008

续表

序号	立项项目名称	项目主持人	单位	项目来源	项目验收单位	立项时间
5	基于专利信息分析的海南省支柱产业创新能力分析	吉家凡	海南大学	海南省自然科学基金项目	海南省科技厅	2013
6	信息共享空间学科化模式构建研究	李春	海南大学	海南省自然科学基金项目	海南省科技厅	2014
7	海南省高校图书馆资源共享体系建设研究	李哲汇	海南大学	海南省社科联项目	海南省社会科学界联合会	2004
8	图书馆文献实施政府采购研究	吉家凡	海南大学	海南省社科联项目	海南省社会科学界联合会	2005
9	海南岛交通史研究	吉家凡	海南大学	海南省社科联项目	海南省社会科学界联合会	2006
10	海南体制创新研究——海南历史文化大系第一辑第七册	钟哲辉	海南大学	海南省社科联项目（2006年度海南省重点文化规划项目）	海南省社会科学界联合会	2006
11	海南省信息资源元结构研究	王小会	海南大学	海南省社科联项目	海南省社会科学界联合会	2007
12	海南家谱研究	邓玲	海南大学	海南省社科联项目	海南省社会科学界联合会	2008

续表

序号	立项项目名称	项目主持人	单位	项目来源	项目验收单位	立项时间
13	高校图书馆文献购置费绩效评价体系的构建与实践研究	李春	海南大学	海南省社科联项目	海南省社会科学界联合会	2012
14	海南当代社会问题研究	詹长智	海南大学	海南省社科联项目	海南省社会科学界联合会	2006
厅级科研项目（24项）						
1	海南省高校信息检索课课件	钟哲辉	海南大学	海南省教育厅项目	海南省教育厅	2003
2	海南省高校图书馆馆际互借服务体系的研究	李春	海南大学	海南省教育厅项目	海南省教育厅	2003
3	海南省 CALIS 高校学位论文全文数据库建设	李春	海南大学	海南省教育厅项目	海南省教育厅	2005
4	张云逸史料数据库	张玲	海南大学	海南省教育厅项目	海南省教育厅	2005
5	海南省高校图书馆为地方企业自主创新提供信息服务的研究	张红霞	海南大学	海南省教育厅项目	海南省教育厅	2007
6	不规则连续出版物著录格式探索	张英	海南大学	海南省教育厅项目	海南省教育厅	2007
7	全面质量管理下的高校图书馆人力资源管理体系研究	李春	海南大学	海南省教育厅项目	海南省教育厅	2007

续表

序号	立项项目名称	项目主持人	单位	项目来源	项目验收单位	立项时间
8	网络环境下的文献编目效益研究	蔡端平	海南大学	海南省教育厅项目	海南省教育厅	2007
9	国外热带农业专题文献资源库建设	顾江洪	海南大学	海南省教育厅项目	海南省教育厅	2007
10	网络信息资源利用中的版权保护与利益平衡机制研究	王小会	海南大学	海南省教育厅项目	海南省教育厅	2007
11	图书馆知识产权自律的理论与实践研究	王小会	海南大学	海南省教育厅项目	海南省教育厅	2007
12	ISO9000 族标准下高校图书馆的读者服务研究	卢利华	海南大学	海南省教育厅项目	海南省教育厅	2008
13	CALIS 海南省中心服务模式研究	钟哲辉	海南大学	海南省教育厅项目	海南省教育厅	2008
14	高校图书馆纸本期刊资源特色服务研究	李景芝	海南大学	海南省教育厅项目	海南省教育厅	2008
15	图书馆与非物质文化遗产保护、开发研究	王贤芳	海南大学	海南省教育厅项目	海南省教育厅	2008
16	海南热带农业文献数据库建设	顾江洪	海南大学	海南省教育厅项目	海南省教育厅	2009
17	海南旅游文献数据库建设	邓月仙	海南大学	海南省教育厅项目	海南省教育厅	2009

续表

序号	立项项目名称	项目主持人	单位	项目来源	项目验收单位	立项时间
18	海南水产养殖数据库建设	王小会	海南大学	海南省教育厅项目	海南省教育厅	2009
19	生态学视觉下的海南图书馆可持续发展研究	刘晨	海南大学	海南省教育厅项目	海南省教育厅	2009
20	海南省优质教学资源共享平台建设	王小会	海南大学	海南省教育厅项目	海南省教育厅	2011
21	图书馆主题式学科化服务模式的实践研究：以海南大学图书馆为例	覃丽金	海南大学	海南省教育厅项目	海南省教育厅	2012
22	高校图书馆自习室管理系统设计	吴艳阁	海南大学	海南省教育厅项目	海南省教育厅	2012
23	海南省高校图书馆"十二五"发展规制研究	詹长智	海南大学	海南省教育厅项目	海南省教育厅	2011
24	海南省"十二五"高等学校图书馆评估方案	张红霞	海南大学	海南省教育厅项目	海南省教育厅	2012
25	海南省机构知识库联盟研究	王小会	海南大学	海南省教育厅项目	海南省教育厅	2014
校级科研项目（5项）						
1	张云逸史料数据库	张玲	海南大学	海南大学项目	海南大学	2004
2	海南省高校图书馆资源共享服务平台构建的理论与实践	王小会	海南大学	海南大学项目	海南大学	2004

续表

序号	立项项目名称	项目主持人	单位	项目来源	项目验收单位	立项时间
3	海南大学项目成果机构知识库建设	李春	海南大学	海南大学项目	海南大学	2008
4	基于文献分析的海南大学科研产出能力研究	吉家凡	海南大学	海南大学项目	海南大学	2011
5	智能化高校图书馆自习室门禁管理系统	吴艳阁	海南大学	海南大学项目	海南大学	2012

海南师范大学图书馆科研项目一览表

省部级、国家级科研项目（9 项）

序号	立项项目名称	项目主持人	单位	项目来源	项目验收单位	立项时间
1	南海及南海诸岛资料数据库构建	李敏	海南师范大学	国家社会科学基金项目	全国哲学社会科学规划办公室	2013
2	海南省外来有害生物信息数据库构建研究	高雯雯	海南师范大学	海南省自然科学基金项目	海南省科技厅	2012
3	渡海解放海南岛战役纪实数据库构建研究	周慧玲	海南师范大学	海南省社科联项目	海南省社会科学界联合会	2011

335

续表

序号	立项项目名称	项目主持人	单位	项目来源	项目验收单位	立项时间
4	黎族古代文献收藏分布	余曰昆	海南师范大学	海南省社科科联项目	海南省社会科学界联合会	2011
5	海南自然灾害文献资料调查整理分析研究	傅白云	海南师范大学	海南省社科科联项目	海南省社会科学界联合会	2012
6	基于大学生信息素质教育的图书馆知识服务研究	龙净林	海南师范大学	海南省社科科联项目	海南省社会科学界联合会	2013
7	公共文化服务视角下海南公共图书馆发展对策研究	李冕斌	海南师范大学	海南省社科科联项目	海南省社会科学界联合会	2014
8	海南省籍保护现状分析和对策研究	王芹	海南师范大学	海南省社科科联项目	海南省社会科学界联合会	2014
9	文渊阁《四库全书》黎族古籍文献整理与研究	赵红	海南师范大学	海南省社科科联项目	海南省社会科学界联合会	2014
厅级科研项目（16 项）						
1	海南历史文献数字资源库建设（一）	李冕斌	海南师范大学	海南省教育厅项目	海南省教育厅	2005
2	海南省高校图书馆文献资源保障体系建设	李冕斌	海南师范大学	海南省教育厅项目	海南省教育厅	2008

续表

序号	立项项目名称	项目主持人	单位	项目来源	项目验收单位	立项时间
3	海南家谱姓氏源流研究	王芹	海南师范大学	海南省教育厅项目	海南省教育厅	2008
4	海南图书和图书馆发展史	赵红	海南师范大学	海南省教育厅项目	海南省教育厅	2008
5	海南省高校图书馆读者满意度评估指标体系的构建	陈茹	海南师范大学	海南省教育厅项目	海南省教育厅	2008
6	海南抗癌药用植物数据库信息系统	苏洁	海南师范大学	海南省教育厅项目	海南省教育厅	2009
7	基于网上咨询系统的海南省高校图书馆联合参考咨询研究	陈平殿	海南师范大学	海南省教育厅项目	海南省教育厅	2009
8	《海南师范大学大事记》资料整理与研究	李华影	海南师范大学	海南省教育厅项目	海南省教育厅	2009
9	海南历史文献数字资源库建设（二）	李冕斌	海南师范大学	海南省教育厅项目	海南省教育厅	2009
10	海南地方古籍文献的再生性保护与信息开发研究（一）	陈秀云	海南师范大学	海南省教育厅项目	海南省教育厅	2009

续表

序号	立项项目名称	项目主持人	单位	项目来源	项目验收单位	立项时间
11	高校图书馆特色文献信息资源建设研究	尤春花	海南师范大学	海南省教育厅项目	海南省教育厅	2009
12	《海南日报》（1950—1970）资料索引题录数据库研究	傅白云	海南师范大学	海南省教育厅项目	海南省教育厅	2010
13	文献计量学视角下海南省人文社会科学学科评价及发展对策研究	高雯雯	海南师范大学	海南省教育厅项目	海南省教育厅	2010
14	海南省高校图书馆数字资源建设与个性化知识服务研究	龙净林	海南师范大学	海南省教育厅项目	海南省教育厅	2011
15	海南古籍地方文献开发利用研究	李敏	海南师范大学	海南省教育厅项目	海南省教育厅	2013
16	基于 SWOT 矩阵的海南高校图书馆数字资源调查与评价	黄钰新	海南师范大学	海南省教育厅项目	海南省教育厅	2014
校级科研项目（10 项）						
1	海师图书馆 OA 系统的设计与应用研究	黄钰新	海南师范大学	海南师范大学项目	海南师范大学	2010
2	自然和符号语言视阈下图书馆学期刊的编校规范研究	袁宇	海南师范大学	海南师范大学项目	海南师范大学	2011

续表

序号	立项项目名称	项目主持人	单位	项目来源	项目验收单位	立项时间
3	海南古籍地方文献数字化方法研究	李敏	海南师范大学	海南师范大学项目	海南师范大学	2011
4	古代目录、目录学与图书馆古籍文献开发利用关系的研究	马艾鸿	海南师范大学	海南师范大学项目	海南师范大学	2011
5	高等院校图书馆读者满意度评价研究	高雯雯	海南师范大学	海南师范大学项目	海南师范大学	2013
6	公共图书馆发展研究——以海南省公共图书馆为例	李冕斌	海南师范大学	海南师范大学项目	海南师范大学	2014
7	海南明代至民国时期海防类文献研究	彭菊媛	海南师范大学	海南师范大学项目	海南师范大学	2014
8	海口高校图书馆建筑特色调查与分析	黄钰新	海南师范大学	海南师范大学项目	海南师范大学	2014
9	网络环境下在读硕士研究生用户信息行为研究	黄钰新	海南师范大学	海南师范大学项目	海南师范大学	2014
10	高等院校图书馆读者满意度评价研究	高雯雯	海南师范大学	海南师范大学项目	海南师范大学	2014

海南医学院图书馆科研项目一览表

序号	立项项目名称	项目主持人	单位	项目来源	项目验收单位	立项时间
			省部级、国家级科研项目（1 项）			
1	海南省省高校图书馆泛学科化服务模式的研究	符瑞锐	海南医学院	海南省社科联项目	海南省哲学社会科学规划课题	2015
			厅级科研项目（13 项）			
1	网络办公自动化系统的设计	林岚	海南经贸职业技术学院	海南省教育厅项目	海南省教育厅	2005
2	海南省高职高专文献信息资源共知共享系统建设	黄玉华	海南医学院	海南省教育厅项目	海南省教育厅	2006
3	海南省高等院校图书馆十一五发展规划	于挽平	海南医学院	海南省教育厅项目	海南省教育厅	2007
4	基于 ILAS 系统馆藏资源评价系统的开发与应用	吉汉强	海南医学院	海南省教育厅项目	海南省教育厅	2007
5	海南省高校图书馆开展大学生信息素质教育的现状及教育模式的研究	林川	海南医学院	海南省教育厅项目	海南省教育厅	2008
6	网络环境下的海南省高校图书馆借服务持续发展研究	符瑞锐	海南医学院	海南省教育厅项目	海南省教育厅	2008

续表

序号	立项项目名称	项目主持人	单位	项目来源	项目验收单位	立项时间
7	海南省高职高专网络化建设达标评估实施细则研究	黄玉华	海南医学院	海南省教育厅项目	海南省教育厅	2008
8	即时短信邮件推送信息平台在图书馆的开发与应用	林岚	海南医学院	海南省教育厅项目	海南省教育厅	2008
9	海南省本科院校图书馆读者利用文献信息资源调研	周天旻	海南医学院	海南省教育厅项目	海南省教育厅	2009
10	海南热带医药文献数字资源库建设（第三阶段）	于挽平	海南医学院	海南省教育厅项目	海南省教育厅	2009
11	基于 LibQUAL + TM 的海南省高校图书馆服务质量的定量评价	朱良杰	海南医学院	海南省教育厅项目	海南省教育厅	2010
12	基于 LibQUAL + TM 的海南省高校图书馆服务质量的定量评价	朱良杰	海南医学院	海南省教育厅项目	海南省教育厅	2010
13	海南省高校图书馆读者服务联盟一体化模式的研究	符瑞锐	海南医学院	海南省教育厅项目	海南省教育厅	2014

海南热带海洋学院图书馆科研项目一览表

序号	立项项目名称	项目主持人	单位	项目来源	项目验收单位	立项时间
省部级、国家级科研项目（1 项）						
1	海南省数字信息资源系统标准化建设与应用研究	李琨	海南热带海洋学院	海南省自然科学基金项目	海南省科技厅	2005
厅级科研项目（12 项）						
1	海南少数民族研究数字资源库	林江云	海南热带海洋学院	海南省教育厅项目	海南省教育厅	2002
2	海南少数民族文献数字资源库建设	林江云	海南热带海洋学院	海南省教育厅项目	海南省教育厅	2005
3	海南少数民族文献数字资源库	李琨	海南热带海洋学院	海南省教育厅项目	海南省教育厅	2009
4	海南省 CALIS 高校学位论文全文数据库建设（子项目）	李琨	海南热带海洋学院	海南省教育厅项目	海南省教育厅	2005
5	海南民族研究文献概要	林江云	海南热带海洋学院	海南省教育厅项目	海南省教育厅	2008
6	海南省高校图书馆专业队伍建设研究	林江云	海南热带海洋学院	海南省教育厅项目	海南省教育厅	2008

续表

序号	立项项目名称	项目主持人	单位	项目来源	项目验收单位	立项时间
7	海南特色文献数字资源库标准规范应用研究	李珉	海南热带海洋学院	海南省教育厅项目	海南省教育厅	2008
8	海南旅游信息化研究	胡爱民	海南热带海洋学院	海南省教育厅项目	海南省教育厅	2008
9	琼南高校图书馆服务民族地区小康社会建设的资源优势与效能研究	陈小琼	海南热带海洋学院	海南省教育厅项目	海南省教育厅	2008
10	图书馆网络公共关系研究	倪德钰	海南热带海洋学院	海南省教育厅项目	海南省教育厅	2008
11	民族地区高校图书资料学科化服务融入数学专业教学科研的实践与探究	王芳	海南热带海洋学院	海南省教育厅项目	海南省教育厅	2008
12	思源学校初中生的数学阅读能力及其培养研究	李敬维	海南热带海洋学院	海南省教育厅项目	海南省教育厅	2011

海口经济学院图书馆科研项目一览表

序号	立项项目名称	项目主持人	单位	项目来源	项目验收单位	立项时间
厅级科研项目（6项）						
1	图书馆向数字化文献信息中心转型的探索与研究	麦笃彪	海口经济学院	海南省教育厅项目	海南省教育厅	2004
2	图书馆特色资源建设	麦笃彪	海口经济学院	海南省教育厅项目	海南省教育厅	2004
3	海经院教学科研成果全文数据库	温小明	海口经济学院	海南省教育厅项目	海南省教育厅	2004
4	高职高专图书馆创新性建设研究	温小明	海口经济学院	海南省教育厅项目	海南省教育厅	2007
5	海南省高职高专文献信息资源共享共知研究	温小明	海口经济学院	海南省教育厅项目	海南省教育厅	2007
6	海南省高职高专院校图书馆网络化建设评估实施细则	温小明	海口经济学院	海南省教育厅项目	海南省教育厅	2008
校级科研项目（2项）						
1	高校图书馆学科服务模式创新的探索——以海口经院图书馆为例	易程	海口经济学院	海口经济学院项目	海口经济学院	2012

续表

序号	立项项目名称	项目主持人	单位	项目来源	项目验收单位	立项时间
2	射频识别技术（RFID）在图书馆的应用研究	陈广芸	海口经济学院	海口经济学院项目	海口经济学院	2012

琼台师范高等专科学校图书馆科研项目一览表

序号	立项项目名称	项目主持人	单位	项目来源	项目验收单位	立项时间
省部级、国家级科研项目（1 项）						
1	视听资料机读目录著录细则与管理模式研究	赵会平	琼台师范高等专科学校	海南省自然科学基金项目	海南省科技厅	2004
厅级科研项目（1 项）						
1	琼台书院特色资源数据库	赵会平	琼台师范高等专科学校	海南省教育厅项目	海南省教育厅	2009

海南经贸职业技术学院图书馆科研项目一览表

序号	立项项目名称	项目主持人	单位	项目来源	项目验收单位	立项时间
省部级、国家级科研项目（1 项）						
1	学科化服务模式同学科馆员与用户关系博弈的研究	林岚	海南经贸职业技术学院	海南省社科联项目	海南省哲学社会科学规划课题	2015

续表

序号	立项项目名称	项目主持人	单位	项目来源	项目验收单位	立项时间
	厅级科研项目（7 项）					
1	基于 Microsoft Access 应用程序下的高校图书馆档案管理研究	丘秀文	海南经贸职业技术学院	海南省教育厅项目	海南省教育厅	2007
2	信息素质教育网络教学平台研究	丘秀文	海南经贸职业技术学院	海南省教育厅项目	海南省教育厅	2008
3	高职院校图书馆文化与校园文化共建研究	丘秀文	海南经贸职业技术学院	海南省教育厅项目	海南省教育厅	2010
4	学生社团与图书馆建设关系研究	林玉辉	海南经贸职业技术学院	海南省教育厅项目	海南省教育厅	2010
5	海南经济贸易特色文献数据库	丘秀文	海南经贸职业技术学院	海南省教育厅项目	海南省教育厅	2009

海南职业技术学院图书馆科研项目一览表

序号	立项项目名称	项目主持人	单位	项目来源	项目验收单位	立项时间
	厅级科研项目（3 项）					
1	海南省高校图书馆读者满意度评估指标体系的构建	尚秀梅	海南职业技术学院	海南省教育厅项目	海南省教育厅	2007

续表

序号	立项项目名称	项目主持人	单位	项目来源	项目验收单位	立项时间
2	海南高校图书馆事实数据库	王海	海南职业技术学院	海南省教育厅项目	海南省教育厅	2009
3	海南职教育全文专题数据库	郑田微	海南职业技术学院	海南省教育厅项目	海南省教育厅	2009

海南软件职业技术学院图书馆科研项目一览表

序号	立项项目名称	项目主持人	单位	项目来源	项目验收单位	立项时间
厅级科研项目（1 项）						
1	基于手机模式的海南省高职图书馆阅读推广	全赛虎	海南软件职业技术学院	海南省教育厅项目	海南省教育厅	2013
校级科研项目（2 项）						
1	海南省分布式数字参考咨询系统模式的构建	苏杰	海南软件职业技术学院	海南软件职业技术学院项目	海南软件职业技术学院	2008
2	海软院特色资源数据库管理系统的设计与实现	胡国杰	海南软件职业技术学院	海南软件职业技术学院项目	海南软件职业技术学院	2013

海南省委党校图书馆科研项目一览表

序号	立项项目名称	项目主持人	单位	项目来源	项目验收单位	立项时间
校级科研项目（3项）						
1	海南省委党校图书馆读者需求调查与分析研究	刘怀兰	海南省委党校	海南省委党校项目	海南省委党校	2012
2	海南省情讯快讯服务平台建设	刘怀兰	海南省委党校	海南省委党校项目	海南省委党校	2013
3	基于网络环境下的数字资源服务平台建设	李瑞	海南省委党校	海南省委党校项目	海南省委党校	2014

三亚航空旅游职业学院图书馆科研项目一览表

序号	立项项目名称	项目主持人	单位	项目来源	项目验收单位	立项时间
校级科研项目（2项）						
1	高职院校图书馆如何发挥第二课堂作用	王伟	三亚航空旅游职业学院	三亚航空旅游职业学院项目	三亚航空旅游职业学院	2009
2	高职院校图书馆建设和功能布局设计的研究与实践	林会清	三亚航空旅游职业学院	三亚航空旅游职业学院项目	三亚航空旅游职业学院	2011

海南外国语职业学院图书馆科研项目一览表

序号	立项项目名称	项目主持人	单位	项目来源	项目验收单位	立项时间
			校级科研项目（1 项）			
1	高职院校阅读推广活动体系研究	郑庭铁	海南外国语职业学院	海南外国语职业学院项目	海南外国语职业学院	2015

海南省高校图书馆（2004年—2015年）业绩成果统计汇总表

序号	业绩成果名称	主持人	业绩成果所在单位	组织鉴定单位	鉴定时间（年）
	海南大学图书馆业绩成果				
1	ILAS环境下期刊合订本刊脊的设计	黄海燕	海南大学	海南省教育厅	2007
2	海南大学图书馆ISO质量管理体系文件（部分）	李春	海南大学	海南省教育厅	2007
3	利用免费的zTrans编目软件套录外文原版文献编目数据	蔡瑞平	海南大学	海南省教育厅	2008
4	《音像制品和机读资料著录手册》的推广应用	蔡瑞平	海南大学	海南省教育厅	2008
5	高校图书馆质量管理体系文件（工作手册）编写	吉家凡	海南大学	海南省教育厅	2008
6	中文期刊著录细则	张英	海南大学	海南省教育厅	2009
7	Excel在期刊采访工作中的应用	黄海燕	海南大学	海南省教育厅	2009
8	海南数字图书馆建设	王小会	海南大学	海南省教育厅	2010
9	海南大学图书馆电子文献资源采集实施细则	杨莹	海南大学	海南省教育厅	2010

续表

序号	业绩成果名称	主持人	业绩成果所在单位	组织鉴定单位	鉴定时间（年）
10	创建海南华侨与东南亚文献室	刘晨	海南大学	海南省教育厅	2011
11	海南大学图书馆捐赠文献信息建设	李景芝	海南大学	海南省教育厅	2012
12	海南省教育科研数字图书馆文献传递服务规范	林密	海南大学	海南省教育厅	2012
13	海南大学期刊装订质量控制方法	周清	海南大学	海南省教育厅	2012
14	基于Libguides平台的海南大学学科服务系统	张建媛	海南大学	海南省教育厅	2014
15	海南大学图书馆文化人类学实验室地方民俗文化建设	万颖萍	海南大学	海南省教育厅	2015
	海南师范大学图书馆业绩成果				
1	海南师范大学图书馆馆藏地方文献书目	傅白云	海南师范大学馆	海南省教育厅	2005
2	自建《海南省抗癌药用植物资源数据库》	周慧玲	海南师范大学	海南省教育厅	2005
3	期刊园地	杨庆书	海南师范大学	海南省教育厅	2005
4	装订模板的设计与应用	杨庆书	海南师范大学	海南省教育厅	2005
5	完善中文连续出版物书目数据库	陈茹	海南师范大学	海南省教育厅	2006
6	参与编制《海南省普通高校中外文期刊联合目录》	李丽舒	海南师范大学	海南省教育厅	2006
7	海南师范大学科研成果数据库	龙净林	海南师范大学	海南省教育厅	2008
8	海南师范大学硕士学位论文数据库	龙净林	海南师范大学	海南省教育厅	2008

续表

序号	业绩成果名称	主持人	业绩成果所在单位	组织鉴定单位	鉴定时间（年）
9	编纂《〈二十五史〉中的海南地名索引》	王芹	海南师范大学	海南省教育厅	2011
10	《海南家谱数据库》建设	王芹	海南师范大学	海南省教育厅	2011
11	渡海解放海南岛战役史纪实学数据库	谢环清	海南师范大学	海南省教育厅	2012
12	《海南日报》(1950—1970) 资料索引题录数据库	傅白云	海南师范大学	海南省教育厅	2012
13	基于学科评价及学报影响力的情报分析与研究	高雯雯	海南师范大学	海南省教育厅	2013
14	海南师范大学图书馆藏古籍目录	李敏	海南师范大学	海南省教育厅	2013
15	海南文献书目索引	陈平殿	海南师范大学	海南省教育厅	2014
16	海南师范大学图书馆《中图法》第五版分类细则的制定	龙净林	海南师范大学	海南省教育厅	2014
海南医学院图书馆业绩成果					
1	海南省高校图书馆馆际互借服务工作的实践与推广	符瑞锐	海南医学院	海南省教育厅	2007
2	学位论文数据库建设中的版权保护探索与实践	陈琳	海南医学院	海南省教育厅	2011
3	深度导读提高学生综合素质的实践	路靖	海南医学院	海南省教育厅	2011
4	文献资源建设绩效评价指标体系	吉汉强	海南医学院	海南省教育厅	2011
5	海南医学院图书馆社科类学科化服务实践	周天雯	海南医学院	海南省教育厅	2013

续表

序号	业绩成果名称	主持人	业绩成果所在单位	组织鉴定单位	鉴定时间（年）
6	泛信息环境下阅读推广研究：唤醒沉睡的图书——以海医图书馆"主题馆藏展"实践为例	周天雯	海南医学院	海南省教育厅	2014
			海口经济学院图书馆业绩成果		
1	图书馆组织文化理念创新	温小明	海口经济学院	海南省教育厅	2008
2	图书馆规章制度创新	温小明	海口经济学院	海南省教育厅	2008
3	图书馆综合布线方案	麦笃彪	海口经济学院	海南省教育厅	2008
4	图书馆网站创意设计	麦笃彪	海口经济学院	海南省教育厅	2008
5	图书馆设备设施创新	庞俊峰	海口经济学院	海南省教育厅	2008
6	"e读"应用服务示范馆建设技术实现	麦笃彪	海口经济学院	海南省教育厅	2013
7	AutoCAD 工程制图软件在图书馆建设方面的应用	麦笃彪	海口经济学院	海南省教育厅	2013
8	《海经讲坛》文化讲座	庞俊峰	海口经济学院	海南省教育厅	2014
			三亚学院图书馆业绩成果		
1	热带（三亚）旅游资源数据库	李振钱	三亚学院	海南省教育厅	2012
			海南省委党校图书馆业绩成果		
1	海南省委党校 馆藏书目数据库建库	戴莉	海南省委党校	海南省教育厅	2004
2	海南省委党校"研究性阅读推广"推广活动	刘怀兰	海南省委党校	海南省教育厅	2013

续表

序号	业绩成果名称	主持人	业绩成果所在单位	组织鉴定单位	鉴定时间（年）
3	海南省委党校"现刊"借还服务的自动化管理	戴莉	海南省委党校	海南省教育厅	2013
4	中共海南省委党校图书馆网络化数字化建设	董国华	海南省委党校	海南省教育厅	2013
5	海南省情快讯服务平台建设	刘怀兰	海南省委党校	海南省教育厅	2014
6	海南省党校系统文献信息资源共建知共享服务网络建设	董国华	海南省委党校	海南省教育厅	2015
海南职业技术学院图书馆业绩成果					
1	图书馆资源整合与实践	王海	海南职业技术学院	海南省教育厅	2005
2	高校义务馆员管理模式研究	尚秀梅	海南职业技术学院	海南省教育厅	2006
3	基于OPAC的图书馆资源整合创新研究	王海	海南职业技术学院	海南省教育厅	2009
4	学生社团组织参与高校义务馆员管理的新模式——义务馆员协会	尚秀梅	海南职业技术学院	海南省教育厅	2009
5	海职院"好书伴我行"阅读推广活动策划与组织	吴海春	海南职业技术学院	海南省教育厅	2013
6	服务器虚拟化技术在高校图书馆中的应用	梁平	海南职业技术学院	海南省教育厅	2014
7	以品牌建设为抓手构建高职校园阅读文化——以海职院"盛享好书"系列读书沙龙活动为例	吴海春	海南职业技术学院	海南省教育厅	2014
8	基于SSAS构建图书馆的数据挖掘解决方案	钟敏	海南职业技术学院	海南省教育厅	2015

续表

序号	业绩成果名称	主持人	业绩成果所在单位	组织鉴定单位	鉴定时间（年）
	琼台师范专科学校图书馆业绩成果				
1	网络化建设合格评估验收	赵会平	琼台师范专科学校	海南省教育厅	2006
2	图书招标采购与采编业务外包模式的变革	赵会平	琼台师范专科学校	海南省教育厅	2008
3	2006—2014 年琼台师专图书馆纸本图书借阅基础数据分析表	周娜	琼台师范专科学校	海南省教育厅	2015
	海南软件职业技术学院图书馆业绩成果				
1	海南软件职业技术学院图书馆开展定题服务	胡国杰	海南软件职业技术学院	海南省教育厅	2014
2	海南软件职业技术学院图书馆信息素养教育	李海英	海南软件职业技术学院	海南省教育厅	2014
	海南经贸职业技术学院图书馆业绩成果				
1	创建读书在线网站，增加馆藏资源	林岚	海南经贸职业技术学院	海南省教育厅	2011
2	利用 EasyHDwiki 平台建设海南经济贸易百科知识库	林岚	海南经贸职业技术学院	海南省教育厅	2011

续表

序号	业绩成果名称	主持人	业绩成果所在单位	组织鉴定单位	鉴定时间（年）
3	组建图书馆读者俱乐部并开展读书节等相关活动	林玉辉	海南经贸职业技术学院	海南省教育厅	2011
4	图书馆知识在线考试系统的研发	陈君涛	海南经贸职业技术学院	海南省教育厅	2013
5	高职院校图书馆嵌入式教学实证研究——以海南经贸职业技术学院为例	丘秀文	海南经贸职业技术学院	海南省教育厅	2014
6	基于 AISS 模式下的差异化学科化服务的实践与思考——以海南经贸职业技术学院为例	丘秀文	海南经贸职业技术学院	海南省教育厅	2015

海南省高校图书馆（2004 年—2015 年）科研成果获奖一览表

序号	获奖成果名称	第一完成人	所在单位	奖励名称	奖励等级	授奖单位	授奖时间
1	海南省高校图书馆中文文献数据库的现状及改进措施	钟哲辉	海南大学	海南省科学技术进步奖	三等奖	海南省科技厅	2004
2	海南学术网络信息资源导航数据库系统建设	黄晓英	海南大学	海南省科学技术进步奖	二等奖	海南省科技厅	2005
3	海南省高校图书馆馆际互借服务体系的研究	李春	海南大学	海南省高等学校优秀科研成果奖	二等奖	海南省教育厅	2007
4	海南旅游数据库	王小会	海南大学	海南省高等学校优秀科研成果奖	三等奖	海南省教育厅	2008
5	版权与合同：图书馆数字资源采购中的博弈与制衡	王小会	海南大学	海南省高等学校优秀科研成果奖	二等奖	海南省教育厅	2009
6	海南体制创新研究（海南历史文化大系第 1 卷第 7 册）	钟哲辉	海南大学	海南省第六次哲学社会科学奖	特等奖	海南省社会科学界联合会	2010
7	图书馆质量评估体系与国际标准	张红霞	海南大学	海南省第六次社会科学优秀成果奖	三等奖	海南省社会科学界联合会	2010

续表

序号	获奖成果名称	第一完成人	所在单位	奖励名称	奖励等级	授奖单位	授奖时间
8	黎族藏书·方志部	赵红	海南师范大学	海南省第七次社会科学优秀成果奖	二等奖	海南省社会科学界联合会	2013
9	海南历史文献数据库	李冕斌	海南师范大学	海南省高等学校科研成果奖	二等奖	海南省教育厅	2009
10	海南现代文学馆特色专题数据库	赵红	海南师范大学	海南省高等学校科研成果奖	三等奖	海南省教育厅	2009
11	海南热带医药文献数字资源库建设	于挽平	海南医学院	海南省高等学校科研成果奖	三等奖	海南省教育厅	2008
12	海经院教学科研成果全文数据库	温小明	海口经济学院	海南省高等学校优秀科研成果奖	三等奖	海南省教育厅	2009
13	视听资料机读目录著录细则与管理模式研究	赵会平	琼台师范高等专科学校	海南省科学技术进步奖	三等奖	海南省科技厅	2007
14	海南少数民族文献数据库建设	林江云	海南热带海洋学院	海南省高等学校优秀科研成果奖	二等奖	海南省教育厅	2009
15	海南记忆网	詹长智	海南大学	海南省高等学校优秀科研成果	一等奖	海南省教育厅	2009

（第二部分资料整理：李春、林苗、林密）

358

第三部分
海南省高校图工委大事记

海南省高校图书情报工作委员会大事记

◇李 春 林 苗

1992 年

1992 年 5 月，经过省教育厅批准，海南省高等学校校图书情报工作委员会（下称省高校图工委）正式成立。省高校图工委是隶属于海南省高等教育学会的一个学术性团体组织，同时接受教育部高等学校图书情报工作指导委员会指导，并受教育厅委托对全省高校图书馆工作进行组织协调和业务指导。

1992 年 6 月 12 日，由省教育厅发文《关于成立海南省普通高等学校图书馆评估委员会的通知》（琼教高〔1992〕23 号）。至此，"海南省普通高等学校图书馆评估委员会"正式成立。其主要职责如下：（1）对全省高校图书馆评估工作提出实施意见；（2）负责制定评估方案；（3）领导全省高校图书馆评估工作，对评估工作的全过程负责。其评估委员会主任委员：裘森芳；副主任委员：徐国定、阎宗林、朱海村、杨振堂、黄守超等。

1992 年 9 月 28 日，由省高校图工委课题组研制的《海南省普通高等学校图书馆评估指标体系》（办馆条件部分）由省教育厅正式发文（琼教高〔1992〕42 号）到各高校组织学习并参照落实。该"指标体系"系省高校图工委首次组织课题组开展相关的研究成果。

1992 年 12 月 22 日—25 日，依据《海南省普通高等学校图书馆评估指标体系》（办馆条件部分），省教育厅组织专家组到海南大学、海南师范学院、海南医学院、通什师范专科学校、热作学院五所图书馆进行实地评估。

1992 年 12 月，由省高校图工委举办的内部刊物——《特区图书馆研究》创刊。其创刊号共发表省内高校图书馆和公共图书馆馆员撰写的 26 篇有关"海南特区图书馆事业发展"的论文。

1992 年，华南热带农业大学图书馆率先引进深圳图书馆研制的图书馆集成管理系统（ILAS）。

1994 年

1994 年 9 月，省高校图工委在华南热带农业大学图书馆举办图书馆自动化管理系统即 ILAS 系统培训班。各高校图书馆均派人参加。同年，省教育厅组织各高校图书馆馆长前往深圳图书馆考察 ILAS 系统。参加考察人员有安邦建、徐国定、周裕德、朱海村、王永喜、林江云等。

1994 年，省教育厅组织制订并印发《海南省高校图书馆自动化建设规划（1995—1997）》。主要措施之一是由省教育厅每年资助各高校 15 万元专项建设经费，同时要求各校按 1∶1 比例投入 15 万元建设经费。有力地保证了管理软件和计算机硬件设备的共建共享。

1995 年

1995 年初，全省本科高校图书馆开始全面启动自动化建设项目。为确保书目数据库建设的科学性、规范性和共享性，省高校图工委配套出台了"海南地方特色文献数字资源库项目描述元数据标准"，其中包含了《海南地方特色文献数字资源库论文数据库著录标准》、《海南地方特色文献数字资源库普通图书数据库著录标准》、《海南地方特色文献数字资源库多媒体数据库著录标准》和《海南地方特色文献数字资源库图片数据库著录细则》，统一和规范著录标准，以其指导书目数据库建设。

1996 年

1996 年 3 月，经海南省科技厅考核后，以琼科〔1996〕51 号文件确认海南医学院图书馆（海南省医学信息研究所）为海南省医药卫生科技查新咨询单位。承担对申报省级科研项目、成果鉴定开展查新咨询服务。从而成为海南省高校图书馆中首家省级专业信息咨询服务机构。

1996 年，省教育厅以琼教高〔1996〕28 号文印发《海南省高校图书馆九五发展规划》。该规划以图书馆评估结果为现实基础、以自动化网络化建没为重点，全面加强图书馆建设，尤其保证办馆条件有较大幅度的提升。

1996 年 7 月，第二届海南高校图工委在海口产生。省教育厅印发了《海南省高校图书情报工作委员组成人员》（琼教高〔1996〕27 号），主任委员：王永喜，副主任委员：安邦建、苏文，秘书长：黄晓英，副秘书长：黄玉华。

1997 年

1997 年 10 月 15 日，省教育厅发文《关于成立海南省普通高等学校图书馆自动化建设评估验收小组和对我省普通高等学校图书馆进行自动化建设评估验收工作的通知》（琼教高〔1997〕38 号），并于同年 10 月 28 日—11 月 6 日对海南大学、海南师范学院、海南医学院、琼州大学、华南热带农业大学图书馆自动化建设评估验收。

1997 年，全省本科高校图书馆全面完成书目数据库建库工作，建立起图书馆集成管理系统。

1998 年

1998 年—1999 年，由省高校图工委主办、海南大学图书馆承办的华中师范大学"信息管理与信息系统"专业研究生班开学。该研究生班共有学员 20 人，分别来自各高校图书馆业务骨干。

1998 年 2 月，省高校图工委受省教育厅委托对全省高校图书馆自动化建设第一阶段（图书馆计算机集成管理）进行评估验收后，省教育厅发文《关于我省普通高等学校图书馆自动化建设评估验收结果的通知》（琼教高〔1998〕06 号），确认"海南大学、海南师范学院、海南医学院、琼州学院、华南热带农业大学"五所高校图书馆为我省高校图书馆自动化建设达标单位。从此结束了图书馆传统的手工服务时代。

1998 年 3 月 31 日，在全省高校图书馆自动化建设评估工作总结大会上，省教育厅向自动化建设达标单位颁发证书和牌匾，同时部署了全省高校图书馆现代化建设第二阶段的任务，由此拉开了图书馆网络化建设工作的序幕。

1998 年，省教育厅发文《海南省高校图书馆网络化建设规划（1998—2000）》（琼教高〔1998〕50 号），各校分别依据该文制定了本馆网络化建设三年规划，并开展了卓有成效的工作。"网络化建设规划"是由省高校图工委副主任、海南大学图书馆馆长安邦建牵头完成的项目。

1999 年

1999 年 1 月，省教育厅发文《海南省高教文献信息资源保障体系共建协作方案》（琼教高〔1999〕1 号）。该方案提出了以当时国内业界颇具前瞻性的四个联机（联合采访、联合编目、联机检索、联机借阅）为目标，其目的是构建全省高校图书馆资源共享体系——"海南省高校文献保障体系"。据此，海南省高校图书馆实现了文献信息资源的联机检索、联机协作采访、联机借阅和馆际互借服务；随后又与 CALIS 编目中心实现了联机编目。海南省高校图书馆文献信息资源服务由此入了"联合保障"的新阶段。此"共建协作方案"是由海南医学院图书馆副馆长黄玉华作为项目组负责人牵头完成。

1999 年 4 月 14 日，省教育厅发文《海南省教育厅关于表彰高等学校自动化建设先进集体和先进个人的决定》（琼教高〔1999〕18 号）对自动化建设评估中的先进集体与先进个人进行表彰。先进集体为海南大学、海南师范学院、海南医学院、琼州大学、华南热带农业大学；先进个人为：安邦建、王进天、黄天明、李千文、陈少凡；许山河、姚二团、王志斌、蔡瑞平、郑丽英、李冕斌、丘秀文；王永喜、朱良杰、李丽舒、叶志忠；黄海、刘创、黄海燕、姚静、杨连珍；林江云、缪军、李海英、许文娟、张玲芬。

1999 年 9 月—2002 年 7 月，由省高校图工委主办、海南大学图书馆承办的华中师范大学"信息管理与信息系统"专业专科升本科学历函授班正式开学，来自全省高校图书馆 40 余名馆员参加学习。

2000 年

2000 年 5 月 16 日—19 日，省教育厅组织普通高校图书馆网络化建设检查小组对全省高校图书馆网络化建设作全面摸底检查。此检查旨在了解各高校图书馆网络化建设进度及存在的差距，以促进各高校图书馆网络化建设。

2000 年 6 月 27 日—7 月 2 日，省高校图工委组团赴新加坡考察南洋理工大学等 5 所高校图书馆和 3 所公共图书馆自动化、网络化建设。新加坡高校图书馆和国家公共图书馆高水平的自动化管理和网络环境下资源共享建设为我省高校图书馆自动化、网络化建设提供了一个可借鉴的样板工程。

2000 年—2002 年，由省高校图工委主办、海南大学图书馆承办的武汉大学信息经济专业研究生班开学，来自全省高校图书馆 30 名馆员参加学习。

2000 年，省高校图工委研制完成了《海南省普通高校图书馆网络化建设评估方案》，此方案成为网络化建设评估验收工作操作的依据。"评估方案"由海南师范大学图书馆副馆长姚二团作为项目组负责人牵头完成。

2000 年，省高校图工委研制完成了《CALIS 海南省文献资源共享实施方案》和《海南省高校图书馆馆际互借（含文献传递）规则》，成为开展全省高校文献信息资源共享服务的建设目标和共同遵守的规则。此"方案"和"规则"由海南医学院图书馆副馆长黄玉华作为项目组负责人牵头完成。

2001 年

2001 年 2 月 6 日，省教育厅以琼教高〔2001〕12 号文正式发布实施《海南省普通高校图书馆网络化建设评估方案》、《CALIS 海南省文献资源共享实施方案》和《海南省高校图书馆馆际互借（含文献传递）规则》。通知要求各校务必确保文献资源共建、共知、共享这一网络化建设目标的实现。至此，全省高校图书馆全面启动共建共享工作，并在全国率先实现同构集成管理系统（ILAS）环境下的通借通还服务，网络化建设取得重大进展。

2001 年 11 月 1 日—10 日，按照《海南省普通高校图书馆网络建设规划(1998—2000)》，省教育厅组织专家组依据《海南省教育厅关于印发海南省高校图书馆网络化建设评估方案的通知》（琼教高〔2001〕12 号）对省内五所普通高校图书馆的网络化建设进行评估验收。海南大学、华南热带农业大学、海南师范学院、海南医学院、琼州学院五所高校图书馆顺利通过验收，其网络化建设水平基本达到建设目标。实现了文献借阅不分校际、不分馆际的"一卡通"服务，使我省高校图书馆文献信息资源服务跨入了"联合保障"的新阶段。

2001 年，省教育厅下发由省高校图工委课题组制订的《海南高校图书馆数字化建设规划（2001—2005）》（琼教高〔2002〕47 号）。据此，本科院校图书馆开启了数字化建设，率先在全国创建了具有海南特色的文献信息共建共享服务体系。

2002 年

2002 年 4 月，省教育厅依托海南大学图书馆组建了海南省高校文献信息中心。该中心受省教育厅和海南大学双重领导，投入资金以省财政为主，学校按 30% 比例配套。成立初期主要开展资源协调采购、外文文献代检代查和文献传递服务、负责组织实施全省高校馆际互借等工作。文献信息中心主任由海南大学图书馆李哲汇高级工程师担任。

2002 年 4 月—10 月，海南大学、华南热带农业大学、海南师范学院、海南医学院、琼州学院五所高校图书馆已开通 CALIS 联机合作编目，其编目速度和效率都有着不同程度的提高。

2002 年 5 月 11 日—12 日，"海南省高等学校图书馆网络化建设工作表彰大会暨海南省高等学校图书情报工作委员会换届改选会议"在琼海举行。海南省第四届高等学校图书情报工作委员会在此次会议正式产生。主任委员：符华儿；副主任委员：丁萍、王永喜、苏文；秘书长：王兆庆。

2002 年 6 月 18 日，香港汉荣书局有限公司董事总经理石汉基先生在海南大学向海南省九所高校举行赠书仪式。本次向九所高校赠送价值 140 多万元的书籍，获赠的学校分别是：海南大学、华南热带农业大学、海南师范学院、海南医学院、琼州学院、海南广播电视大学、海南职业技术学院、海口经济职业技术学院、三亚卓达旅游学院。

2002 年 7 月，"海南地方特色数字资源库"一期工程建设课题组正式组建。该课题组旨在完成海南地方特色数字资源库、海南热带农业数字资源库、海南热带医学数字资源库、海南历史文献数字资源库、海南少数民族数字资源库等五个地方特色文献数据库建设。课题组组长为符华儿；副组长为伟苏文、王永喜、丁萍。子课题组负责人为上述各特色资源库承建馆馆长。

2002 年 7 月，省高校图工委成立了高校图书馆数字化建设项目两个专业小组，即：技术标准、规范小组和资源配置协作小组。技术标准、规范小组成员：安邦建、李丽舒、杜文才；资源配置协作小组成员：符华儿、王永喜、丁萍、邓志声、林江云、安邦建、王兆庆。

2002 年 9 月 16 日，省高校图工委召开了"关于选择特色文献资源建设系统软件平台"讨论会。会议认定北大方正 Apabi 电子图书系统与 Desi 自建资源库系统系当时国内业界技术领先、功能优化的应用软件。省教育厅根据图工委的技术报告确定各馆统一使用 Desi 自建资源库软件系统。这为"海南地方特色数字资源库"项目的整体建设提供了技术保障。

2002 年 9 月 17 日—26 日，受省文体厅、省教育厅委托，省高校图工委举办了"全省图书情报专业人员培训班"。其培训对象为各市县公共图书馆、各类学校图书馆、高校院系资料室非图书情报专业人员，参加人数 51 人。培训内容为"图书馆自动化、计算机编目、文献分类与主题、网络环境下的信息服务与检索"。省文体厅与省教育厅联合为考试成绩合格的学员颁发结业证书，证书可作为职称评定和业务考核参考。此后，该项专业培训每两年举办一次，为提升全省图书馆馆员业务水准发挥了重要作用。

2002 年 11 月，省高校图工委、海南大学图书馆与中国科学院文献情报中心《现代图书情报技术》在海口市联合举办"21 世纪网络信息资源管理技术的发展、机遇与挑战"学术研讨会，来自全国参会代表近 100 人，省教育厅徐金龙副厅长、海南大学符华儿副校长到会发言。

2002 年 12 月 8 日—13 日，省高校图工委对全省高校图书馆网络化建设整改及数字化建设进展情况进行检查。查检内容主要包括：联机编目、机读目录规范、VCD 编目；主页制作、学科资源导航、电子阅览室管理；光盘、电子图书购置及使用、特色资源库课题启动进度、馆互借的实施情况；数字化建设配套经费到位及使用得、德赛软件到位及设备使用。

2002 年，省高校图工委主办的内部刊物——《特区图书馆研究》刊名改为《海南图讯》。该刊物主要刊录省内图书馆界的重要会议与行业活动报道、新技术项目建设方案及工作推进信息等。

2003 年

2003 年 4 月 18 日—20 日，由省高校图工委主办、琼州学院图书馆承办的"教育部关于印发《普通高等学校图书馆规程（修订）》的通知（教高〔2002〕3 号文件)"培训班，全面解读和学习"规程"内容。全省高校图书馆共有 165 人参加培训。省高校图工委同时发出通知，要求各馆以"规程"为指导推进图书馆建设。

2003 年 5 月 22 日，为了加强组织协调，全面提升馆际互借服务效能，省教育厅高教处下发"关于成立海南省高校图书馆馆际互借协调机构的通知"，成立省馆际互借领导小组。同时建立省馆际互借运行管理小组和各馆馆际互借运行管理小组，图工委秘书处和省文献中心负责具体组织实施。随后，省高校图工委修订了《海南省高校图书馆馆际互借规则》；同时，各馆又订立了相关"公约"。这些举措进一步增强了《规则》的可操作性。

2003 年，省科技厅召开"海南高校文献资源建设及资源共享网络方案的研究"成果鉴定会。教育部高校图书馆工作指导委员会秘书长朱强担任专家委员会主任。专家委员会认为该成果"提供了创建具有海南特点的馆际互借服务模式和在网络环境下成功地实现全省范围内高校图书馆馆际互借服务的新经验"。"具有科学性、先进性和实用性，在全国省级高校文献信息资源共享系统的开发应用方面处于领先水平。"该项成果获 2004 年海南省科学进步三等奖。

2003 年 11 月 21 日—26 日，省教育厅发文《关于开展高校图书馆数字化建设工作检查的通知》（琼教高〔2003〕21 号）部署对全省高校图书馆数字化建设的全面检查。其目的是推动落实 2002 年省教育厅发布的《海南高校图书馆数字化建设规划（2001—2005）》（琼教高〔2002〕47 号）所确定的各项建设目标和任务。

2004 年

2004 年 2 月，经省高校图工委推荐，安邦建研究馆员被教育部高教司遴选为教育部高校图书情报工作指导委员会委员。

2004 年 4 月，省高校图工委组建文献资源建设组、读者服务工作组、网络化数字化建设组和专业队伍建设组等专业工作组。文献资源建设组组长：安邦建，读者服务工作组组长：王永喜，网络化数字化建设组组长：于挽平，专业队伍建设组组长：丁萍。

2004 年 10 月，詹长智馆长和于挽平馆长分别当选中国图书馆学会高校图书馆分会常务委员和委员。

2004 年 11 月 29 日—12 月 2 日，省教育厅组织特色资源数据库建设阶段性成果评估验收。5 所高校图书馆所承担的子项目顺利完成了海南特色文献数字资源库的第一阶段建设任务，取得了阶段性研究成果，为该课题第二阶段建设打下良好的基础。

2004 年 11 月，受中国科协年会组委会的委托，在博鳌亚洲会议中心协办中国科协年会的信息服务分会和科技期刊展览。组织全省各高校图书馆业务骨干参加科协年会期间图书馆界系列活动，并邀请 CALIS 管理中心副主任朱强教授来海南大学作《CALIS 与地方大学发展》学术报告。年会期间还邀请了中国图书馆学会副理事长、国家图书馆副馆长孙蓓欣研究员、中山大学图书馆馆长程焕文教授、深圳图书馆馆长吴晞研究员到海大图书馆举办图书馆专家座谈会。

2004 年 12 月 15 日，为了表彰全省高校图书馆在第一阶段数字化建设中涌现出的先进单位和个人，省教育厅下发《海南省教育厅关于表彰高等学校图书馆数字化建设工作先进集体和先进个人的通知》（琼教高〔2004〕119号）予以鼓励。

2004 年 12 月，省高校图工委课题组研制的"海南省普通高等学校图书馆评估指标体系"正式定稿。2005 年 2 月，省教育厅下发《关于印发海南省高等学校图书馆评估方案（试行）的通知》（琼教高〔2005〕19 号）。各高校图书馆启动迎评促建工作。此项目由海南大学图书馆安邦建研究馆员作为课题组负责人牵头完成。

2004 年 12 月，省高校图工委邀请国际著名图书馆学家、美籍华人陈钦智教授作《全球记忆网：新的合作行动、新的挑战和新的可能性》学术报告，并与陈钦智教授就海南特色数据库建设等项目建设开展合作。2005 年 7

月，海南大学图书馆派张红霞副研究馆员赴美国参加"数字图书馆——全球记忆网"项目的四个月合作开发工作。这是我省高校图书馆馆员首次参加国际数字图书馆项目合作。

2004 年，若干高校图书馆联合组织开发建设涵盖各校重点学科的"海南学术网络信息导航数据库系统"上线，使我省高校文献资源共享体系建设在网络资源导航方面取得了可喜的进展，并获得海南省科技进步二等奖。

2005 年

2005 年 1 月，省高校图工委在海南职业技术学院图书馆举办《音像制品和机读资料著录细则》专题培训班。此次培训之后，《音像制品和机读资料著录细则》已在全省高校图书馆中推广应用。此项目由赵会平副馆长主持完成，获得 2007 年海南省科技进步三等奖。

2005 年 3 月—2008 年 1 月，由省高校图工委主办、海口经济学院图书馆承办"图书情报专业"专科升本科（函授）班开学，来自全省各高校图书馆 25 名馆员参加学习。

2005 年 4 月，CALIS 管理中心批准我省正式成立"CALIS 海南省文献信息服务中心。该中心通过 CALIS 资源共享系统面向全省高校师生和社会读者提供更加完善的文献信息服务。

2005 年 5 月 17 日，省高校图工委邀请美国著名图书馆学者左四藏教授在海口做学术报告，海口各高校图书馆馆长及业务骨干参加了学术报告会。

2005 年 5 月 27 日，省高校图工委增设了"高职高专图书馆建设指导组"，海南职业技术学院图书馆王永喜馆长任组长。

2005 年 6 月 27 日—31 日，省高校图工委举办了"海南省首届高职高专图书馆图书情报专业高级培训班"。来自全省 11 所高职高专的馆长和业务骨干 25 人参加学习。

2005 年 7 月 15 日，省高校图工委在三亚召开了全省各高校图书馆馆长参加的常委扩大会议。会议接受了符华儿同志关于辞去省高校图工委主任委员的请求，詹长智馆长接任省高校图工委主任委员职务。

2005 年 7 月，海南大学图书馆通过 ISO9001 质量管理认证。

2005 年 8 月，海大图书馆馆长詹长智应邀参加在挪威举行的 IFLA（国际图书馆协会联合会）第 71 届大会，并被任命为 IFLA 大学图书馆与一般研究型图书馆专业组常务委员会委员，提高了我省高校图书馆在国际上的知名度。

2005 年 10 月，海大图书馆馆长詹长智当选中国图书馆学会知识产权与法律委员会学术委员。

2005 年 10 月 18 日—28 日，省教育厅组织专家组依据"海南省普通高等学校图书馆评估方案"对全省五所本科院校图书馆工作进行评估检查。此次检查为制订"十一五"发展规划提供了科学依据。

2005 年 12 月 19 日—29 日，省教育厅组织专家组依据《海南省高等学校图书馆评估指标体系》对全省 11 所高职高专图书馆办馆条件进行全面的摸底检查。

2005 年，省高校图工委课题组制定了《海南省高职高专图书馆"十一五"发展规划（2006—2010 年）》，定位以评估为导向，明确建设目标，指明建设路径，促使全省高职高专图书馆办馆条件和办馆水平实现跨越式大发展。此"规划"由海口经济学院图书馆馆长温小明作为课题组负责人牵头完成。

2005 年，"海南省高校图工委"网站上线运行。

2006 年

2006 年 1 月 7 日—10 日，省高校图工委与海大图书馆承办了中国图书馆学会新年峰会。此次峰会讨论的主要议题包括：图书馆的法制环境构建与行业自律、图书馆的公共关系、县级图书馆的生存与发展、西部高校与高职高专图书馆的发展与振兴等。国家图书馆馆长詹福瑞主持峰会。北京大学著名学者吴慰慈、国家图书馆副馆长陈力分别主持讨论，程焕文、汤更生、李国新、肖燕、朱强、范并思、李超平等知名图书馆学者作了主题发言。

2006 年 1 月，省教育厅发文《关于表彰海南大学图书馆等本科院校图书馆的决定》（琼教高〔2006〕5 号），对评估结果获得优秀和良好的本科高等学校图书馆进行表彰。办馆条件优秀：海南大学图书馆；办馆水平优秀：海南医学院图书馆；办馆效益优秀：海南医学院图书馆、华南热带农业大学图书馆、海南师范大学图书馆、海南大学图书馆。

2006年4月1日—2日，省高校图工委与中国图书馆学会高校分会联合举办了"图书馆质量管理与绩效管理研讨班"，全国26所大学近40名馆领导及业务骨干参加。

2006年4月，CALIS管理中心在海南大学图书馆暨CALIS海南省中心召开CALIS二期工程建设专题会议。CALIS管理中心负责人以及CALIS地区中心、各省中心承建馆馆长参加了会议。詹长智馆长以"海南省高校图书馆资源共享建设进展及成效"为题作主题发言。

2006年9月，CALIS海南省中心获CALIS管理中心颁发的省中心建设二等奖。

2006年10月，省高校图工委组织课题组编写的"海南省高校图书馆'十一五'发展规划"顺利完成。"海南省高等学校图书馆'十一五'发展规划"是第一个全省高校图书馆整体建设、发展的综合规划。课题组组长：于挽平，成员由图工委主要负责人及各馆骨干组成。

2006年，省教育厅发文《海南省高职高专院校图书馆网络化建设规划(2007—2009)》（琼教高〔2007〕125号）。规划以文献信息资源共享为出发点，采取"整体规划、合理布局、协作共建、联合保障"的建设方针，通过三年时间的自动化、网络化建设，完成"海南省高职高专图书馆网络化建设评估方案"的各项指标建设任务。

2006年7月12日，全省高校图书馆评估总结表彰大会暨高校图工委换届会议（第五届代表大会）在中国（海南）改革发展研究院召开。第五届图工委主任委员：詹长智，副主任委员：韩练、王永喜、于挽平、张信文，秘书长：李春，顾问：杨宗英、安邦建。

2006年7月27日—28日，教育部高等学校图书情报工作指导委员会二届三次会议在贵阳召开，我省安邦建委员、李春秘书长出席了会议。

2006年8月28日，省高校图工委研究决定组建学术委员会和五个工作委员会。即：文献资源建设工作委员会、读者服务工作委员会、数字化建设工作委员会、专业队伍建设工作委员会、高职高专图书馆建设指导委员会，并确定了学术委员会和五个工作委员会的主任委员。主任委员分别是：安邦建、李冕斌、黄玉华、顾江洪、林江云、温小明。

2007 年

2007 年 8 月 18 日—25 日，海南大学图书馆张红霞副研究馆员出席了在南非共和国德班市举行的第 73 届国际图书馆与信息大会，并宣读论文"A Library's Efforts in a Journey of Salvaging the Vanishing Culture"（《图书馆在拯救消亡文化之旅中的努力》）。出席此次会议和宣读论文对加强我省高校图书馆的对外交流与合作，提高我省高校图书馆界的国际声誉有重要促进作用。

2007 年 8 月，省高校图工委常委会议依照《海南省高校图书情报工作委员会章程》决定增补张信文等 6 位同志为省高校图工委常委，并就部分专业委员会负责人进行了调整：李冕斌担任数字化建设专业委员会主任委员；缪军担任读者服务专业委员会主任委员；王小会担任文献资源建设专业委员会主任委员。

2007 年 10 月 18 日，数字化建设专业委员会制定了《海南地方特色文献数字资源库项目描述元数据标准》以及《CALIS 专题特色库信息资源名称规范表》、《CALIS 专题特色数据库学科代码表》的元数据规范及相关规则。为我省高校图书馆开展特色资源数据库建设提供了著录标准。

2008 年

2008 年 3 月 6 日，海南大学图书馆被海南省妇女联合会授予"海南省三八红旗集体"奖牌和荣誉证书，同时被中华全国妇女联合会授予"全国三八红旗集体"荣誉称号奖牌和荣誉证书。同年 6 月 25 日，中华全国总工会授予海南大学图书馆工会"全国模范职工小家"光荣称号。

2008 年 5 月 29 日—30 日，省高校图工委配合省教育厅开展了"海南地方特色文献数字资源库"各子项目第二阶段建设的检查验收工作。并对建设中存在的问题和下阶段如何更科学的向着"全国数字图书馆标准与规范化"建设标准迈进提出宝贵的建设性意见。海南医学院图书馆主持的"海南热带医药文献数字资源库"项目获省教育厅 2008 年度海南省高等学校优秀科研成果三等奖。

2008 年 6 月 10 日，受省高校图工委邀请，美国匹兹堡大学东亚图书馆馆长徐鸿博士分别访问海南大学图书馆和海南师范大学图书馆，并在海南师范大学图书馆做了题为"21 世纪的高校图书馆——匹兹堡大学图书馆系统的应对"的学术报告。

2008 年 9 月—12 月，省高校图工委学术委员会围绕"图书馆管理创新理论与实践"的主题首次开展本省年会征文评比活动。共评出：本科组二等奖 3 篇，三等奖 6 篇；高职高专组二等奖 2 篇，三等奖 3 篇；从中精选出 5 篇论文在 2008 学术年会上交流，5 篇论文的作者分别是：易程、胡国杰、周天旻、尚秀梅、林岚。

2009 年

2009 年 3 月 10 日，省高校图工委制定的《海南省高职高专院校图书馆网络化建设评估实施细则》，经省教育厅审批后发文《关于印发海南省高职高专院校图书馆网络化建设评估实施细则的通知》（琼教高〔2009〕22 号），全省高职高专图书馆网络化建设开始得以有序、科学地建设发展。

2009 年 7 月，省教育厅组织海南省第一届高校特色数据库优秀成果评审。海南大学图书馆"海南记忆网"获得一等奖；海南大学图书馆"海南旅游资源特色数据库"、海南师范大学图书馆历史文献数据库、琼州学院图书馆"海南少数民族文献数据库"获得二等奖。

2009 年 8 月 19 日—23 日，省高校图工委成功组织全省高校图书馆一行 8 人参加国际图联在意大利米兰召开的第 75 届世界图书馆与信息大会（IFLA 大会）。这是省高校图工委首次组团参加在国外举办的 IFLA 大会。图工委主任詹长智博士、副主任于挽平研究馆员、张信文教授、秘书长李春研究馆员、琼州大学林江云馆长、海口经济学院温小明馆长、琼台师范学校赵会平馆长参加了会议。

2009 年 9 月 30 日，经省教育厅批准，依托海南大学兴建的"海南省教育科研数字图书馆"正式成立。这是海南省高校数字化建设里程碑式的重大成就。至此，海南省高校数字图书馆建设全面迈进新时代。詹长智任海南省教育科研数字图书馆首任馆长。

2009 年 9 月 30 日，教育部科技查新站海南大学分站在海南大学图书馆挂牌成立。该查新站的挂牌代表着我省情报分析工作迈上新台阶。

2009 年 12 月 9 日，"CASHL 走进海南"系列宣传与培训活动在海南大学和中改院隆重举行。

2009 年 12 月，经国务院批准，海南师范大学图书馆藏明代徐氏东雅堂刻本《昌黎先生集四十卷外集十卷遗文一卷朱子校昌黎先生集一卷》，入选第二批《国家珍贵古籍名录》，是海南省上报"名录"中唯一入选的一部古籍善本，标志着我省高校古籍善本收藏整理工作迈上新台阶。

2010 年

2010 年 4 月 2 日，省高校图工委第五届总结大会暨第六届全体委员大会召开，大会选举产生了第六届图工委领导机构：图工委委员 83 人，常务委员会委员 25 人；詹长智当选第六届省高校图工委主任委员，于挽平、张信文、林江云、安邦建、温小明、赵会平当选副主任委员，李春为秘书长。王永喜被聘为图工委顾问。

2010 年 4 月 12 日，成立第六届高校图工委学术会员会及六个工作委员会，即：信息素质教育工作委员会、文献资源建设工作委员会、创新服务工作委员会、数字化建设工作委员会、专业队伍建设工作委员会、高职高专图书馆工作指导委员会。安邦建、于挽平、李冕斌、温小明、李琨、丘秀文、赵会平分别就任学术会员会及六个工作委员会的主任委员。

2010 年 5 月 18 日，省高校图工委在海南大学举办"OCLC 的发展与全球图书馆合作"学术报告会，OCLC 联机计算机图书馆中心北京代表处首席代表丘东江研究员作专题报告，全省高校图书馆馆长、业务骨干 94 人参加报告会。

2010 年 5 月 6 日，省高校图工委在海南政法学院召开了第六届高职高专图书馆工作指导委员会成立大会。

2010 年 11 月 22 日—25 日，省高校图工委与教育部图工委在海口市联合举办"全国高校图书馆文献资源发展政策研修班"和"第七届全国高等学校文献资源建设工作研讨会"。此次研修班和会议为我省高校图书馆在文献资源建设的合理性方面、系统性方面、科学性方面提供了丰富的素材和借鉴。

2010年11月29日—12月3日，省教育厅组织成立的"高职高专院校图书馆网络化建设评估验收工作领导小组"依据《海南省高职高专院校图书馆网络化建设评估实施细则》评价标准，对全省8所高职高专院校图书馆网络化建设进行现场评估，8所院校图书馆的网络化建设均达到合格标准。

2010年12月9日—16日，省教育厅组织专家依据"2002年《高校图书馆规程（修订）》和2005年《评估方案（试行）》（琼教高［2005］19号）"，对海南大学、海南大学、三亚学院、琼州学院、海南医学院和海南师范大学等五所本科院校图书馆进行综合评估，同时对海口经济学院图书馆进行检查。

2010年12月28日，省高校图工委发文《海南省高校图工委关于表彰高职高专院校图书馆优秀个人的通知》，表彰在"十一五"期间业绩显著和在"网络化建设评估验收"中做出突出贡献的9名馆员，分别是：杨艳红、李一新、傅永慧、黄冠楠、吴海春、李海英、陈少龙、崔银峰、廖武山。

2010年12月28日，省高校图工委发文《海南省高校图工委表彰在图书馆工作满30年及以上的同志的通知》，表彰在图书馆辛勤劳作、默默奉献、爱馆如家的满30年及以上的13名同志，分别是：安邦建、孟和乌力吉、赵红、王永喜、黄玉华、李丽舒、李芬、张安、张美兰、罗爱萍、张静静、赵会平、钟芳兰。

2011 年

2011年1月7日，"海南省高校图书馆2010年学术年会暨省教育科研数字图书馆管理委员会会议"在博鳌召开。大会对高校图书馆本科综合评估办馆条件和办馆水平优秀单位及高职高专图书馆网络化建设评估合格单位进行了授牌表彰。本科评估办馆条件优秀单位：海南师范大学图书馆、海南医学院图书馆；办馆水平优秀单位：海南大学图书馆、海南师范大学图书馆、海南医学院图书馆、琼州学院图书馆。高职高专图书馆网络化建设评估合格单位：琼台师范专科学校、海南经贸职业学院、海南政法职业学、三亚航空旅游职业学院、海南职业技术学院、海南外国语职业学院、海南软件职业学院、海南科技职业技术学院八所院校图书馆。

2011 年 4 月 11 日—15 日，由 CAILS 全国医学文献信息中心主办、海南医学院图书馆承办的"第四届 CALIS 全国高校医学图书馆工作会议"在海南医学院图书馆召开，海南高校图工委领导及全国医学高校图书馆 120 余人参会。

2011 年 5 月 23 日，由省高校图工委信息素质教育专业委员会主办的"海南省高校图书馆首届信息素质教育教学观摩活动"在海南医学院图书学术报告厅举行。

2011 年 11 月，由省高校图工委课题组完成《海南省高校图书馆"十二五"发展规划》编制工作。《海南省高校图书馆"十二五"发展规划》提出了打造图书馆"三个中心，一个平台"的工作目标，即：知识服务中心、自主学习中心、校园文化中心及科研创新服务平台。课题组组长：詹长智，成员由图工委领导和各馆馆长组成。

2012 年

2012 年 11 月 19 日—23 日，由省高校图工委组办、海南大学图书馆承办的"CALIS2012 年全国农学文献信息中心业务交流暨学术报告会"在海南大学举行，本次会议吸引了来自全国 42 个农林系统图书馆 120 余人参加。

2012 年 11 月 30 日，全省高校图书馆首届馆员技能竞赛（高职高专组）于在海口经济学院图书馆隆重举行，经过一天激烈的比拼，18 名选手获得个人奖、6 个代表队获得团体奖。

2012 年 12 月 8 日—9 日，由省高校省图工委主办、海南大学和海口经济学院共同承办的"中南六省区高校图书馆 2012 年学术年会"在海南大学和海口经济学院分段进行，来自六省区的高校图书馆代表 200 余人参加会议。

2012 年 12 月，CALIS 海南省文献中心建设与发展成绩显著，在 CALIS 三期工程验收时被 CALIS 管理中心的授予 CALIS 省中心建设一等奖；同时，正式被教育部确定为教育信息化试点项目。

2013 年

2013 年 4 月 19 日，第 23 届全国图书交易博览会在海口国际会展中心举办，省高校图工委借此平台举办了"书香社会与图书馆文化建设论坛"，论坛吸引了全国高校图书馆 120 余位馆长参加。

2013 年 6 月，省高校图工委学术委员会和秘书处在海南大学图书馆举办了全省英文文献编目培训班，全省有 8 个馆共选派了 25 名编目人员参加培训，并获得培训合格证书。为我省西文文献编目工作与业界最新发展水平接轨奠定了坚实基础。

2013 年 6 月 15 日，海南师范大学图书馆以"南海及南海诸岛资料数据库构建"为项目名申报了国家社会科学基金西部项目，并获准立项。此项目成功申报填补了我省图书馆界国家社会科学基金项目"零"的空白。

2013 年 6 月 17 日，中国图书馆学会高校图书馆分会换届及图书馆论坛在长春举行，于挽平馆长当选为常务委员，李春当选为委员。

2013 年 8 月 1 日—3 日，第四届教育部高等学校图书情报工作指导委员在郑州召开成立会议，海南大学图书馆詹长智馆长当选为副主任委员，琼台师范高等专科学校图书馆赵会平研究馆员当选为高职高专院校分委员会委员。

2013 年 8 月 17 日—23 日，省高校图工委组织全省高校图书馆参加在新加坡举行的"第 79 届国际图联大会"。

2013 年 10 月 7 日—10 日，第五届 OCLC 亚太理事会年会暨会员代表大会在泰国法政大学召开。中国代表 13 人，我省高校图书馆 2 名代表随中国代表团出席会议。

2013 年，海口经济学院图书馆"携手共促——高校图书馆在帮扶基层图书馆建设中大有作为"获得全民阅读年会优秀案例三等奖，在 CALIS "E 读"应用服务项目评比中荣获"优秀示范馆三等奖"。

2013 年 10 月 26 日，由省教育厅和由省高校图工委联合主办、信息素质专业委员会和海南医学院图书馆承办的"全省高校图书馆首届信息素质教育教学讲课比赛"大型活动在海南医学院图书馆举行。22 位从事信息素质教育教学与培训的馆员参加了比赛，本次比赛为全面提升馆员从事教育教学工作的能力、水平，更好地发挥高校图书馆的教育职能搭建了平台。

2013 年 11 月 29 日，在海南省图书馆协会二届一次会员代表大会上，高校图书馆 9 人当选为常务理事，5 人当选为副会长，1 人当选为副秘书长，5 人当选为 5 个工作委员会和分支机构主任，7 人进入《海南图书馆建设与研究》期刊编委会。高校图书馆人在省图协中的重要地位得到肯定，为全省图书馆的发展建设担当重任。

2014 年

2014 年 5 月 22 日，首届全国高校图书馆服务创新案例大赛中，海口经济学院图书馆申报的《创意空间设计 融入地域风情 营造高雅环境》和《丰富渠道 创新形式 注重收效》两项案例分别荣获三等奖和优秀案例奖。

2014 年 6 月 24 日，经由省高校图工委常务委员会研究，决定增补王琦、李永才、李艳、王海、盛望鹏、欧志鹏、杨林 7 位高校图书馆馆长为常务委员，增补王琦为副主任委员。

2014 年 11 月，省教育科研数字图书馆召开了省数图五周年总结交流大会。省委教育工委麦浪副书记、省教育厅高教处朱双平处长、海南师范大学校长林强、海南大学副校长胡新文等各高校主管副校长、省数图各分馆馆长、省数图工作团队及其他社会机构代表近百余人参加了会议。

2014 年 11 月，"全省高校图书馆首次阅读推广优秀案例评选"活动在海南医学院图书馆举行，此次活动共评出：一等奖 2 个，二等奖 4 个，三等奖 6 个，优秀奖若干。一等奖：海口经济学院、海南医学院；二等奖：海南职业技术学院（2 个）、海南大学、海南经贸职业技术学院；三等奖：海南省委党校、琼州学院、海南政法职业学院、海南大学、海南经贸职业技术学院、三亚学院。

2014 年 12 月 18 日—20 日，省高校图工委协助教育部图工委在海口举办全国高校图书馆"十三五"战略规划会议，初景利、朱强、卢章平、郭向勇等图书馆界资深专家和全国各高校图书馆 218 人参加会议。教育部图工委主任委员朱强，副主任委员詹长智主持会议。

2015 年

2015 年 5 月，海南大学图书馆王琦馆长以"晚清民国时期南海文献整理与研究"为项目名申报国家社会科学基金项目，并获准立项。

2015 年 10 月，海南大学图书馆向全国高校图书馆阅读推广创新案例大赛提交的案例荣获 2015 年首届全国高校图书馆阅读推广创新案例大赛二等奖。

2015 年 11 月，教育部图工委战略规划组和省高校图工委在海口联合举办"图书馆的统计评估方法经验交流和案例分析"，全国部分高校图书馆馆长、副馆长和业务骨干参加会议。

2015 年 12 月 1—15 日，省教育厅依据《海南省高等学校图书馆"十二五"建设审核评估方案（试行）》，组织开展全省高校图书馆核性评估工作。此次"审核评估"，是以事实数据库数据为依据，以学校自评为主，专家组在审阅学校的自评报告基础上，经过前往受评学校实地考察后写出审核报告。

2016 年 1 月 8—9 日，"海南省高校图书馆 2015 年学术年会暨第七届图工委换届大会"在琼海召开，全省 17 所高校图书馆 170 余人参加了会议。大会作了《海南省高校图书馆"十二五"建设审核评估总结报告》、《海南省高校图工委第六届委员会工作报告》。大会选举产生了常委、副主任委员、主任委员及秘书长。王琦当选为主任委员，张信文、于挽平、石焕玉、李振钱、丘秀文、王海任副主任委员，王小会任秘书长。王永喜、安邦建、詹长智、赵会平、李春被聘为顾问。

附：海南省高校图工委历届领导机构组成人员及任职时限

◇ 李　春　王永喜

经海南省教育厅高教处的批准，海南省高校图工委于 1992 年 5 月正式成立。它是隶属于海南省高等教育学会的学术性团体组织，同时接受教育部高等学校图书情报工作指导委员会和中国图书馆学会的业务指导，受海南省教育厅委托对本省高校图书馆工作进行协调、督促和业务指导。

海南省第一届高校图工委（1992.5—1996.6）

主任委员：徐国定

副主任委员：阎宗林、朱海村、杨振堂、黄守超

　秘书：黄晓英、张敏

海南省第二届高校图工委（1996.7—1999.5）

主任委员：王永喜

副主任委员：安邦建、许山河、杨振堂、林江云

　秘书长：黄晓英、黄玉华

海南省第三届高校图工委（1999.6—2002.4）

主任委员：许山河、喻立森

副主任委员：王永喜、安邦建、苏文

　秘书长：姚二团

海南省第四届高校图工委（2002.5—2006.6）

    主任委员：符华儿

  副主任委员：丁萍、王永喜、苏文、詹长智

    秘书长：王兆庆、李春

海南省第五届高校图工委（2006.7—2010.3）

    主任委员：詹长智

  副主任委员：韩练、王永喜、于挽平、张信文

    秘书长：李春

     顾问：杨宗英、安邦建

海南省第六届高校图工委（2010.4—2015.12）

    主任委员：詹长智

  副主任委员：于挽平、安邦建、张信文、林江云、赵会平、温小明

    秘书长：李春

     顾问：王永喜

海南省第七届高校图工委（2016.1—）

    主任委员：王琦、李文化

  副主任委员：于挽平、张信文、石焕玉、李振钱、丘秀文、王海

    秘书长：王小会

    顾　问：王永喜、安邦建、詹长智、赵会平、李春

注：并列者为届中更替。